"十四五"普通高等教育本科精品系列教材

国际商务案例集

▶ 主　编◎龙云飞　　陶　睿　李　博
▶ 副主编◎毛运意　　朱　艳　陈　芳

西南财经大学出版社

中国·成都

图书在版编目(CIP)数据

国际商务案例集/龙云飞,陶睿,李博主编;毛运意,朱艳,陈芳
副主编.—成都:西南财经大学出版社,2024.4
ISBN 978-7-5504-6138-3

Ⅰ.①国… Ⅱ.①龙…②陶…③李…④毛…⑤朱…⑥陈…
Ⅲ.①国际商务—案例—汇编 Ⅳ.①F740

中国国家版本馆 CIP 数据核字(2024)第 062061 号

国际商务案例集
GUOJI SHANGWU ANLI JI

主 编 龙云飞 陶 睿 李 博
副主编 毛运意 朱 艳 陈 芳

策划编辑:李邓超
责任编辑:冯 雪
责任校对:金欣蕾
封面设计:墨创文化 张姗姗
责任印制:朱曼丽

出版发行	西南财经大学出版社(四川省成都市光华村街 55 号)
网 址	http://cbs.swufe.edu.cn
电子邮件	bookcj@swufe.edu.cn
邮政编码	610074
电 话	028-87353785
照 排	四川胜翔数码印务设计有限公司
印 刷	郫县犀浦印刷厂
成品尺寸	185mm×260mm
印 张	14.125
字 数	321 千字
版 次	2024 年 4 月第 1 版
印 次	2024 年 4 月第 1 次印刷
书 号	ISBN 978-7-5504-6138-3
定 价	35.00 元

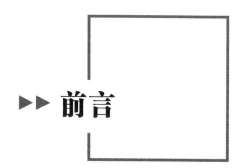

▶▶ 前言

　　我国高等教育已进入普及化阶段，不同类别的高校在人才培养目标上的差异日益显现。作为地方应用型本科高校，顺应高等教育分类分层发展的大趋势，及时回应经济社会发展对高层次应用型人才需求结构和变化，不断为社会培养输送合格人才，决定了学校发展的前途和命运。

　　攀枝花学院地处川西北滇西南，应国家三线建设和西部大开发建设需要而诞生。建校以来，学校牢固树立"立德树人、产教融合、应用为先"的办学理念，坚持"立足攀西、面向西部、辐射全国，重点为战略资源综合开发利用和地方经济社会发展服务"的服务面向，为区域经济社会发展输送了大量的高层次应用型人才。2016年，学校被国家发展和改革委员会等三部委遴选为"全国100所应用型本科产教融合发展工程项目建设高校"，2021年，学校获批硕士学位授予单位，办学层次和办学能力实现新的跨越，同时也对人才培养的学科体系、教学体系、教材体系、管理体系、思政体系等提出了新的变革要求。

　　作为学校最早开设和首批获得硕士学位点的院系之一，经济与管理学院坚持以"新文科"建设为引领，持续深化人才培养模式改革，不断推进教师对教学模式和课程体系的创新与建设。本案例集即前述一系列改革举措的成果之一，且收入案例集中的多数案例已经在国际经济与贸易本科专业不同年级的教学实践中得到运用，并取得了很好的教学效果。由此也就有了将之进一步升级和完善，以便同时适用于本科和专业硕士教学需要的想法。总体而言，本案例集具有以下几个特点：

　　一是坚持产教融合、教科融汇的实践导向。绝大部分的案例素材来源于一线骨干教师多年来承担的科研课题和研究成果，以解决实际问题为导向，案例内容详细、数据翔实。部分案例中的研究结论、政策措施和意见建议已被地方政府、行业和企业采纳或付诸实施，取得了良好的经济效益和社会效益，经受了实践的检验。

二是坚持面向实际，服务发展的问题导向。所有案例均来源于当前国内对外开放领域的现实问题，内容涵盖基于国别的双边贸易关系研究、基于区域或地方的外向型发展战略研究等众多领域。案例内容本身已经较为详细，一步步深入浅出地按照分析问题、解决问题的思路展开。学生在对案例进行学习后，可以进一步对案例研究对象开展实际调研，将理论运用于实践，从而提升学生的综合分析能力和解决实际问题的能力。

三是坚持注重夯实基础，兼顾能力提升的应用导向。案例注重提升学生运用基础理论、基础知识、基本模型对现实问题进行综合分析的能力，力求实现巩固学生知识基础并提升综合运用能力的目的。

本案例集是集体智慧的成果，在付梓之际，感谢各位同事的辛勤付出！感谢在案例集编写过程中提供资料、数据的各部门和企业提供的帮助！最后，感谢西南财经大学出版社的大力支持！

由于编者能力有限，疏漏和不足之处在所难免，欢迎广大读者和同行给予指导、帮助和批评。

编者

2023 年 12 月

▶▶ 目录

中国对泰国直接投资案例

攀枝花学院经济与管理学院

龙云飞　　陶睿

摘要：本案例描述了中国企业在泰国投资的进展和面临的问题，中泰两国不仅在文化上存在相似性，而且两国之间的关系长期处于和平友好状态，因此中国许多企业都在泰国寻找直接投资的机会，这也极大地促进了中国经济的发展。在这种背景下，中泰之间的合作既成效显著，也存在一定的问题，例如，中国对泰国的投资量较之其他国家偏少，即使是直接投资金额最多的一年，也只是泰国当年外资的第五名。加上泰国内部的发展状况较为不佳，例如泰国南部边界处动乱严重、基础设施较为落后以及劳动力的成本过高等，也给中泰之间的合作往来带来了一些困难。同时，中国与泰国之间虽然关系较为亲密，但也存在着一定的隔阂，如各自国家的企业在对方国家的知名度不高等。

关键词：对外直接投资；投资规模；投资结构；影响因素

随着"一带一路"倡议的持续深入推进，东南亚各国成为投资热区，其中，泰国凭借其优越的地理位置、相对完善的基础设施、高速的经济发展、良好的投资环境、优惠的投资政策等因素，成为不容忽视的投资热点国，也吸引了不少中国企业前往投资兴业。

1. 中国对泰国投资的现状

1.1 中国企业对泰国投资规模波动较大

2015—2019 年，虽然中国企业在泰国直接投资总体态势是高速发展的，但这五年间，中国企业在泰国直接投资发展的情况并不平衡，且波动较大。从图 1-1 可以看出，2015—2019 年，中国通过审批的项目共有 532 个，投资金额为 485.41 亿元。另外，2016 年、2018 年和 2019 年投资金额较高，其中 2019 年是中国企业对泰国直接投资最多的一年，超过了 170 亿元。2017 年虽然投资项目不少，但是投资金额较低，投资规模也较小。

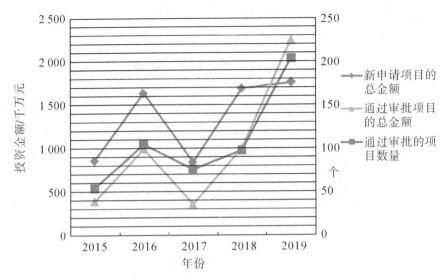

图1-1　2015—2019年中国企业对泰国直接投资的项目数量及金额①

1.2 中国对泰国投资行业分布较广

从投资的行业来看，2015—2019年中国企业对泰国直接投资的方向主要集中在了金属制品及机械产业，投资金额达到了217.79亿元（见表1-1和图1-2），占比为44%；其次是服务业，总金额达到了74.33亿元，占比为15%。而作为泰国的传统投资行业——农业在数据上则表现平平，与电气电子行业、矿物陶瓷产业在占比上同为9%。这五年间，中国对泰国直接投资较少的行业是化工造纸产业，投资金额仅为29.61亿元，占比为6%。可以看出，中国选择在泰国具有低成本优势的金属制品及机械产业（参考图1-1）集中投资，而传统的农业随着世界经济发展和行业转移，在泰国投资行业的选择上已经不再热门，总体来说，中国在对泰国直接投资的行业选择上基于成本控制，是趋于多样化的。

表1-1　2015—2019年中国企业对泰国直接投资的产业结构②　　　　单位：亿元

产业名称	2015年	2016年	2017年	2018年	2019年	总计
农业	23.45	6.53	4.21	2.19	10.79	47.17
矿物陶瓷产业	2.92	10.40	2.54	9.49	18.24	43.58
轻工业/纺织产业	0.66	0.41	8.92	1.60	27.05	38.64
金属制品及机械产业	2.59	41.20	3.93	54.38	115.70	217.79
电气电子产业	2.76	10.40	1.26	2.30	26.05	42.77
化工造纸产业	0.58	6.54	1.00	7.98	13.51	29.61
服务业	4.80	23.13	12.59	21.49	12.33	74.33
总计	37.75	98.60	34.46	99.43	223.67	493.90

---

① 数据来源：泰国投资促进委员会。
② 数据来源：泰国投资促进委员会。

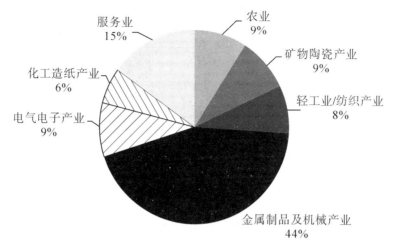

图 1-2　2015—2019 年中国企业对泰国直接投资的行业结构①

1.3 中国对泰国投资区域集中

泰国投资促进委员会根据目前的经济因素，按各区的人均收入和基础设施情况，把泰国划分为三个区：第一区共 6 个府，位于中部，分别是曼谷及邻近的北榄、龙仔厝、巴吞他尼、暖武里和佛统府，它们的基础设施较完善，人均收入高。第二区包括第一区周边的夜功、叻丕、北碧、素攀武里、大城、红统、北标、坤西育、北柳、春武里、罗勇和普吉等 12 府，这些地方的人均收入和基础设施属于中等水平。除第一区、第二区的其余 58 府为第三区，它们的基础设施较薄弱且人均收入低。区域优惠政策是以曼谷为中心向外扩展，越向外围投资政策越优惠。

根据泰国投资促进委员会统计，2015—2019 年中国企业对泰国直接投资已通过批准的项目共有 532 个项目，总金额为 485.41 亿元。如图 1-3 和图 1-4 所示，这五年间的大部分投资都在第二区，共 226 个项目，总额为 232.99 亿元；其次是第三区，共有 182 个项目通过审批，投资总金额约为 155.33 亿元；最后是第一区，共有 124 个项目在第一区落户，总金额约为 97.08 亿元。虽然第一区靠近曼谷经济发达地区，但是在政策优惠上，第二区的优惠力度比第一区大，中国企业更加倾向于在第二区开展投资活动；同时在水电交通等基础设施的便利程度上，虽然第二、三区都不如第一区有优势，但是当地的发展潜力还是吸引了大量的中国企业进行投资。

中国对泰国直接投资案例

---

① 根据表 1-1 数据整理。

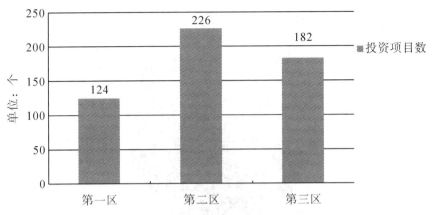

图 1-3 2015—2019 年中国企业对泰国直接投资的区域分布①

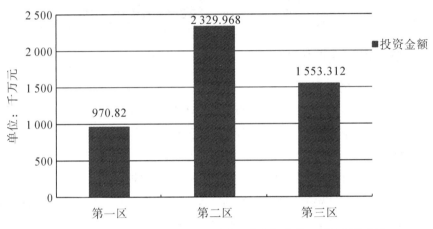

图 1-4 2015—2019 年中国企业对泰国直接投资的区域金额分布②

2. 中国企业对泰国投资存在的问题

尽管从现阶段的发展情况来看，泰国作为中国在东南亚范围内对外投资的东道国之一，其发展态势迅猛，未来体量成长潜力也比较大，但是由于中国企业在对泰国的投资中存在下述问题，会对其进一步发展带来不可忽视的挑战。

2.1 中国企业对泰国直接投资规模小

从前文对中国企业在泰国直接投资项目规模的分析，可以看出我国企业在泰国的投资以中小型项目居多。众所周知，规模经营可以降低企业生产成本，提高经济效益，获得规模经济。然而，小规模投资和生产则无法实现边际成本递减，在产品生产、开发等方面都难以获得规模效应。此外，小企业在国际市场竞争中缺乏竞争能力，它们的实力相对较弱，抵御风险能力相对更低。从现实情况来看，我国大部分在泰国投资

---

① 数据来源：根据泰国投资委员会年报整理。
② 数据来源：根据泰国投资委员会年报整理。

企业都独自进行单一的经营活动，相互之间处于一个封闭的状态，没有横向联系，使企业规模难以扩大，技术进步和规模经济难以实现。

2.2 投资产业结构单一且产品附加值低

在过去的二十多年里，中国企业对泰国直接投资的产业主要集中在金属与机械设备、农业及农产品，近几年才开始对服务业投资的项目进行投资。中国企业在金属与机械设备的投资项目主要有铝合金轮胎、合成橡胶轮胎、锯条、飞机零件、汽车零件等。投资这些项目的主要原因是泰国拥有完整的金属与机械设备生产链，出口竞争力强，且国内需求潜力大，是东南亚地区配件供应中心。投资的农业项目主要集中在橡胶加工、浓缩乳液、水果加工等，因为泰国农产品在国际市场中有很强的竞争力，中国与泰国在农业发展方面差异化明显、互补性强，在农产品贸易、农业技术合作、农业机械等方面，双方有着广阔的合作空间。但是，中国对泰国的投资大部分集中在劳动密集型和资源密集型产业，产品附加值较低，科技水平不高，处于价值链的底端。而出口商品价格太低又容易引发贸易伙伴国的"双反调查"，遭遇较高的市场进入壁垒。中国对泰国的投资产业领域单一，市场进入壁垒低，世界各国都在抢占这些低端市场，中国企业很难在竞争中脱颖而出。

2.3 中国企业缺乏对泰国的充分了解

虽然中泰两国同属于亚洲，而且从距离上来看，泰国离中国还是比较近的。但是，由于在经济制度、法律法规、风俗文化和社会文化上的不同，中国企业在泰国当地直接投资很容易因缺乏对泰国的了解而发生亏损甚至破产。从实际上看，如果中国企业计划到泰国投资，那么做好市场调研和投资环境分析是非常必要的，以免因为不了解泰国当地投资环境以及具体行业投资准入标准而产生额外的成本费用。

2.4 中国跨国企业经营方式不善

虽然中泰两国文化相似度很高，但是在许多方面也还是存在差异，比如生活习惯和思维方式等。因此，中国企业必须注重中国和泰国的文化差异。而事实上，在泰国的中国企业经常因员工之间的文化差异而产生文化冲突，最终使企业蒙受损失。这是由于中国企业还是照搬国内管理经验，没有因地制宜地制定一套能适宜东道国的经营管理方案来应对文化冲突。一方面，从跨国公司外部来讲，文化差异的合理解决能够生产出满足消费者需求的产品，提高跨国公司的利润转换率；另一方面，跨国公司内部特别是员工管理上，需要文化差异双方相互尊重各自社会文化，求同存异，才能促使员工个体和公司整体的利益都得到保障。

3. 影响中国企业对泰国直接投资的因素分析

3.1 有利因素

增值是资本运动的内在动力，利润驱动是各种资本输出的共有动力。对外直接投资作为资本流动的方式之一，其目的就是朝着较优的投资环境流动，从而增加获得更多利润的机会。因此，优越的投资环境是跨国公司获得成功的必要条件。世界银行发布的《2020 年营商环境报告》显示，泰国营商环境全球排名第 21 位，较 2019 年上升了 6 位。泰国时任财政部部长乌塔玛表示，泰国在 190 个国家中排名第 21 位，是泰国在过去 6 年中的最高排名，在东盟排名第 3 高，仅位列新加坡和马来西亚之后。毫无疑问，在国际投资地区的选择上，泰国的优势比较明显。从泰国吸引中国对其直接投资的角度来看，有五个因素至关重要，它们分别是区位优势、自然资源、基础设施、双边关系和投资政策。

3.1.1 区位优势明显

泰国位于东盟心脏地带的战略位置，与快速增长的 CLMV（柬埔寨、老挝、缅甸和越南）国家联系在一起，使其成为企业和企业投资者的理想地点。此外，凭借其世界一流的运输基础设施，泰国很容易到达中国和印度附近的经济强国，这进一步为跨境贸易和投资提供了巨大的机会。

3.1.2 自然资源丰富

随着中国经济的不断发展，各个行业对于自然资源的需求也在不断增长。基于此，向国外进口自然资源也契合我国经济发展的现实情况。因此，本身自然资源丰富并且具有大量中国缺乏的自然资源的泰国，对于中国企业来说是一个很好的自然资源供应基地。

泰国拥有丰富的矿产、生物等自然资源。20 世纪 80 年代以来，在泰国湾和内陆先后发现了 15 个油气田。天然气的总储量约为 3 659.5 亿立方米，石油总储量约为 2 559 万吨。煤炭总储量 15 亿多吨，主要是褐煤和烟煤，有约 80% 都分布在北部的清迈、南奔、达、帕和程逸府一带。此外，在达、碧差汶、夜丰颂、清迈、南邦和甲米府还有含油量 5% 的油贡岩，其中仅达府储量就有 1.5 万吨。

泰国的金属矿资源主要有锡、钨、锑、铅、锰、铁、锌、铜、钼、镍、铬、铀、钍等。锡矿是泰国最重要的矿产，总储量约 150 万吨，占世界总储量的 12%，居世界首位。非金属矿产方面，钾盐储量约为 4 367 万吨，居世界首位；岩盐储量 29 亿吨；碳酸钾储量有 2.4 亿吨，萤石储量约 1 150 万吨，其他矿产还有重晶石、红宝石、蓝宝石、石膏等。

泰国还有丰富的生物资源。在森林资源方面，全国森林面积 1 440 万公顷，森林覆盖率达 25%。植物种类达 30 多万种，不少属珍贵林木。热带常绿乔木有榕树、露兜树、樟树、金鸡纳树等，季风林木主要有柚木、铁树、沙尔树和芒果树，还有各种藤及竹子，其中，柚木是主要的名贵木材。因此，我们可以看到泰国拥有丰富的中国缺乏的自然资源，如钾矿、橡胶、木薯等。此外，泰国与东盟及多个国家和地区建立了自由贸易区，这使得中国企业到泰国直接投资除了可以使用泰国本国的自然资源还可以零关税或以优惠的税率从东盟国家和各自贸易协定缔约国进口原材料。

3.1.3 基础设施完善

为了进一步提高泰国的竞争力，泰国政府制订了一项长期基础设施计划，以促进经济增长。该计划优先考虑改善现有基础设施以及在许多领域建设多个新项目，包括扩建机场、海港、道路、铁路系统和ICT（信息与通信技术）基础设施。巴育政府成立以来，为刺激国家经济发展，加大基础设施投入，2014年7月，国家维安委员会批准了《2015—2022年交通基础设施战略规划》，预计公共和私人投资近800亿美元。这无疑会提升泰国基础设施水平，加速构建海陆空交通网、促进通信技术现代化和水电供应便利化，为中国企业对泰国直接投资带来极大便利。

公路：整个东南亚最广泛的公路运输网络被公认为在泰国，全长39万多千米，其中绝大部分（98.7%）是混凝土或沥青铺成的[①]。作为泰国最重要的运输方式之一，公路在泰国运输网络中占80%。超过39万千米的公路运输网络使得泰国公路运输十分便利。未来，泰国公路运输发展会更进一步，因为泰国正在通过与一些与亚洲国家合作的项目，如亚洲公路网、东盟公路网，来提高公路在全国乃至东南亚地区的覆盖率。

铁路：据泰国交通部统计，2019年泰国铁路网里程约4 645千米，其中4 508千米为米轨铁路，覆盖全国47府；137千米为城市轻轨，全部集中在曼谷及周边。4条主要铁路干线以曼谷为中心向北部、东部、南部及东北部延伸。北部到清迈，东部到老挝边境，南到马来西亚国境。目前，从中国云南省昆明市连接越南、柬埔寨、泰国、马来西亚和新加坡的铁路大部分路段都由现有的铁路连接而成。2014年12月，中泰双方签订《开展铁路基础设施发展合作的谅解备忘录》，该项目采用中国标准设计建造，分两期执行。目前中泰铁路一期曼谷—呵叻段进入全面建设阶段，预计2027年投运，二期呵叻—廊开段设计完成，中老泰三国正加紧洽谈，力争2028年投入运营。

空运：泰国航空事业比较发达。航空客运已成为外国游客入境泰国的主要交通方式，乘飞机入境泰国的外国游客人数约占入境泰国的外国游客总人数的80%。在货物运输方面，由于航空货运的费用较高，航空货运总额仅分别占国内货运比重和国际货运比重的0.02%和0.3%，采取航运的产品主要是单位价格高的产品，包括电子配件以及花束等。目前，共53个国家和地区80家航空公司设有赴泰国固定航线，89条国际航线可达欧洲、美洲、亚洲及大洋洲40多个城市，国内航线遍布全国21个大、中城市。北京、上海、广州、昆明、成都、汕头、香港等都有固定航班往返曼谷。

水运：泰国的水运分为海运和河运两种。泰国内陆水道长4 000千米，湄公河和湄南河为泰国两大水路运输干线。目前全国共有47个港口，其中海湾港口26个，国际港口21个，包括8个国际深水港，分别位于曼谷、东海岸的廉差邦和马达朴，以及南海岸的宋卡、沙敦、陶公、普吉和拉农等地，年吞吐量超过450万标准集装箱。在港口方面，泰国海岸线长3 219千米，主要港口包括曼谷港（Khlong Toei Port）、廉查邦港（Laem Chabang Port）、清盛港（ChiangSaen Port）、清孔港（Chiang Khong Port）和拉廊港（Ranong Port）等，其海运线可达中国、日本、美国、欧洲和新加坡。此外，泰国与缅甸两国达成了合作协议，双方签署了土瓦经济特区及其相关工程领域的综合开发备忘录，重申两国将密切合作，以开发缅甸土瓦区域的深水海港和工业园区以及必要的基础设施项目。若土瓦港建成，将降低泰国以及其他国家的运输成本，减少依赖运

---

① 数据来源：商务部国别投资指南。

价高昂的马六甲海峡。因此，土瓦港在未来有望成为具有货物联运能力的综合物流中心。

通信：为了加快从劳动密集型经济向知识型经济的过渡，泰国在加强信息通信技术基础设施方面下了很大功夫。因此，不管是从固定电话到移动电话的升级，还是宽带互联网的铺开覆盖，相较于 20 世纪，泰国通信技术的发展都为外商在泰国投资带来了极大的便利。另外，从图 3-1 来看，曼谷的自来水价格相较于其他亚洲城市是最低的，仅为 0.4 美元每立方米，而供电价格竞争力虽然不如自来水，处于中等水平，但是二者的综合优势还是比较明显，可以大大节约工业制造成本。

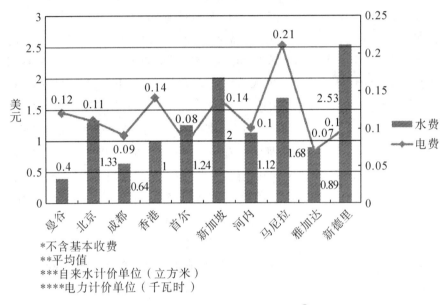

*不含基本收费
**平均值
***自来水计价单位（立方米）
****电力计价单位（千瓦时）

图 3-1　亚洲部分城市水电价格①

3.1.4 双边关系稳定

政治关系上，从 1975 年 7 月 1 日，中国与泰国建立外交关系以来。两国关系就一直在健康稳定的轨道上发展。2001 年 8 月，随着两国共同发表《联合公报》，中泰战略性合作共识也更进一步。2012 年 4 月，两国建立全面战略合作伙伴关系。2013 年 10 月，两国政府发表《中泰关系发展远景规划》。2017 年 9 月，两国签署《中华人民共和国政府和泰王国政府关于共同推进"一带一路"建设谅解备忘录》。2019 年 11 月，两国发表《中华人民共和国政府和泰王国政府联合新闻声明》。

在经济贸易方面，中国是泰国最大的贸易伙伴，泰国是中国在东盟国家中排名第三的贸易伙伴。在 2019 年的前两个季度，中国对泰国新追加的非金融直接投资达到 5 亿美元，同比增加了 11.4%。截至 2019 年 8 月底，中泰两国相互累计直接投资额高达 107.7 亿美元；中国企业在泰国共签订承包工程合同额为 292.5 亿美元，完成营业额 235.2 亿美元。无论是在政治关系上还是在经贸关系上，中国与泰国历来都保持着比较密切的交往，这种良好的双边关系为中国对泰国投资带来了无限的动力。

---

① 数据来源：日本贸易振兴机构。

3.1.5 投资政策优惠

为了加强泰国对外来资本的吸引力，泰国出台了大量的优惠政策鼓励外商投资，这些优惠政策主要分为区域政策和产业政策两大类。

首先是区域政策，就目前的经济因素，按各区的人均收入和基础设施情况，把泰国划分为三个区（见前文"中国对泰国投资区域集中"）：为了促进曼谷以外地区的发展，泰国对以曼谷为中心向外扩展的区域实行优惠政策，且越向外围，投资政策越优惠。如表3-1所示，不同地区的优惠力度也有所区别。

表3-1　各工业区政策优惠情况①

区域	机械设备进口关税	免法人所得税	减50%法人所得税	原材料进口关税（出口）	原材料进口关税（进口）	水电运输费双倍减免	基础设施安装建设费
第一区（工业园内）	减50%	3年	—	1年	—	—	—
第一区（工业园外）	减50%	—	—	1年	—	—	—
第二区（工业园内）	免税	7年	—	1年	—	—	—
第二区（工业园外）	减50%	3年	—	1年	—	—	—
第三区一组（工业园内）	免税	8年	免税期后5年	5年	减75%（5年）	10年	费用的25%从净利中扣除
第三区一组（工业园外）	免税	8年	—	5年	—	—	费用的25%从净利中扣除
第三区二组（工业园内）	免税	8年	免税期后5年	5年	减75%（5年）	10年	费用的25%从净利中扣除
第三区二组（工业园外）	免税	8年	免税期后5年	5年	—	10年	费用的25%从净利中扣除

其次是产业政策，最新颁发的促进投资条例将重点优惠行业从过去的制造业向农产品加工业、高科技及人力资源创新业、公共服务卫生业以及一些注重可持续发展的行业上转移。不管设在哪一个区，这些备受重视的行业均可享受非常大力度的优惠。此外，为了吸引外商企业到第三区投资，泰国政府规定其还可以享受额外的为期10年的补贴优惠，即当企业获得利润时，可将其中两倍于水电费的费用当作成本扣除。同时，基础设施的安装和建设费的25%也在扣除项目之中。

3.2 不利因素

3.2.1 政治稳定性较差

回首泰国数十年的政治发展，最重要的是其政治动荡的周期性变化。众所周知，

① 资料来源：张培正. 中国企业对泰国直接投资研究［D］. 上海：华东师范大学，2012.

政府政权是否稳定，是影响国家经济发展好坏的关键因素。虽然泰国经济在数次的政治动荡中也有了较快的增长，但是每次发展都会因政治动荡而昙花一现。在世界银行对各个国家和地区的政治稳定性评价中，相较于其他亚洲国家，泰国的得分相对较低（如图3-2），而且泰国政局不稳在很大程度上阻碍了泰国社会经济政治发展。

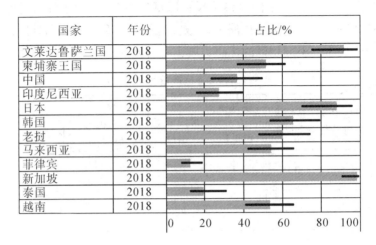

图3-2　2018年亚洲部分国家政治稳定性得分①

3.2.2 贪污腐败严重

根据2019年世界银行对全世界176个国家和地区清廉指数的排名，泰国的排名比较靠后，其贪污腐败形势相比较于其他部分亚洲国家更加严峻（见图3-3）。这对外来投资者十分不利，一方面，贪污腐败现象的存在，导致外来投资者很难有机会和施贿者竞标，从而错失投资机会；另一方面，实际价格比竞标价格高，也会导致消费者成为被转嫁税负的受害者。

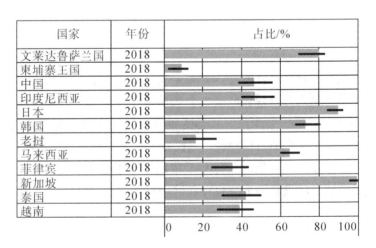

图3-3　2018年亚洲部分国家清廉指数②

---

① 数据来源：世界银行。
② 数据来源：世界银行。

3.2.3 劳动力成本较高

从图 3-4 可以看出，泰国劳工平均工资高于几个周边国家，如印度尼西亚、缅甸、柬埔寨等。而且自 2019 年以来，泰国调高了最低工资标准，据泰媒报道，2019 年 12 月 6 日，时任泰国劳工部次长素帖先生作为工资委员会主席，公开了在工资委员会三方会议上达成的结果。他表示，通过对经济情势、通货膨胀率、失业率以及各方提交上来的资料进行分析后，决定各府的最低日工资标准上涨 5~10 铢，全国各府将分为 10 个小组实施不同的阶梯工资标准。其中，日工资标准最高的府为春武里和普吉，为 336 铢（大约 73 元人民币），而罗勇府则以 335 铢（大约 73 元人民币）的工资标准排在第二位，曼谷为 331 铢（大约 72 元人民币），全国的日最低平均工资为 321.09 铢（大约 70 元人民币）。素帖先生已向劳工部和内阁提交此份决议，并于 2020 年 1 月 1 日起正式实施。这无疑提高了中国企业的成本，不利于中国企业在泰国开展直接投资。

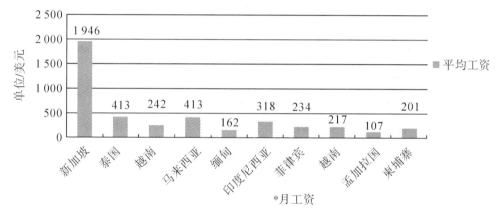

图 3-4　东南亚部分国家普通工人月薪

总体来说，泰国的经济发展比较稳健，投资环境也比较适宜中国企业投资，其特殊的区位优势和丰富的自然资源为其吸引了大量的国际投资，成为国际投资热点地区。同时，泰国政府非常重视招商引资，其优惠力度较大的政策和比较完善的基础设施为能够更多地开展国际投资活动带来可能。对于中国企业来说，中泰两国良好的双边关系更是助力了其发展和成长。但是目前来看，仍有许多因素制约着中国企业在泰国开展投资活动，比如泰国的政治稳定性不佳、贪污腐败问题相对严重以及劳动力成本较高等。总而言之，中国企业要想在泰国开展良好的投资活动，必须了解和克服相关制约因素，充分把握对泰投资的优势劣势和面临的机遇挑战，更好地趋利避害，以实现企业与东道国双赢和可持续发展。

案例使用说明

一、教学目的与用途

1. 教学目的

通过对本案例的学习和研讨，使学生了解对外直接投资的基本概念和理论，了解中国对泰国直接投资的现状，培养学生具备基本的分析问题和解决对外直接投资领域实际问题的能力。在案例的研讨过程中，通过各个环节逐步培养学生思维能力和自学能力，并注重培养学生运用所学知识分析、解决实际国际投资问题的能力。

2. 教学用途

本案例主要适用于国际经济与贸易专业的国际投资课程，也适用于国际金融课程。

二、启发性思考题

1. 对一国国际直接投资环境进行分析主要应该从哪些方面开展？

2. 泰国国际投资环境哪些方面是"热"的因素，哪些方面是"冷"的因素，为什么？

3. 中国对泰国直接投资应注意哪些方面的问题？

4. 泰国与其他东盟国家在国际直接投资环境方面存在哪些差异性，中国企业应该如何更好地在东盟国家开展国际直接投资？

三、背景信息

1. 发展背景

据东南亚主要国家的统计，2020 年印尼经济增长率为 -2.07%，马来西亚为 -5.6%，菲律宾为 -9.3%，新加坡为 -5.4%，泰国为 -6.1%，越南为 2.91%。东南亚国家属于高度外向型经济，主要贸易伙伴集中在东亚和欧美国家，各国经济要摆脱严重衰退仍取决于全球疫情的消退，尤其是主要贸易伙伴的经济复苏。

2. 投资背景

2020 年年末，中国境内投资者在"一带一路"合作伙伴设立境外企业超过 1.1 万家，涉及国民经济 18 个行业大类，当年实现直接投资 225.4 亿美元，同比增长 20.6%，占同期中国对外直接投资流量的 14.7%，较上年提升一个百分点。从国别构成看，主要流向新加坡、印度尼西亚、泰国、越南、阿拉伯联合酋长国、老挝、马来西亚、柬埔寨、巴基斯坦、俄罗斯联邦等国家。2013—2020 年，中国对"一带一路"合作伙伴的累计直接投资为 1 398.5 亿美元。2020 年年末，中国对"一带一路"合作伙伴的直接投资存量为 2 007.9 亿美元，占中国对外直接投资存量的 7.8%。存量位列前 10 的国家是：新加坡、印度尼西亚、俄罗斯联邦、马来西亚、老挝、阿拉伯联合酋长国、泰国、越南、柬埔寨、巴基斯坦。

3. 理论背景

传统观念上，国际直接投资活动能够为东道国带来新的产业和前沿技术，从而促进东道国整体的经济增长和社会发展。然而越来越多的经济实践表明，国际直接投资活动中东道国往往沦为廉价资源的提供者和国际资本的受剥削者，国际直接投资的收益分配问题日益引起关注。由于数据上的缺失和理论上的不足，目前针对国际直接投资收益问题的研究多是从技术溢出、工资高低、对外贸易等方面，测度国际直接投资对东道国的经济影响。这些研究只能反映国际直接投资活动对东道国技术、工资等个别方面的作用，仅能间接推断收益大小和其影响因素，对于东道国从国际直接投资活动中获取的综合收益和总体得失的评判明显不足，同时关于国际直接投资活动收益的权属分析等核心问题始终无法得到可靠的解释。

四、案例分析思路及要点

1. 案例分析思路

依据分析目的，我们将中国企业对泰国直接投资问题作为分析研究对象；全面收集有关中国企业对泰国直接投资的相关资料，包括直接资料和间接资料。我们主要收集的是第一手资料（直接资料），还可以收集他人对该对象所研究的间接资料；系统地整理收集到的资料，依据分析研究的项目和内容进行分类；对所要求分析的内容（特征、属性、关系等）进行逐项分析研究；对各项分析结果进行综合分析，探求反映总体的规律性认识。

2. 需要学生识别的关键问题

国际直接投资的环境分析、国际直接投资的动因分析和国际直接投资的影响因素分析。

3. 案例教学中的关键知识点、能力点

泰国国际投资环境分析、中国对泰国直接投资的总体特征总结和未来展望、中国对东盟国家国际直接投资的对比分析。

五、理论依据与分析

（一）对外直接投资的相关概念

1. 对外直接投资

对外直接投资（Foreign Direct Investment，FDI），对资本输入国而言，可以称为外国直接投资或外商直接投资或直接投资流入（FDI）；而对资本输出国而言，对外直接投资则可以称为直接投资流出（ODI）。对外直接投资是投资者旨在获得外国企业在经营管理上的控制权并获得利益的一种长期投资行为。

2. 跨国公司

跨国公司是进行对外直接投资的一种国际企业的组织形式，它是指在两个及两个以上的国家或地区进行直接投资，并利用东道国的有利条件，为了获得一定利润，从事国际化的生产和经营活动，跨国公司的设立以获得管理权和控制权为目的。跨国公司，又称多国公司、国际公司、超国家公司等。

3. 投资环境

投资环境（Investment Environment）是伴随整个投资活动的客观条件，主要涉及政治、经济、文化、法律、社会等多个要素。从不同的角度来看，投资环境的要素可以划分为不同的类型，如硬环境和软环境（从投资环境要素的物质形态来划分）、宏观、中观、微观投资环境（从投资环境研究的层次来划分）。相对于国内投资环境，东道国以外的投资风险对于投资者而言是不确定的。

（二）关于直接投资的理论

1. 垄断优势理论

垄断优势理论（Monopolistic Advantage Theory）是美国学者斯蒂芬·海默（Stephen Hymer）于1960年在其博士论文中提出的，他的导师查尔斯·金德伯格（Charles. P. Kingdleberge）对该理论进行进一步的完善，因此也被称为"海默—金德尔伯格传统"（H—K Tradition），该理论标志着国际直接投资开始成为一个独立的学科。海默认为一个企业进行直接投资的原因是市场是不完全竞争的，而跨国公司可以利用自身的垄断优势，如规模经济、市场垄断、关税等进入和退出壁垒进行直接投资并获得利润。根据该理论，对外直接投资是一项具有一种或多种垄断优势的企业在竞争激烈的市场中追求利润的经济活动。

2. 国际生产折中（OLI）理论

英国经济学家邓宁（J. H. Dunning）在对以前的直接投资理论分析进行总结时，于1977年提出了国际生产折中理论（The Eclectic Theory of International Production）并在《国际生产与跨国企业》一书中对这个投资理论的重要性进行了系统的介绍。该理论认为直接投资与跨国企业所拥有的所有权优势、内部化优势和区位优势三大基本因素密切相关，邓宁指出一个跨国企业如果要进行对外直接投资必须同时具备跨国企业的所有权优势（Ownership-specific advantages）、区位优势（Location-specific advantage）以及跨国企业的内部化优势（International-specific advantage），因此也被称为"OLI 模式"。如表1所示，当一个企业只具有所有权优势或内部化优势时，对外直接投资都可能不是最适合的直接投资选择，只有认为当一个企业同时具备跨国企业所有权优势、内部化优势以及区位优势时，才代表企业可以考虑选择进行对外的直接投资。

表1　邓宁教授关于对外投资的选择方式

方式	所有权优势［O］	内部化优势［I］	区位优势［L］
投资式（FDI）	√	√	√
出口	√	√	
无形资产转让（契约式）	√		

所有权优势也称为厂商优势和垄断优势，是进行对外投资的必要不充分条件，它是一国企业所独有的，国外企业没有或无法获得的优势。所有权优势主要包括专利技术、版权、商标等。内部化优势是指公司优化或扩展自己的业务活动，以最大程度地运用自己所有权优势，并获得更多利益的能力。与所有权优势和内部优势相反，区位

优势是东道国独有的优势，因此企业只能去适应并加以利用。

（三）对外直接投资环境评价方法

1. 国别冷热比较法

美国的学者伊西阿·利特法克（Isian A. Litvak）和彼得·班廷（Piter M. Barting）对各个国家和地区的直接投资环境的七种主要影响因素进行了全面、统一的比较和分析，提出了国别冷热比较法。这种投资环境评价的最基本方法是使用"冷""热"来对该国的投资环境进行评估，"热国"或"热环境"就是指该国经济政治稳定、市场机会大、经济增长较快且稳定、文化相近、法律限制少、自然条件有利、地理和文化环境差距不大，意味着该国对外直接投资环境较好，比较适合直接投资；否则，即为"冷国"或"冷环境"。国别冷热比较法是较为早期的对投资环境进行评价的一种方法，它不需要准确的数据，可以相对容易完成对投资环境的分析，但这也是一个缺点。使用此方法评估的投资环境不够精确，并且该方法不适用于特定项目。

2. 投资环境多因素分析法

投资环境多因素法又称为投资环境等级尺度法或投资环境等级评分法，由美国经济学家罗伯特斯托伯格提出。该方法是先找出会影响到国际投资环境的因素，然后根据其对投资者的重要性来划分评分标准，再根据每个因素的利害程度进行评分，最后得出该环境的总体评价，得分越高意味着投资环境越好，反之亦然。

该投资环境分析的方法主要侧重于货币的稳定性以及通货膨胀率，如通货膨胀过高会使投资出现资金贬值，这对投资者会产生很大的影响。该方法对每个关键因素都进行了评估并针对性地打出分数，最后再将所有关键因素的得分进行加总，用于分析和评估整个投资国的投资环境。评估分数越高意味着该国的投资环境越好，越低则意味着投资环境越差。该方法是一个比较简单易用的方法，也是一种比较普遍的方法。

六、教学组织方式

1. 素材导入

教师积极创设情境，提前发放视频、新闻、论文、书籍等教学素材，并提出问题，创设情境，调动和激发学生自主学习的情绪。

2. 预习定标

在教师创设的情境目标的指引下，学生课下自主学习，确定学习目标，较复杂的课则由教师和学生共同确认目标。

3. 合作达标

在学生自主学习、独立思考的基础上，尚不能自行解决的问题，可通过"生生互动、师生互动、组组互动"，相互合作，相互交流，共同研讨，共同提高。

4. 互动展示

学生可根据教师的分工，利用各种方式向全班展示小组合作研究的问题，教师随时进行引导、点拨、强调、提升，以拓宽学生的知识面，加深学生对案例的理解和运用。在此过程中，应注意及时对学生及小组的表现加以肯定，增强学生的学习信心。

5. 小结强化

教师用简短的语言对一节课所学知识进行概括总结，帮助学生形成知识框架，从而强化学习目标。

6. 反馈矫正

教师针对当堂所学内容和目标设置布置巩固性练习题，由学生独立完成，然后采取小组成员互评、教师抽评等方式，将竞赛机制应用其中，并尽量做到当堂完成，当堂反馈。

七、案例的后续进展

本案例可持续更新，如收集中国企业对泰国等东南亚国家的直接投资的最新进展和发展状况，也可由学生按照国际直接投资的影响因素和效益分配方面跟进最新的研究成果，进一步丰富和完善案例。

八、其他教学支持材料

一是计算机支持。可列出支持这一案例的计算机程序和软件包，它们的可得性，以及如何在教学中使用它们的建议或说明。二是视听辅助手段支持。可收集能与案例一起使用的电影、录像带、幻灯片、剪报、样品和其他材料。三是 Excel 计算表格。在做数据统计等工作时可使用该软件。

重庆市与东盟国家贸易案例

攀枝花学院经济与管理学院

唐宇　李博

摘要： 本案例描述了重庆市与东盟国家贸易的相关问题，西部陆海新通道的深入建设，为重庆市与东盟国家进一步加强经贸往来提供了支撑。重庆市作为"新通道"的运营中心，其贸易发展的优势显著。重庆与东盟国家不仅存在诸多贸易便利，而且随着双边交通基础设施的发展，两者之间的贸易规模也不断扩大，经济规模、市场规模都对重庆市与东盟国家的进出口贸易总额有正向影响作用；重庆市与东盟国家之间的贸易潜力并不相同，且与马来西亚、越南贸易往来密切。但在双边贸易发展过程中也存在着国别结构失衡、贸易发展不平衡、商品结构趋同导致竞争性强等诸多问题，需要完善基础设施，强化政策保障，针对国别合作差异实施不同的策略，加强人文交流，调整产业结构。

关键词： 贸易规模；产业结构；贸易引力模型；贸易潜力

中国-东盟自由贸易区建立之后，重庆市与东盟国家之间的贸易往来越来越密切，进出口贸易额不断增长，东盟国家已经成为重庆市最大的贸易伙伴。西部陆海新通道不断建设，中西部地区的交通不断完善，进一步促进了重庆市与东盟国家的贸易发展。

1. 重庆市与东盟国家贸易发展现状

1.1 进出口贸易额增加

由图1-1可知，近20年重庆市与东盟国家的进出口贸易发生了明显的波动变化，2010年之前重庆市与东盟国家进出口贸易发展缓慢，2010年之后进出口贸易发展迅速并逐渐趋于平稳。从总量数据来看，进出口贸易总额从2000年的44 119万美元到2019年的1 576 274万美元，增长了近36倍，进口贸易额增长了近1 174倍，相对于进口贸易额的波动，出口贸易额变化较小，增长了近13倍。从发展趋势来看，无论是进出口贸易总额、进口贸易额还是出口贸易额都不是逐年增长，而是有所起伏，有些年份也会出现负增长现象。

根据重庆市与东盟国家进出口贸易波动的变化情况，可以把近 20 年分成四个阶段：第一阶段是 2000—2010 年，进出口贸易总额稳定增长，由 2000 年 44 119 万美元增长到 2010 年 145 781 万美元，年均增长率为 12.70%。第二阶段是 2011—2013 年，进出口贸易总额迅速增长，在此之前保持着贸易顺差的状况，主要原因是中国-东盟自贸区的推动作用，可以享受到最低至零关税的关税优惠待遇，以及重庆市实行的专项计划有关，使得进出口贸易额陡增并在 2014 年达到最大值——1 895 459 万美元。第三阶段是 2014—2016 年，进出口贸易总额呈下降趋势，出现负增长现象且 2014 年首次出现贸易逆差。这与全球经济下行有关，国际市场萧条，贸易发展受到阻碍。同时，重庆市向东盟国家进口的主要贸易产品，如石油、橡胶等价格下降，在保持原有贸易量的情况下，进出口贸易额自然也会下降，因此进出口贸易总额由 2014 年的 1 895 459 万美元下降至 2016 年的 1 104 766 万美元。第四阶段是 2017—2019 年，进出口贸易总额趋于稳定并逐渐回升，但仍然出现贸易逆差现象。这主要是因为中新（重庆）互联互通示范项目加大了南向对外开放，重庆市与东盟国家进出口贸易总额逐渐回升。

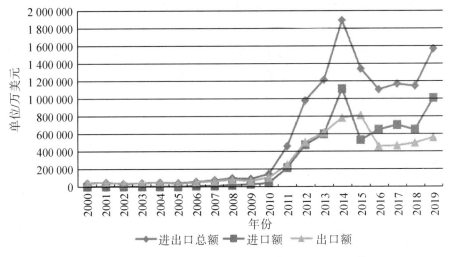

图 1-1　2000—2019 年重庆市与东盟国家进出口总额①

1.2 进出口比重呈上升趋势

重庆市对东盟国家进出口贸易总额和出口贸易额占重庆市进出口贸易总额、重庆市出口贸易总额的比重总体上呈下降趋势并趋于稳定；进口贸易额占重庆市进口贸易总额的比重整体呈现上升趋势。

由表 1-1 可知，2000 年重庆市对东盟国家的进出口贸易总额占重庆市进出口贸易总额的比重达 24.71%，出口贸易额占比达到 43.47%，但在之后的五年里，进出口贸易总额和出口贸易额占比逐年下降，2005 年之后渐渐趋于平稳，其中对东盟国家进出口贸易总额的比重稳定在 10%~20%，对东盟国家出口贸易额所占比重稳定在 10%~15%。与进出口贸易总额和出口贸易额占比不同的是，重庆市对东盟国家的进口贸易额

———————————

① 数据来源：2001—2020 年重庆市统计年鉴。

趋势迥然不同,该数据在 2010 年之前一直处于一个很低的水平,占比不到 10%。自中国-东盟自由贸易区建立以后,东盟国家市场逐渐打开,开始大量向重庆市出口,比重从 2000 年的 1.09% 扩大到 2014 年的 34.83%,不过近五年出现波动变化,进口贸易额占比总体上呈现上升趋势。

表 1-1 2000—2019 年重庆市与东盟国家进出口比重①

年份	重庆市进出口贸易总额/万美元	重庆市进口贸易总额/万美元	重庆市出口贸易总额/万美元	进出口占比/%	进口占比/%	出口占比/%
2000	178 547	79 025	99 522	24.71	1.09	43.47
2001	183 384	73 136	110 248	28.16	1.74	45.70
2002	179 401	70 282	109 119	19.50	1.95	30.81
2003	259 488	100 979	158 509	15.83	2.99	24.01
2004	385 735	176 616	209 119	12.76	1.95	21.89
2005	429 283	177 229	252 054	9.30	1.87	14.53
2006	547 013	211 821	335 192	10.10	3.36	14.35
2007	744 546	293 774	450 772	9.88	2.83	14.47
2008	952 121	379 939	572 182	10.20	4.17	14.20
2009	770 859	342 851	428 008	11.11	7.00	14.40
2010	1 242 634	493 759	748 875	11.73	8.90	13.60
2011	2 921 786	937 973	1 983 813	15.70	22.82	12.34
2012	5 320 358	1 463 315	3 857 043	18.46	32.52	13.12
2013	6 870 410	2 190 661	4 679 749	17.73	27.34	13.23
2014	9 545 024	3 204 089	6 340 935	19.86	34.83	12.29
2015	7 447 656	1 928 662	5 518 994	18.02	27.36	14.75
2016	6 277 125	2 207 710	4 069 415	17.60	29.30	11.25
2017	6 660 391	2 400 492	4 259 899	17.62	29.29	11.05
2018	7 904 012	2 766 302	5 137 710	14.54	23.52	9.70
2019	8 396 406	3 016 514	5 379 892	18.77	33.51	10.51

1.3 贸易国别较集中

据表 1-2 可知,重庆市的主要贸易伙伴有东盟、欧盟、美国、韩国、日本等,重庆市与东盟国家之间的经贸合作一直保持着较好的发展趋势。2019 年东盟国家超过欧盟和美国,成为重庆市的第一大贸易伙伴。从图 1-2 重庆市主要贸易伙伴进出口占比情况可知,即使东盟国家位列第一,其占比也仅有 18.77%,与美国和欧盟相当接近。

---

① 数据来源:2001—2020 年重庆市统计年鉴。

表 1-2　2017—2019 年重庆市主要贸易伙伴进出口额①　　　　单位：万美元

年份	2019 年			2018 年			2017 年		
国家或地区	进出口总额	进口额	出口额	进出口总额	出口额	进口额	进出口总额	出口额	进口额
东盟	1 576 273	1 010 923	565 350	1 148 934	650 514	498 420	1 173 710	703 021	470 689
欧盟	1 544 705	172 073	1 372 632	1 485 422	241 845	1 243 577	1 246 659	203 262	1 043 397
美国	1 412 224	69 375	1 342 849	1 610 272	100 752	1 509 520	1 275 173	120 174	1 154 999
韩国	734 864	447 054	287 810	738 684	471 662	267 022	538 212	335 398	202 814
中国台湾	537 650	433 377	104 274	404 989	321 161	83 828	331 393	246 245	85 148
日本	339 633	140 022	199 611	339 628	196 735	142 893	304 873	175 508	129 365
中国香港	287 993	3 902	284 092	216 425	1 616	214 809	162 577	1 682	160 895
澳大利亚	210 639	109 480	101 159	193 983	95 347	98 636	178 796	101 170	77 626
印度	170 006	6 371	163 635	172 499	16 539	155 960	123 105	8 937	114 168
墨西哥	167 420	44 607	122 813	152 011	38 263	113 748	120 480	29 121	91 359
其他	1 414 999	579 330	835 667	1 441 165	631 868	809 297	1 205 413	475 974	729 439

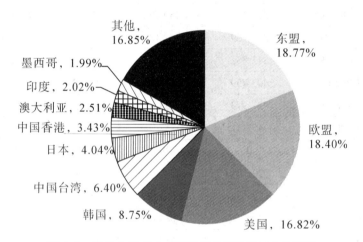

图 1-2　2019 年重庆市主要贸易伙伴进出口占比情况

就重庆市与东盟国家进出口贸易国别结构而言，总体上以越南和马来西亚为主，其次是印度尼西亚、泰国、新加坡和菲律宾，其余的东盟国家包括缅甸、柬埔寨、老挝和文莱与重庆市的贸易额都比较小。从图 1-3 可知，2000—2010 年，重庆市对东盟国家的进出口贸易无特别明显的国别结构差异。2010 年之后，国别结构逐渐出现差异。

由图 1-3 可知，越南的贸易地位波动上升。相对而言，2000—2002 年越南占据贸易主要地位，特别是 2001 年，重庆市与越南贸易总额达 39 817 万美元，而与其他东盟国家的贸易总额均低于 5 000 万美元，占重庆市与东盟国家双边贸易总额的 77.12%。受 CAFTA 带动作用的影响，重庆市与东盟其他国家的进出口贸易不断发展，越南的贸易地位也不断变化。2002 年之后越南与重庆市的双边贸易额占重庆市与东盟国家双边

① 数据来源：2018—2020 年重庆市统计年鉴。

贸易总额比重不断下降，到 2012 年占比仅有 5.82%，此后贸易地位逐渐回升，到 2019 年其贸易总额占重庆市与东盟国家对外贸易总额的 30.09% 并出现越南超越马来西亚的现象。

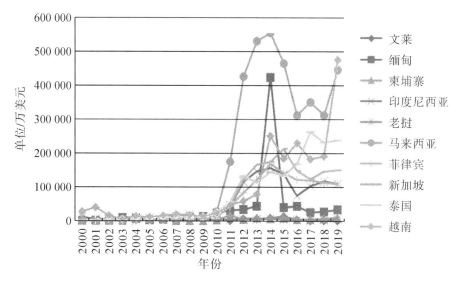

图 1-3　2001—2019 年重庆市与东盟国家进出口额

马来西亚的贸易地位日益上升，成为重庆市对外贸易最重要的贸易伙伴之一。重庆市与马来西亚贸易总额在 2010 年首次超过越南成为重庆市对外贸易总额最大的贸易伙伴并长期保持领先地位，其贸易总额由 2010 年 27 152 万美元增长到 2019 年 446 718 万美元，年均增长率达 36.5%，占重庆市与东盟国家贸易总额的比重达到 28.34%。

由表 1-3 可知，2000—2019 年，重庆市与印度尼西亚、泰国、新加坡和菲律宾的进出口总额占重庆市与东盟国家进出口总额的平均比例为 13.48%、12.11%、9.58%、9.37%，其占比之和达到 44.54%。重庆市与缅甸进出口贸易受珠宝、贵金属及其制品影响较大，且缅甸北部政局动荡，又受到大国平衡外交政策的影响，进出口贸易呈现较大的波动性，其占比达到 8.76%，而柬埔寨、老挝和文莱与重庆市的贸易额占重庆市与东盟国家进出口总额的平均比例之和不到 3%。从重庆市与东盟各国的进出口总额占重庆市与东盟国家进出口总额的比例均值来看，排在第一位的是越南，马来西亚、印度尼西亚、泰国、新加坡、菲律宾排在第二至第六位，其余国家占比均值均不超过 9%。

表 1-3　2000—2019 年重庆市与东盟国家进出口额占比[①]　　　　　　　　　单位:%

年份	文莱	缅甸	柬埔寨	印度尼西亚	老挝	马来西亚	菲律宾	新加坡	泰国	越南
2000	0.00	1.29	0.43	25.60	0.12	1.79	1.86	2.56	3.39	62.95
2001	0.01	2.61	0.24	8.43	0.98	1.61	4.47	2.35	2.19	77.12
2002	0.03	14.22	1.28	14.41	4.55	3.18	13.00	3.72	5.59	40.03

　① 数据来源：2000—2020 年重庆市统计年鉴。

表1-3(续)

年份	文莱	缅甸	柬埔寨	印度尼西亚	老挝	马来西亚	菲律宾	新加坡	泰国	越南
2003	0.00	23.36	0.18	19.33	7.25	9.87	12.81	4.07	9.54	13.60
2004	0.00	14.67	0.00	21.99	2.09	10.07	12.30	3.61	9.73	25.54
2005	0.00	6.89	0.00	16.47	4.70	7.52	11.79	9.91	14.51	28.21
2006	0.00	8.70	0.00	15.21	7.10	7.00	8.71	10.16	17.40	25.73
2007	0.00	10.76	1.00	17.80	4.13	9.53	9.89	8.92	12.95	25.02
2008	0.00	11.50	1.23	19.00	2.99	11.42	10.01	13.82	12.43	17.61
2009	0.00	15.47	1.04	13.01	2.35	11.82	8.39	18.65	13.99	15.28
2010	0.00	15.86	1.33	14.68	2.46	18.63	9.05	7.42	15.14	15.43
2011	0.15	6.97	3.59	8.82	0.81	38.25	9.60	9.28	12.21	10.32
2012	0.59	3.45	0.45	11.69	0.56	43.34	8.31	12.46	13.34	5.82
2013	0.59	3.61	0.64	11.92	0.43	43.49	9.96	13.62	9.28	6.47
2014	0.49	22.39	0.36	8.28	0.35	29.25	8.83	9.20	7.60	13.24
2015	0.95	2.97	0.69	10.31	0.33	34.63	10.53	15.91	9.96	13.72
2016	0.37	3.89	0.34	6.70	0.24	28.23	10.89	13.37	15.24	20.73
2017	0.04	2.16	0.40	8.69	0.21	29.91	10.24	10.48	22.34	15.53
2018	0.01	2.34	0.62	10.25	0.27	27.13	9.85	12.66	20.48	16.68
2019	0.01	2.08	0.64	6.97	0.37	28.34	6.85	9.50	15.15	30.09
均值	0.16	8.76	0.72	13.48	2.11	19.75	9.37	9.58	12.11	23.96

1.4 商品结构差异性大

从商品结构来看，重庆海关统计资料显示，重庆市主要出口的商品是电子产品、摩托车、机械产品、电气设备、化学化工相关产品等，主要进口的商品是电脑配件、汽车配件、集成电路、初级形状的塑料、橡胶制品以及水果等产品。对东盟国家的商品结构而言，2000—2010年重庆市对东盟国家出口商品中以机电产品为主，主要包括车辆、航空器、船舶和通用机械，其他还有建材、箱包、化工原料等，进口商品以资源性产品为主，包括橡胶制品、塑料制品、木浆和矿产品等，其他有电脑、汽车配件等；经过时间的沉淀，重庆市与东盟国家不断发展进步，出现进出口商品类型逐渐趋于一致的现象，且主要是高新技术产品，说明重庆市与东盟国家的双边贸易从产业间贸易向产业内贸易逐步发展。重庆市的进出口贸易方式中一般贸易和加工贸易所占比重最大，且一般贸易主导地位下降，加工贸易不断增长，比重逐年增加。

1.5 出口产业结构具有互补性

由表1-4可知，重庆市出口的第一大产业是电子信息产业，第二大产业是汽车制造业。相对于其他产业来说，这些产业属于重庆市的主导产业，拥有一定的优势。重庆市的发展不仅仅是依靠汽车制造业，电子信息产业也发展迅速，近些年出现了赶超汽车制造业的现象。东盟国家从重庆市进口的产品包括车辆、航空器、船舶等，这些都是属于重庆市的优势产业。由于重庆市资源有限及劳动力成本逐渐上升，石油天然气化工、纺织业及制鞋业等产业出现下降趋势。

目前，重庆市的食品饮料烟草制造业、纺织业、服务业等劳动密集型产业所占比重不断下降，资本密集型产业像汽车制造业保持现有发展速度，在重庆市产业所占比重较大，而技术密集型产业像集成电路与生物医药等发展迅速，但产业链中的短板是缺乏大型创新研发中心的支持。重庆市要利用好自身在西部陆海新通道的优势，把研发创新、资金融通、仓储物流等领域做好做强，做好产业链的核心和高附加值环节，提高与东盟国家产业链的衔接度。

表1-4　2014—2018年重庆市出口行业情况　　单位：万美元①

行业情况	2014年	2015年	2016年	2017年	2018年
电气机械和器材制造业；通用设备制造业；专用设备制造业；计算机、通信和其他电子设备制造业	3 560 285	3 349 646	2 879 210	3 245 495	3 974 452
汽车制造业；铁路、船舶、航空航天和其他运输设备制造业	365 777	333 939	277 968	311 341	339 001
文教、工美、体育和娱乐用品制造业	246 161	369 445	130 667	104 620	153 186
黑色金属冶炼和压延加工业；有色金属冶炼和压延加工业；金属制品业	218 012	331 143	154 771	116 226	138 771
石油加工、炼焦和核燃料加工业；化学原料和化学制品制造业；医药制造业	122 834	139 482	106 036	106 003	115 052
非金属矿物制品业	143 783	233 850	100 527	72 596	108 571
橡胶和塑料制品业	120 468	149 174	81 155	63 568	88 079
皮革、毛皮、羽毛及其制品和制鞋业	146 630	195 834	83 804	61 453	78 431
纺织业；纺织服装、服饰业；化学纤维制造业	255 658	240 848	97 341	76 843	69 336
仪器仪表制造业	37 980	43 159	60 190	57 882	41 303
其他	1 123 347	132 474	97 746	43 872	31 528

东盟国家受资源、人口及经济发展水平的影响，各国出口的主要产业都有所不同。但大部分国家的产业以农林渔业为主，还有纺织业、制鞋业、采矿业、石油化工及橡胶和塑料制品业等。除了共同的产业之外，具体就国别特色出口产业而言，越南主要以农渔业、制鞋业为主，马来西亚以农副食品加工业为主，泰国还出口食品、饮料制造业及运输设备制造业，新加坡有电子设备制造业、石化工业及生物医药，菲律宾有机械制造业、电子设备制造业，而其他贸易往来较小的国家，经济发展水平较低，以农业为主。通过重庆市与东盟国家各自的产业结构分析，发现双方都有各自的优势产业，因此具有一定的产业互补性。

① 数据来源：2015—2019年重庆市统计年鉴。

2. 重庆市与东盟国家贸易发展存在的问题

2.1 国别结构失衡

通过重庆市与东盟国家进出口贸易国别结构分析可知，东盟国家与重庆市的贸易往来存在巨大差异。老挝、柬埔寨、文莱与重庆市的贸易往来微乎其微，而东盟其他六国越南、马来西亚、印度尼西亚、新加坡、泰国、菲律宾与重庆市的贸易往来十分频繁，越南占比最高，达23.96%。由此可见，东盟国家与重庆市贸易往来的国别结构存在巨大差异，说明重庆市进出口市场高度集中，从而增加了贸易的风险性；同时，这也说明了重庆市对东盟部分国家的市场开拓力度还有待提高。

2.2 双边贸易发展不平衡

通过重庆市与东盟国家进出口贸易占比分析可知，双边贸易发展不平衡。从理论上讲，"新通道"深入建设，中国-东盟自贸区不断升级，重庆市与东盟国家关系越来越密切，双边贸易应不断加强，但实际上，双边贸易发展已出现失衡的现象。一方面，是由于重庆市进出口贸易方式的转变——以加工贸易为主。厂商用国内原材料加工再以产品形式进行出口的方式减少，更多的是进口原材料、零部件，经过加工再以产成品出口。相较而言，多了进口环节，进口贸易额也相应增多。另一方面，是市场分化。重庆市近年紧追智能终端市场，其产品销往全球，也是重庆市出口的主力产品。《区域全面经济伙伴关系协定》（RCEP）签订后，重庆市对东盟国家以外的其他成员国像日本、韩国等的贸易往来会更紧密，不仅仅是单一依靠东盟国家的出口市场，出口份额出现分化，与东盟国家的出口占比不断下降。

2.3 商品结构趋同，竞争性强

关于双方的贸易结构，重庆市与东盟国家之间的商品结构有很大的相似性，双方都生产初级产品、低技术含量和附加值较低的劳动密集型产品，涉及纺织、服装、鞋及初加工的农产品等，导致双方出口商品高度相似，在第三方市场中出口的商品有较大的重叠性。重庆市的出口市场除东盟国家之外，还有美国、欧盟、日本等国家，而东盟国家的主要出口贸易伙伴也集中在这些国家。商品与出口市场相似，导致了双方较高的竞争性。重庆市想要继续扩大对东盟国家的出口，必须加快产业升级，提高产品质量，根据东盟国家所需生产相应产品。

3. 重庆市与东盟国家贸易发展迎来的机遇分析

3.1 交通基础设施改善，对外贸易物流成本降低

《西部陆海新通道总体规划》中指出，"新通道"主要有三条线路，重庆市就占据了两条线路的起点。对重庆市与东盟国家而言，"新通道"的深入建设使物流通道更加畅通，对外贸易物流成本有所降低。"新通道"的主要优势就是成本优势，它能够解决

重庆市对外贸易发展中的货物运输问题。"新通道"改变了原来的运输线路,货物运输从北部湾港口直接到东盟国家港口,很大程度上缩短了运输时间,节约了运输成本。"新通道"还使公路、铁路、水运单一的运输方式结合起来,充分发挥各自的优势,使货物运输更加合理,进一步降低物流成本。

3.2 最大范围享受优惠政策,贸易便利化进一步完善

西部陆海新通道"13+1"省(区、市)共同打造国际贸易"单一窗口"平台,尽可能地提供高效便捷的通关和物流便利化服务,将通关和物流结合起来使西部陆海新通道更加通畅。对于东盟国家而言,重庆市推出自助打印原产地证书,其数量已扩展到纸质原产地证书总量的62%,且与传统证书具有相同的作用。在家即可办理,实现全程电子化,这个方法极大地提高了贸易便利化水平。进口方面,拥有此证书能享受关税减免和其他优惠待遇。另外,中国与东盟国家之间已经有90%的产品实行零关税。RCEP协定达成以后,零关税产品种类将会增加,能最大限度享受税收优惠。

3.3 利用重庆市与新加坡的优势,助力重庆市与东盟国家发展

随着西部陆海新通道的发展,现已有96个国家和地区、264个港口与之相连,重庆市作为通道的枢纽,与世界对接具有优势。而新加坡在东盟各国中经济发展水平最高,又具有金融、航空和航运优势,重庆市可以借助这些优势助力自身发展,进一步深化与东盟国家的贸易合作。新加坡的金融优势能够有效促进资本流通,重庆市借助中新互联互通项目不但可以让本地资本进入新加坡的金融市场,还可以通过新加坡向世界各地进行融资,拓宽企业的融资渠道。重庆市还可以利用新加坡的航空和航运优势,向世界各地输出或者进口产品,借助其加强与世界各国的联系。新加坡是西部陆海新通道中的另一个枢纽,使重庆市与新加坡相连,可加速推动重庆市成为西部内陆地区的航运中心和物流枢纽。将重庆市的优势与新加坡的优势相结合,在促进重庆市与新加坡发展的同时也能带动整个东盟国家的发展。

4. 重庆市与东盟国家贸易发展潜力分析

2019年重庆市主要东盟国家贸易伙伴是马来西亚和越南,其次是泰国、新加坡、印度尼西亚与菲律宾。通过2019年重庆市与东盟国家贸易潜力值来看,除了马来西亚属于"潜力再造型"国家,双方贸易潜力接近最大化,新的增长空间较小之外,其他的国家都还有较大的拓展空间。印度尼西亚、菲律宾、泰国属于"潜力巨大型"国家,新加坡、越南属于"潜力开拓型"国家。

从年份潜力均值来看,重庆市与东盟国家之间不同年份有不同的贸易潜力。近20年中有8年属于"潜力再造型",6年属于"潜力巨大型",6年属于"潜力开拓型"。贸易潜力均值从2000年的3.21变为2019年的1.08,总体上呈下降趋势,这表明重庆市与东盟国家之间贸易潜力有所提高。近年来,"西部陆海新通道"持续建设,重庆市与东盟国家之间的交通基础设施有所完善,"单一窗口"平台优化及推出东盟国家自助

打印原产地证书，使得贸易便利化水平不断提高，贸易潜力也有所提高。中新（重庆）战略性互联互通项目持续推进，金融、航空及信息通信技术等方面加强合作，未来双方贸易将会有更多的发展空间。

综合重庆市与东盟国家各年份的贸易潜力测算值来看，各国有不同的变化趋势。2010年之前，马来西亚的贸易潜力没有得到充分挖掘，2010年之后其潜力得到释放。东盟国家中马来西亚的经济发展水平较高，与重庆市相距较近，且马来西亚出口橡胶、棕油、动植物油、机电产品，拥有丰富的矿产资源，重庆市一直向其进口原材料，贸易合作已达到一定的水平。越南地理位置优越，与重庆市相距最近，早期是东盟国家中与重庆市贸易往来最密切的国家。但越南产业结构从农业向电子加工业、纺织业转变，主要出口商品变为机械及电子产品，与重庆市的出口商品存在竞争性。马来西亚、越南与重庆市的贸易已经发展到一定程度，双方贸易潜力接近最大化，新的增长空间较小，在维持现有双边贸易水平的同时更应该注重挖掘新的贸易增长点。新加坡在东盟国家中经济水平最高，电子、化工、医药、金融等是该国的主要产业，而重庆市近年来也在拓展金融、医药等领域的发展。新加坡具有金融、航空航运优势，通过中新互联互通项目，在保持现有合作的基础上，可以加强行业发展领域的双边合作，与重庆市的贸易潜力将会进一步释放。

近20年印度尼西亚、菲律宾、泰国与重庆市的贸易潜力拥有较大的释放空间，表明现阶段双方贸易发展还不够，有很大的增长空间。印度尼西亚电商零售业逐渐发展起来，主要出口水果、矿产及木材。菲律宾出口水果、水产品，其又是东南亚第四大汽车市场，人口数量多，市场需求量大。而泰国与重庆市相距很近，运输成本低，并且，泰国人口较多，经济水平相对较高且经济增长前景良好，出口产品中橡胶资源丰富，农副产品也具有优势，但贸易潜力值较低，这说明双边贸易潜力没有完全发挥。重庆市的电子信息产业、汽车制造业刚好与这些国家形成产业互补，应该积极扩大双边贸易，寻求在多个领域开展贸易。东盟各国与重庆市的产业有极大的互补性，贸易还有一定合作潜力，需要更加完善的基础设施和政策保障，进一步促进双边贸易潜力的释放。

案例使用说明

一、教学目的与用途

1. 教学目的

通过对本案例的学习和研讨,使学生了解国际贸易潜力等的基本概念和理论,了解重庆市与东盟国家贸易发展现状,培育学生独立思考能力和运用所学理论知识分析、解决实际事情的能力。通过案例的研讨,明白并掌握国际贸易的影响因素、国际贸易潜力等理论知识点,同时提升学生的自学能力和实践能力。

2. 教学用途

本案例主要适用于国际商务专业的国际贸易课程,也适用于中国对外贸易课程。

二、启发性思考题

1. 对两国或地区双边贸易的发展情况主要需从哪些角度进行探索?

2. 重庆市与东盟国家双边贸易面临着怎样的国内国际环境?哪些是有利条件?哪些是不利条件?

3. 重庆市与东盟国家双边贸易发展存在哪些问题?

4. 双边贸易中哪些是影响贸易流量的主要因素?

5. 双边贸易潜力如何测算和评价?如何结合双边产业结构等国内进行分析,以更好推动双边贸易发展?

三、背景信息

1. 发展背景

随着中国-东盟命运共同体的深入建设,中国与东盟的关系持续升温。西部地区同东盟国家的双边贸易额不断上升,其中重庆市和东盟的双边贸易发展最为迅速,在2019年重庆市对东盟国家进出口贸易达到1 086.7亿元,同比增长43.2%;2020年1~6月份重庆市对东盟国家进出口贸易达到511.1亿元,由前五个月负增长4.7%转为正增长1.30%。从外贸地区来看,东盟超越欧盟成为重庆市第一大贸易伙伴。2019年8月《西部陆海新通道总体规划》的出台,实际上为重庆市代表西部地区参与中国与东盟国家次区域合作机制奠定了基础。《西部陆海新通道总体规划》赋予了重庆市两条主要通道起点,明确着力打造国际性综合交通枢纽,充分发挥重庆市位于"一带一路"和长江经济带交会点的区位优势,建设通道物流和运营组织中心。陆海新通道不仅仅是一条连接中国西部地区与东盟各国的国际物流大通道,更是融合了交通、物流、商贸、产业、金融等众多概念的经济走廊,为深化重庆-东盟合作、中国-东盟合作乃至"一带一路"合作伙伴的合作提供了重大发展机遇。

2. 贸易背景

在中国全面推动"一带一路"倡议，深化同东盟合作的背景下，借助中新互联互通项目，重庆市有望成为中国西部地区与东盟地区进行经贸合作的枢纽城市，这不仅可以提高重庆市的国际化水平和城市影响力，加速中国内陆城市的开放，也为东盟乃至世界各国进入中国中西部市场提供了更便捷的途径。

中国-东盟自由贸易区建立之后，重庆市与东盟国家之间的贸易往来越来越密切，进出口贸易额不断增长，东盟国家已经成为重庆市最大的贸易伙伴。西部陆海新通道不断建设，中西部地区的交通不断完善，进一步促进了重庆市与东盟国家的贸易发展。

3. 理论背景

根据已有理论，经济规模、市场规模、距离程度对重庆市与东盟国家的双边贸易具有重要影响作用。其中，经济规模、市场规模对重庆市与东盟国家的双边贸易有正向影响作用，距离程度对重庆市与东盟国家的双边贸易有负向影响作用。通过引力模型计算双边贸易潜力，将相关数据纳入回归方程得出双边贸易的预测值，并通过对比其与双边贸易实际值来进行估计，可以得出重庆市与东盟各国的贸易潜力，发现重庆市与东盟国家之间的贸易潜力存在差异性，但是这只能分析两者贸易潜力如何，不能深入发掘双边贸易潜力存在差异的原因和贸易潜力具体反映和体现在哪些方面，以及应该如何挖掘新的贸易增长点，寻求多领域合作。

四、案例分析思路及要点

1. 案例分析思路

基于中国-东盟命运共同体的深入建设，重庆市被确认为是西部陆海两条主要通道的起点，明确着力打造国际性综合交通枢纽且与东盟各国双边贸易迅速发展的背景。通过查阅文献和相关资料，以重庆市与东盟国家作为研究对象，分析了两者贸易现状及其潜力，总结归纳国际贸易中双方的影响因素和潜力相关理论，进一步对重庆市与东盟国家之间贸易现状分析，从总量、增量和贸易依存度等各角度着手，全面剖析两者贸易情况和存在的问题，并采用引力模型对影响重庆市与东盟国家贸易流量的因素进行分析，具体测算两者贸易潜力大小，对各项结果进行全面分析，致力于总结归纳双边贸易流量的影响因素和贸易潜力来源。

2. 需要学生识别的关键问题

双边国际贸易的环境分析，双边国际贸易的影响因素分析，双边国际贸易的潜力分析。

3. 案例教学中的关键知识点、能力点

重庆与东盟国家贸易发展环境分析，重庆与东盟国家贸易发展的主要影响因素分析，重庆与东盟国家贸易潜力及对策分析。

五、理论依据与分析

(一) 双边国际贸易相关概念

1. 国际贸易

国际贸易（international trade）也称进出口贸易，是跨越国境的货品和服务交易，一般由进口贸易和出口贸易所组成，指世界各个国家（或地区）在商品和劳务等方面进行的交换活动。它是各国（或地区）在国际分工的基础上相互联系的主要形式，反映了世界各国（或地区）在经济上的相互依赖关系，是由各国对外贸易的总和构成的。国际贸易可以调节国内生产要素的利用率，改善国际的供求关系，调整经济结构，增加财政收入等。

2. 对外贸易依存度

对外贸易依存度常用来表示一国经济增长对进出口贸易的依赖程度。对外贸易依存度的基本含义是指一国进出口总额与其国内生产总值或国内生产总值之比，也被称为对外贸易系数。该值越大，则对外贸易依存度越高，说明该国经济发展对进出口贸易的依赖程度越大，同时也说明了进出口贸易在该国经济中的地位越重要，且该国对外开放程度越高，与国际市场联系越紧密。

3. 贸易结合度

国际贸易中常用贸易结合度这一数据来衡量两国（地区）之间的贸易相互依赖程度。该指标最开始是于 1947 年由布朗提出，后来经小岛清等学者的不断完善，成为一个相对综合性的指标。贸易结合度指的是一国（地区）对某一贸易伙伴国（地区）的出口占该国出口总额的比重，与该贸易伙伴国（地区）的进口总额占世界进口总额的比重之比。计算公式如下：

$$TCD_{ab} = (X_{ab} / X_a) / (M_b / M_w)$$

其中，TCD_{ab} 表示 a 国（地区）对 b 国（地区）的贸易结合度，X_{ab} / X_a 表示 a 国（地区）对 b 国（地区）的出口额与 a 国（地区）的出口总额的比值，M_b / M_w 表示 b 国（地区）的进口总额与世界进口总额的比值。如果 $TCD_{ab} > 1$，则说明 a、b 两国（地区）的贸易联系更紧密；如果 $TCD_{ab} < 1$，说明 a、b 两国（地区）的贸易联系不强。

(二) 关于国际贸易的理论

1. 绝对优势理论和比较优势理论

绝对优势理论（Theory of Absolute Advantage）是由英国古典经济学家亚当·斯密（Adam Smith）于 1776 年在其《国民财富的性质与原因的研究》一书中提出的，也称"绝对成本理论""绝对利益说"，是国际贸易理论中的经典理论之一。他认为国际贸易的原因是国与国之间的绝对成本的差异并基于此进行国际分工，如果一国在某一商品的生产上所耗费的成本绝对低于他国，该国就具备该产品的绝对优势，从而可以出口，否则应该进口。根据该理论，各国都应该按照本国的绝对优势形成国际分工格局，分工可以提高劳动生产率，各自提供交换产品以增加国民财富。

比较优势理论（Law of Comparative Advantage）又称比较成本贸易理论，由大卫·李嘉图（David Ricardo），在其代表作《政治经济学及赋税原理》中提出，比较优势理论是在绝对成本理论的基础上发展起来的。该理论认为，国际贸易的基础是生产技术的相对差别，以及由此产生的相对成本的差别，一国在两种商品生产上较之另一国均处于绝对劣势，但只要处于劣势的国家在两种商品生产上劣势的程度不同，处于优势的国家在两种商品生产上优势的程度不同，则处于劣势的国家在劣势较轻的商品生产方面具有比较优势，处于优势的国家则在优势较大的商品生产方面具有比较优势。每个国家都应根据"两利相权取其重，两弊相权取其轻"的原则，集中生产并出口其具有"比较优势"的产品，进口其具有"比较劣势"的产品。

2. 随机前沿引力模型

贸易引力模型和随机前沿模型是最常被用于测算贸易效率和贸易潜力的模型。随机前沿模型最早由 Aigner, Lovell and Sohmidt（1977）提出，最先用于测算生产函数和成本函数中的技术效率，Farrell（1957）首次提出的技术效率的前沿测定方法，成为效率测度的基础。同样，如果把随机前沿方法引入传统的贸易引力模型就可以测算贸易效率，两者在本质上是相似的，故面板数据随机前沿模型可写作：

$$Y_{it} = f(X_{it}, \partial)\xi_i$$

其中，∂ 为待估参数，ξ_i 为国际 i 的效率，满足 $0 < \xi_i \leq 1$，若 $\xi_i = 1$，则该国处于效率前沿，Y_{it} 为 i 国在 t 期的实际贸易额，X_{it} 表示经济规模、市场规模、地理位置和制度等影响贸易额的因素，同时将随机冲击代入可得：

$$Y_{it} = f(X_{it}, \partial)\xi_i e^{v_i}$$

其中，e^{v_i} 为随机冲击因素，Armstrong（2007）根据生产边界模型技术效率计算方法，提出了随机前沿引力模型，将随机冲击分为随机误差项和非效率项，误差项包括外界随机冲击，非效率项包括不可观测、难以估算因素。假设：

$$f(X_{it}, \partial) = e^{\partial_{it}} X_{1i}^{\partial_1} \cdots X_{ki}^{\partial_k}$$

故 $\ln Y_{it} = \partial_0 + \sum_{k=1}^{K} \partial_k \ln X_{ki} + \ln \xi_i + v_i$

由于 $0 < \xi_i \leq 1$，故 $\ln \xi_i \leq 0$，令 $u_i = -\ln \xi_i \geq 0$，故：

$$\ln Y_{it} = \partial_0 + \sum_{k=1}^{K} \partial_k \ln X_{ki} + v_i - u_i$$

其中，v_i 是服从均值为 0 的正态分布，u_i 表示自贸协定、贸易摩擦等不可观测因素的贸易非效率项。

3. 贸易潜力理论

贸易潜力指的是贸易实际值与理论值的比值，表现了双方实际贸易与理论贸易的偏差。通过引力模型计算双边贸易潜力，将相关数据纳入回归方程得出双边贸易的预测值，并通过比较其与双边贸易实际值来进行估计。如果实际值与预测值的比率大于等于 1.2，则两国（地区）之间的贸易称为"潜力再造型"，表明双边贸易处于充分状态。建议寻找新的贸易增长点，以进一步促进双边贸易；当比率大于等于 0.8 且小于 1.2 时，称为"潜力开拓型"；当比率小于 0.8 时，称为"潜力巨大型"，这表明双边贸易仍然有很大的市场可以开拓。

六、教学组织方式

1. 素材导入

教师积极创设情境，提前发放视频、新闻、论文、书籍等教学素材，并提出问题，创设情境，调动和激发学生自主学习的情绪。

2. 预习定标

在教师创设的情境目标的指引下，学生课下自主学习，确定学习目标，较复杂的课由教师和学生共同确认目标。

3. 合作达标

在学生自主学习、独立思考的基础上，尚不能自行解决的问题，通过"生生互动、师生互动、组组互动"，相互合作，相互交流，共同研讨，共同提高。

4. 互动展示

学生可根据教师的分工，把小组合作研究的问题利用各种方式向全班展示，教师随时进行引导、点拨、强调、提升，以拓宽知识面，加深对案例的理解和运用。在此过程中，及时对学生及小组的表现加以肯定，增强学生的学习信心。

5. 小结强化

教师用简短的语言对一节课所学知识进行概括总结，形成知识框架，强化学习目标。

6. 反馈矫正

教师针对当堂所学内容和目标设置巩固性练习题，由学生独立完成，然后采取小组成员互评、教师抽评等方式，可以将竞赛机制应用其中，并尽量做到当堂完成，当堂反馈。

七、案例的后续进展

本案例可持续更新，收集重庆市与东盟国家贸易发展的最新进展情况，也可由学生按照国际产业转移和产业内贸易等知识点进行拓展性研究，进一步丰富和完善案例。

八、其他教学支持材料

一是计算机支持。可列出支持这一案例的计算机程序和软件包，它们的可得性，以及如何在教学中使用它们的建议或说明。二是视听辅助手段支持。可收集能与案例一起使用的电影、录像带、幻灯片、剪报、样品和其他材料。三是 Excel 计算表格。在做数据统计等工作时可使用该软件。

新希望集团海外直接投资案例

攀枝花学院经济与管理学院

李杰　周迎春

摘要：新希望集团通过全球化布局成功成长为具有国际影响力的跨国企业集团，其国际化历程有许多值得其他企业借鉴的经验。新希望集团海外直接投资大致经历了探索起步、加速发展和稳步扩张三个阶段。新希望集团的海外直接投资始终坚持围绕农牧业主营业务，并逐渐沿产业链延伸，打造了覆盖全产业链的产业体系。新希望集团的海外直接投资紧跟国家对外开放政策的变化，从周边的东南亚国家逐步扩展至全球，近期投资的重点区域为"一带一路"倡议的合作伙伴。新希望集团主要通过投资新建的方式进入发展中国家市场，而更多地采用并购、入股等方式进入发达国家。开拓海外市场、整合全球优质资源、稳定产业链供应链以及贯彻落实国家战略是新希望集团进行海外直接投资的主要动机。新希望集团海外直接投资的成功既得益于中国综合国力和国际地位提升的发展红利，也得益于中国政府和东道国的优惠政策，更为关键的在于其坚持围绕主业的全球化布局策略、充分的前期调研、因地制宜的投资模式选择以及外部资源的整合能力。

关键词：新希望集团；海外直接投资；全产业链；东南亚国家；"一带一路"

伴随中国经济的快速发展和对外开放的深化与扩大，中国企业的规模与实力不断提升，中国企业国际化布局的需求显著增强。在此背景下，中国企业开始了对外直接投资的探索与实践。由于国有企业具有明显的政策优势和规模优势，其在我国的对外直接投资中一直占据主导地位。中国的民营经济在改革开放的过程中不断发展壮大，部分大型民营企业也开始了"走出去"的步伐，在全球范围布局生产和配置资源。相对国有企业，民营企业在开展对外直接投资过程中可能面临更多障碍和困难，但也具有一定的独特优势。总结我国民营企业对外直接投资的经验与教训，既有助于正确认识我国企业对外直接投资的影响因素以及面临的主要风险，也能够为新时代稳步推进中国企业"走出去"战略的政策制定提供决策依据。新希望集团是中国最早"走出去"的民营企业之一，其全球化布局取得巨大的收益，成功成为具有国际影响力的跨国企业集团。新希望集团的全球化布局经历有许多值得其他企业借鉴的成功经验。

1. 新希望集团简介

新希望集团有限公司创立于 1982 年，是中国最早创立的民营企业集团之一，以现代农牧与食品产业为主营业务。新希望集团是中国第一大、世界第二大饲料生产企业，中国最大的肉蛋奶综合供应商之一。在 40 来年的发展历程中，新希望集团立足农牧行业并不断向上、下游产业延伸，形成农牧食品、乳品快消、智慧城乡、房产文旅、金融投资、生态环保、大消费及医疗健康等相关产业多元化发展的现代民营产业集团。新希望集团于 1995 年位列中国 500 家最大私营企业第 1 位，2007 年入围《环球企业家》杂志最具全球竞争力中国公司 20 强，连续 17 年位列中国企业 500 强前茅，集团资产规模超 3 000 亿元，2020 年销售收入超 2 100 亿元，2021 年位列世界 500 强榜单第 390 位、中国民营企业 500 强第 27 位和四川民营企业 100 强第 1 位。集团全球拥有分子公司超过 600 家，员工超 13.5 万人，集团主体信用等级由"中诚信"评定为 AAA 级。

2. 新希望集团海外直接投资的发展历程

新希望集团是中国第一批走出国门的民营企业集团。集团探索海外业务始于 1996 年，第一家海外工厂于 1999 年在越南建成。目前，集团产业遍布 30 多个国家和地区，拥有超过 1 万名海外员工。

新希望集团海外直接投资的发展历程大致经历了以下三个阶段：

第一阶段（1996—2009 年）：探索起步阶段。该阶段新希望集团的海外投资集中在亚洲周边国家投资兴建饲料厂。经过 3 年对东南亚国家的市场调研，新希望集团决定最先在越南进行投资。新希望集团分别于 1999 年、2000 年、2006 年和 2008 年在越南胡志明市、河内市、海防市和同塔省投资建厂，2001 年和 2007 年在菲律宾的邦板牙省投资建厂，2006 年在孟加拉国的嘉吉普县投资建厂，2008 年在印度尼西亚的泗水和雅加达等地区投资建厂。

第二阶段（2010—2012 年）：加速发展阶段。该阶段新希望集团继续在亚洲国家布局并逐渐将投资范围向欧洲、非洲等地区扩展，投资领域向养殖相关产业延伸。2010年，新希望集团在柬埔寨成立新希望农业（柬埔寨）有限公司，在孟加拉国成立新希望农业科技孟加拉有限公司，在菲律宾成立新希望布拉干农业科技有限公司和新希望塔拉克农业科技有限公司，在新加坡成立新希望新加坡有限公司。2011 年，新希望集团在孟加拉国成立新希望孟加拉农牧有限公司，在埃及设立新希望埃及有限公司。2011 年，新希望集团联合华奥物种，50.1％控股新西兰农业服务公司 PGG Wrightson。2012 年，新希望集团在越南北宁、北江、平定等地布局新项目，在老挝设立新希望老挝有限公司，在缅甸成立缅甸新希望农牧有限公司，在印度尼西亚设立新希望棉兰工厂，在南非设立新希望南非有限公司，在土耳其设立新希望六合土耳其有限公司。该阶段新希望集团布局的公司主要从事饲料生产，部分公司已将经营范围延伸到种业、孵化、养殖、屠宰、乳品肉食品加工等领域。

第三阶段（2013 年至今）：稳步扩张阶段。该阶段新希望集团的投资地域范围继续向欧洲、美洲和大洋洲地区扩展，以获取稳定的原材料供应、先进技术和品牌。2013 年，新希望集团在菲律宾吕宋岛、印尼望加锡、印度西孟加拉邦、尼泊尔新建饲料项目。2013 年，新希望集团收购澳大利亚大型牛肉加工商 KPC 畜牧业公司。2014 年，新希望集团在俄罗斯的莫斯科和叶卡捷琳堡、埃及北部贝尼斯韦夫省以及波兰大波兰省新建大型饲料项目，首度进军俄罗斯与埃及市场。2014 年，新希望集团与澳大利亚企业家签署了《中澳企业间农业与食品安全百年合作计划谅解备忘录》。2015 年，新希望乳业作为最大股东，成立了澳大利亚鲜奶控股有限公司。2015 年，新希望六和股份有限公司投资 8 亿元，收购了美国著名饲料原料贸易商蓝星贸易集团有限公司20% 的股权。2015 年新希望乳业与 Moxey 家族、Perich 集团及澳大利亚自由食品集团合资成立公司，争做澳洲最具竞争力和影响力的奶牛养殖企业。2015 年，新希望乳业与新西兰皇家农科院在新西兰汉密尔顿花园签署战略合作协议，双方在乳业健康与营养方面初步达成 4 个方向的合作。2015 年，新希望地产进军澳洲，继新希望农牧、乳业两大板块之后，再次拓宽在澳投资领域。2015 年，新希望集团在美国设立新希望六和投资（美国）有限公司，目的是加快公司海外发展战略的实施与落地，促进公司海外业务的长期持续发展。2016 年，新希望集团在悉尼设立了大洋洲区域总部（澳新平台总部），加强了对澳、新两国投资项目的资源整合。2016 年，新希望集团旗下的草根知本集团全资并购拥有 27 年品牌历史的澳大利亚保健品品牌 ANC，这是新希望集团在高端健康食品、健康医疗领域海外战略布局的重要一环。2017 年新希望集团联合厚生投资、淡马锡、中投海外、启承资本等投资者收购澳洲宠物食品公司——真诚爱宠公司。2019 年，新希望集团组建国际事业部，优化澳新、东南亚及其他海外区域发展平台；同年，新希望集团与越南清化省政府、平福省政府、平定省政府签署总投资额为11.47 亿元的优质养猪项目合作协议。2021 年，新希望战略入股澳亚牧场母公司澳亚投资，占股 5%。

经过二十余年的全球化布局，新希望集团不仅建立起上游产业链，还在优势产业带拥有了牧场和优质种源，并通过发达国家先进的屠宰、加工技术提升了食品加工能力，同时也围绕高端动物蛋白进行布局，获取优质的农牧资源，打造全产业链与全价值链，持续扩大了新希望集团在海外的影响力。

3. 新希望集团海外直接投资的特点

纵观新希望集团海外直接投资的发展历程，其海外直接投资主要呈现以下四个方面的特点。

3.1 海外直接投资集中于主营业务和优势产业

新希望集团的海外直接投资绝大多数都围绕农牧与食品产业，特别是饲料生产、生猪奶牛养殖和乳品肉食加工等优势领域。自 1999 年在越南的第一家饲料公司投建以来，新希望集团在海外近20个国家和地区进行投产、建设、筹建、投资的公司有40余家，在亚洲、欧洲、非洲主要经营畜禽、水产饲料产品的生产和销售，在澳大利亚、新西兰等国重点布局奶牛养殖与乳品生产。

3.2 海外直接投资区域范围不断扩大，亚洲区域的投资相对集中

在新希望集团海外布局的早期，海外直接投资主要集中于东南亚国家，如越南、菲律宾、印度尼西亚、柬埔寨，后来逐渐向南亚国家扩展，如孟加拉国、斯里兰卡，再后来继续向大洋洲、欧洲和非洲扩展，如澳大利亚、新西兰、俄罗斯、埃及和南非。总体来看，新希望集团的海外直接投资在亚洲国家相对更多。

3.3 海外直接投资积极服务国家战略

在全球化布局中，新希望集团始终将自身的海外直接投资与国家的发展战略紧密结合在一起。作为以农牧业起家的现代企业集团，新希望集团长期坚持为中国的农业现代化、农业产业化以及农业强国发展战略服务。新希望集团的海外直接投资始终围绕农牧业和食品业等优势领域，在全球范围内整合产业链上各种优质资源，通过引入优质饲料原料、奶源、种业资源、先进生产加工技术提升企业的生产能力、技术水平、全球竞争力和抗风险能力，积极服务中国的农业现代化和产业化进程，并不断提升中国农业和农业企业的国际影响力。

新希望集团的海外直接投资也积极服务于中国的对外开放政策，有力地促进了"走出去"战略的实施。中国对外开放的基本策略为优先发展与周边国家的经贸合作，逐步加强与欧美发达地区的经贸合作。在新时代，中国在加强和深化现有的经贸关系的基础上，要全方位发展与"一带一路"合作伙伴的经贸关系，积极推动"一带一路"倡议的贯彻落实。新希望集团的海外直接投资很好地贯彻落实了中国企业"走出去"战略，发展进程与中国对外开放的基本策略保持高度一致。新希望集团早期的海外直接投资主要集中在东南亚和南亚等周边国家，随后逐步向美国、澳大利亚和新西兰等发达国家扩展。"一带一路"倡议提出以来，新希望集团加大了对"一带一路"合作伙伴的投资，如在越南、印尼、澳大利亚、南美、北美等新大陆农牧业资源发达区域与国家布局新的优质项目。新希望旗下农牧业上市公司新希望六和在亚洲、非洲等地的17个国家设立了56家企业，入选农业农村部2018年"一带一路"百强企业榜单。大部分海外直接投资项目落户在"一带一路"的"海上丝绸之路"合作伙伴中，如越南、菲律宾、印尼、柬埔寨、缅甸、斯里兰卡、孟加拉国等，以及非洲的埃及、南非、欧洲的土耳其等国家，业务涉及饲料、种禽、禽养殖、猪养殖和食品等。

3.4 海外直接投资模式多元化发展

新希望集团早期基本都是通过独资新建方式完成海外直接投资。后来，新希望集团根据不同区域、不同投资项目的特点灵活选择独资、并购、联合投资、入股等完成海外布局，同时不断加强与国外政府机构和科研机构在技术产品研发、人才培养等领域的交流与合作。

4. 新希望集团海外直接投资的影响因素

影响新希望集团海外直接投资及其海外区域布局的因素众多。总体来说，经济全球化的发展以及中国的对外开放为新希望集团的海外直接投资奠定了良好的外部环境和内部条件。打造稳定产业链和供应链、提升企业的竞争力和盈利能力，是新希望集团海外直接投资的根本原因。在全球范围内有效配置资源和开发市场是决定新希望集团海外区域布局的基本因素。

4.1 海外直接投资的动机

新希望集团进行海外直接投资的动机主要在于以下四个方面。

一是开拓海外市场，扩大企业规模和盈利空间。新希望集团在亚洲、非洲的发展中国家兴建饲料厂、养殖场的基本目的是利用自身相对成熟的生产技术实现本地化生产以满足当地市场的需求。发展中国家的劳动力、土地等要素成本相对较低，在这些国家布局不仅能够扩大企业的经营规模，而且可以降低经营成本，从而促进企业整体利润的增加。

二是在全球范围内整合资源，提升企业的国际竞争能力。在对外开放的背景下，新希望集团面临较大的来自大型跨国公司的竞争压力，比如正大集团。跨国公司可以在全球化经营的过程中形成自身独特的竞争优势。这些优势包括规模实力、技术水平、营销策略、管理效率、品牌影响力等各个方面。在发展的初期，新希望集团的竞争能力明显偏弱，迫切需要学习借鉴跨国公司的成功经验，通过海外直接投资拓展自身发展空间、获取全球的优质资源，充分利用国外市场和国外资源，在不断壮大规模实力的过程中增强企业的国际竞争力。

三是获取原料供应与产品销售渠道，引进先进技术与优秀管理人才，提升企业品牌的国际影响力。新希望集团通过并购发达国家的养殖场、农业服务企业、贸易商的方式增强了企业优质原材料的供给保障能力，稳定和扩大了销售渠道，降低了企业的经营风险，既增强了企业的盈利能力，又提升了企业品牌的国际影响力。

四是贯彻落实国家企业"走出去"战略的需要。伴随集团规模和资金实力的发展壮大，新希望集团已经基本具备了海外直接投资的实力。在国家鼓励企业"走出去"的背景下，有条件的企业应该身先士卒、当好海外直接投资的探路者。新希望集团作为大型的民营企业集团，与国有企业相比，其投资管理机制相对灵活，进入海外市场的阻力相对较小，因而开展海外直接投资具有相对优势。

4.2 海外直接投资区域布局的影响因素

影响新希望集团海外直接投资区位选择的因素主要包括以下五个方面。

4.2.1 经济发展水平与发展阶段

东道国与投资国的经济发展水平差距是决定直接投资规模及其流向的重要因素。从全球对外直接投资的发展经验来看，早期的直接投资主要是从发展水平较高的国家流向发展程度较低的国家，后来逐渐出现了从发展水平较低的国家向发展水平较高国家的流动。一般来说，投资国的发展水平越高和经济规模越大，其对外直接投资的规模越大。新希望集团海外直接投资也是先投向发展水平低于中国的东南亚、南亚等周边发展中国家，而后来随着集团规模实力的增强，不仅加大了对发展中国家的投资力度，而且开始向欧美等发达地区进行投资。新希望集团投资的发展中国家大多数处于经济发展的初级阶段，需要引入国外资金以加速经济的发展和产业结构调整。而部分发达国家因受到全球金融危机和欧债危机的影响经济增速放缓，这些国家的一些企业经营遇到一定的困难，需要引入投资者增强企业的竞争力和盈利能力。新希望集团通过并购、入股等方式投资发达国家知名企业也可以获得技术、品牌、渠道等多方面好处。

4.2.2 生产技术与管理水平

投资国企业对东道国进行直接投资的原因可能在于该企业相对于东道国同类企业在生产技术和管理水平上具有一定程度的领先优势。在东道国进行投资，企业具有明显竞争优势，从而能够获得较为丰厚的利润。新希望集团在国内发展的过程中，在饲料生产、牲畜水产养殖、食品加工等领域积累了较为成熟的生产技术与管理经验。这些技术与管理经验正是亚洲周边发展中国家经济发展需要的，新希望集团的投资受到了这些国家的普遍欢迎。亚洲周边国家也因此成为新希望集团海外布局的重点区域。

4.2.3 资源禀赋条件

资源禀赋条件是决定企业海外投资区位选择的基础性因素。资源禀赋条件决定了一个国家或地区的比较优势。相对于中国，亚洲周边的发展中国家在农业资源、劳动力成本等方面具有比较优势，新希望集团在这些国家投资可以显著降低经营成本，提高利润水平。而欧美发达国家的比较优势在技术、品牌、原材料供应与产品营销渠道等方面，新希望集团对欧美发达国家进行投资可以有效提升自身的技术水平、研发水平和品牌影响力，降低企业的经营风险。澳大利亚和新西兰等国家的比较优势在于优质草场与奶源、乳品牛羊肉加工等方面，新希望集团对该区域投资可以获得优质的上游原材料，提升产品的品质，满足国内外消费升级的需要。

4.2.4 市场潜力

企业海外直接投资非常看重东道国的市场潜力。亚洲、欧洲和非洲的广大发展中国家的经济发展空间和市场潜力巨大。多数的发展中国家正处于工业化的初期阶段，农业仍然是主导产业。新希望集团的主营业务恰好与这些国家的产业发展基础与发展目标一致。发展中国家的农业发展和工业化发展可能为新希望集团带来巨大的市场机会，因此，发展中国家成为新希望集团海外直接投资的重点区域。

4.2.5 政府的政策

东道国对利用外资的政策态度对于企业是否进行投资具有重要的影响。资金短缺和技术落后是困扰亚洲和非洲的大多数发展中国家的两大难题，新希望集团的直接投资能够同时解决这两个方面的问题，因此受到东道国的普遍欢迎。另外，新希望集团是民营企业集团，东道国的政府和企业不用过多地担心政治因素，欧美等发达国家也较容易其接受在国内的投资和并购行为。为支持国家的"一带一路"倡议，新希望集团也加强了对合作伙伴的直接投资。

5. 新希望集团海外直接投资的经验

经过20余年的国际化布局，新希望集团的国际影响力显著提升，新希望集团已经发展成为具有国际影响力的跨国企业集团，并成功入围2021年《财富》世界500强。新希望集团已经成为全球最大的饲料生产商之一，2021年新希望六和饲料总销量为2 800万吨，位居全球第一。新希望集团的海外直接投资虽取得了较好的效益，但投资过程并不是一帆风顺的，也遭遇了一些困难和挫折，如信息不对称、市场接受度低、融资困难、国际化人才缺乏等。新希望集团海外直接投资的经验对于其他企业特别是民营企业可能具有重要的借鉴意义。新希望集团的国际化战略取得巨大成功既得益于国家综合实力的提升和政府政策的有力支撑，也得益于集团科学的投资决策和高效的运营管理。新希望集团海外直接投资值得借鉴的经验主要包括以下五个方面。

5.1 开拓国际市场

充分利用中国综合实力和国际地位快速提升的国家品牌优势，积极开拓国际市场与整合全球资源。中国经济的显著成就一方面鼓舞着广大发展中国家的发展信心，另一方面使得中国成为发展中国家模仿学习的对象。这为新希望集团顺利进入发展中国家创造了良好的外部条件。大多数的发展中国家的经济发展水平较低，农业及相关产业的发展对于国家经济发展具有特别重要的意义。而新希望集团的主营业务为农牧业和食品加工，非常符合发展中国家经济发展的现实需要，这进一步扫除了新希望集团进入发展中国家市场的障碍。考虑到运输距离和运输成本以及发展中国家人力成本低、上游原材料丰富、市场潜力大等优势，新希望集团普遍采用海外直接投资方式进入发展中国家的市场。中国的快速发展大幅缩小了与发达国家的差距，中国企业的国际影响力也逐步提升。部分中国企业已经具备了与国际企业竞争的实力，这为中国企业在全球范围内整合优质资源奠定了基础。新希望集团利用中国巨大市场规模优势，在全球范围内寻找优质资源、开展战略合作，逐步进入欧美等发达国家。

5.2 降低投资成本

充分利用好中国和东道国投资促进与优惠政策，降低海外直接投资的成本。中国为鼓励企业开展对外直接投资，出台了一系列政策文件，消除了对外直接投资的一些障碍因素，有效地降低了对外直接投资的成本。在20世纪90年代初期形成的我国海外直接投资政策体系不鼓励中国企业的海外投资，海外投资实行审批制。审批制度和审批流程非常烦琐与严格，审批时间很长。海外投资效率低、成本高极大地影响了中国企业的对外直接投资。2004年10月，国家发展改革委发布的《境外投资项目核准暂行管理办法》规定，国家对境外投资资源开发类和大额用汇项目实行核准管理。2014年4月，国家发展改革委发布的《境外投资项目核准和备案管理办法》对相关政策进行了调整，国家根据不同情况对境外投资项目分别实行核准和备案管理。海外投资管理从审批制到核准制、再到备案制的逐渐演变提高了对外投资的便利性，降低了海外投资的成本，提高了中国企业海外投资的积极性。2017年的《关于改进境外企业和对外投资安全工作的若干意见》强调要坚持党对境外企业和对外投资安全工作的领导，在国家安全体系建设总体框架下，建立统一高效的境外企业和对外投资安全保护体系。中国政府还出台了一系列鼓励支持民营企业"走出去"、规范民营企业境外投资经营行为的政策文件，如2005年的《国务院关于鼓励支持和引导个体私营等非公有制经济发展的若干意见》和《关于实行出口信用保险专项优惠措施支持个体私营等非公有制企业开拓国际市场的通知》、2007年的《关于鼓励支持和引导非公有制企业对外投资合作的若干意见》、2012年的《关于鼓励和引导民营企业积极开展境外投资的实施意见》、2017年的《民营企业境外投资经营行为规范》等。新希望集团密切关注中国政府境外投资的政策变化，合理利用政府在财政税收、信用保险、人员财产安全保障等方面的政策措施促进集团海外直接投资的顺利发展。新希望集团还认真研究东道国利用外资的优惠政策与限制政策，与东道国政府建立良好的合作关系。

5.3 打造产业体系

坚持围绕主营业务布局海外直接投资，沿产业链逐渐向上、下游延伸，打造覆盖全产业链的产业体系。新希望集团全球化布局目标是打造世界级的农牧企业。新希望集团早期在亚洲周边国家的海外直接投资主要围绕其主营业务和优势领域（饲料业和养殖业），后来逐渐将投资领域延伸至上游的种业、牧场和下游的肉食品加工，并开始涉足部分的新兴行业，如保健品、宠物食品。

5.4 选择投资模式

前期调研充分，灵活选择投资模式。新希望集团的海外直接投资决策谨慎，在正式投资之前会对东道国的投资环境进行了全面的考察，在综合权衡投资收益与风险后决定投资项目、规模以及投资的模式。例如，从1996年开始新希望集团在东南亚国家进行了为期3年的市场调研后才最终决定在越南投资建厂。新希望集团在亚洲、非洲的发展中国家的直接投资主要采用投资新建的方式进行，对于发达国家的直接投资主要采用并购、入股的方式进行。

5.5 推动项目研发

重视与其他企业、国际组织以及研究机构的合作，整合各方资源推动项目投资与技术研发。在过去的一段时间里，资金不足、投资经验缺乏、技术研发实力不足经常困扰中国民营企业的国际化布局。新希望集团则善于借助外部力量弥补自身不足，进而推动海外投资的顺利完成。2011年新希望集团成立海外投资公司，投资方包括新加坡淡马锡、美国ADM公司、日本三井物产。2013年，新希望集团在收购澳大利亚KPC时联合了多位战略合作伙伴，实现100%控股。2015年，新希望集团子公司新希望新加坡私人有限公司与世界银行集团成员国际金融公司（IFC）签署了6 000万美元的融资协议，支持新希望在亚洲尤其是东南亚市场的农牧业与食品领域的投资和运营，促进该地区农牧业发展。2015年，新希望乳业和澳乳业巨头佩里奇家族LPC乳业共同组建澳洲鲜奶控股财团，通过财团收购澳大利亚最大独立地块奶牛场运营集团 Moxey Farms。2015 年，新希望乳业与新西兰皇家农科院签署战略合作协议，双方在乳业健康与营养方面初步达成 4 个方向的合作。2019 年新希望集团持续深化与美国康地、法国科普利信、澳洲 JUDO 银行、韩国希杰、印尼 Wings 家族等多家企业的国际合作。在高效整合全球创新资源的基础上，新希望乳业不仅联合新西兰皇家农科院、澳联邦科学与工业研究组织、瑞典查尔姆斯科学大学、四川大学、江南大学等国内外高等院校开展"产学研"实验室，2019 年还在美国波士顿建立起自有科研创新中心，通过自有科研团队搭建"全球智库"，快速占据营养与健康研发领域的行业高地。

案例使用说明

一、教学目的与用途

1. 教学目的

通过对本案例的学习和研讨，使学生了解新希望集团海外直接投资的发展历程与主要特点，掌握海外直接投资的主要理论，培养学生具备基本的分析问题和解决海外直接投资领域实际问题的能力。在案例的研讨过程中，通过各个环节逐步培养学生思维能力和自学能力，并注重培养学生运用所学知识分析、解决实际国际投资问题的能力。

2. 教学用途

本案例主要适用于国际商务、国际经济与贸易等专业的国际投资课程，也适用于国际金融课程。

二、启发性思考题

1. 企业进行海外直接投资的主要动机是哪些方面？

2. 民营企业与国有企业海外直接投资决策影响因素存在哪些方面的异同？不同行业的海外直接投资具有哪些方面的异同？

3. "一带一路"倡议给中国企业的海外直接投资带来了哪些机遇？

4. 投资母国和东道国的政策对企业的海外投资决策具有怎样的影响？

5. 企业对发展中国家的直接投资与对发达国家的直接投资存在哪些异同？

三、背景信息

1. 政策背景

1979 年 8 月，国务院颁布《关于经济改革的十五项措施》，明确提出允许"出国开办企业"，拉开了中国企业以对外直接投资形式参与国际竞争与合作的序幕。1984—1996 年，外经贸部、国家外汇管理局和财政部相继出台多项对外直接投资的政策文件，如《关于在国外和港澳地区举办非贸易性合资经营企业审批权限和原则的通知》《境外投资外汇管理办法》《境外投资外汇管理办法》《境外企业管理条例》《境外投资财务管理暂行办法》等。由于缺乏对外投资的经验，中国这一时期对境外投资实行审批制，并实施严格的外汇管理制度。

1997 年，党的十五大第一次明确提出"鼓励能够发挥我国比较优势的对外投资，更好地利用国内国外两个市场、两种资源"。1998 年中共十五届二中全会上明确指出："在积极扩大出口的同时，要有领导有步骤地组织和支持一批有实力有优势的国有企业走出去，到国外去，主要是到非洲、中亚、中东、中欧、南美等地投资办厂。"这标志着"走出去"战略雏形的形成。

2000 年，党的十五届五中全会审议通过的《中共中央关于制定国民经济和社会发展第十个五年计划的建议》首次明确提出"走出去"战略。2001 年，"走出去"战略正式写入全国人大九届四次会议通过的《国民经济和社会发展第十个五年计划纲要》中，纲要要求健全对境外投资的服务体系，在金融、保险、外汇、财税、人才、法律、信息服务、出入境管理等方面，为实施"走出去"战略创造条件，并完善境外投资企业的法人治理结构和内部约束机制，规范对外投资的监管。

2002 年，党的十六大报告提出，"实施'走出去'战略是对外开放新阶段的重大举措，鼓励和支持有比较优势的各种所有制企业对外投资"。2003 年，十六届三中全会《中共中央关于完善社会主义市场经济体制若干问题的决定》提出，继续实施"走出去"战略，完善对外投资服务体系，赋予企业更大的境外经营管理自主权，健全对境外投资企业的监管机制，促进我国跨国公司的发展。2004 年 7 月颁布的《国务院关于投资体制改革的决定》，将对外投资项目从审批制改为核准制，并将一部分审核权限下放至地方政府。2009 年《境外投资管理办法》进一步简化核准程序，政府核准和审查时限明显缩短，核准文件以及用汇资金来源的审查明显放松，2011 年《关于做好境外投资项目下放核准权限工作的通知》进一步下放核准权限，实现改革开放以来境外投资项目最大幅度的放权。

2013 年国务院下发《政府核准的投资项目目录》，引发境外投资核准制度的重大变革，实现由核准制向备案制的转变。《政府核准的投资项目目录》规定除少数另有规定外，境外投资项目一律取消核准制，采用备案制。2014 年，商务部修订《境外投资管理办法（2009 年）》，减少了 98.5% 的核准事项，确立了"备案为主，核准为辅"的管理模式。2016 年，工业和信息化部印发《促进中小企业国际化发展五年行动计划（2016—2020 年）》，大力支持中小企业积极融入全球价值链和产业链，努力加强对外经济合作。2017 年，国家发展改革委发布的《企业境外投资管理办法》取消项目信息报告制度和地方初审、转报环节，放宽履行核准、备案手续最晚时限的要求，进一步加大了"简政放权"的力度，提高了行政办事效率；敏感类项目的境外投资实行核准管理，非敏感类项目实行备案管理。2018 年，为推进"一带一路"倡议顺利进行，商务部等七部门联合发布《对外投资备案（核准）报告暂行办法》，鼓励运用电子政务手段实行对外投资网上备案（核准）管理，除敏感类项目或非敏感类的控制型项目外，其他形式的项目一律采用备案制。2019 年 7 月，商务部制定了《对外投资备案（核准）报告实施规程》，贯彻落实《对外投资备案（核准）报告暂行办法》，有利于加强对外投资事中事后监管，推动对外投资健康有序发展。2021 年 7 月，商务部、生态环境部发布《对外投资合作绿色发展工作指引》，商务部、中央网信办、工业和信息化部发布《数字经济对外投资合作工作指引》，推动对外投资合作绿色发展和数字经济对外投资高质量发展。

2. 发展背景

实施"走出去"战略，是党中央从我国经济发展全局做出的重大决策，对拓展国民经济发展空间和促进共同发展都具有十分重要的意义。它既可以补充我国需要的资源，又可以带动商品和劳务出口，还可以培育我国的跨国公司和知名品牌。同时，企业到境外投资办厂，促进了东道国经济发展和就业，实现了我国产品市场多元化和原产地多元化，有利于缓解贸易摩擦。

自1999年党中央提出实施"走出去"战略以来，我国企业"走出去"的步伐明显加快，规模日益扩大，领域逐步拓宽，水平不断提高。截至2020年年底，中国2.8万家境内投资者在国（境）外共设立对外直接投资企业4.5万家，分布在全球189个国家（地区），年末境外企业资产总额7.9万亿美元。对外直接投资存量25 806.6亿美元，其中股权投资14 777.3亿美元，占57.3%；收益再投资7 890.4亿美元，占30.4%，债务工具投资3 168.9亿美元，占12.3%。2020年中国对外直接投资分别占全球当年流量、存量的20.2%和6.6%，流量位列按全球国家（地区）排名的第一位，存量列第三位。从中国企业对外直接投资的区域分布情况看，2020年年末，中国在亚洲的投资存量为16 448.9亿美元，占中国对外直接投资存量的63.7%；拉丁美洲6 298.1亿美元，占24.4%；欧洲1 224.3亿美元，占4.7%；北美洲1 000.2亿美元，占3.9%；非洲434亿美元，占1.7%；大洋洲401.1亿美元，占1.6%。单纯从投资规模看，目前主要集中在亚洲和拉丁美洲地区，总占比超过88%。

2020年，中国对外直接投资涵盖了国民经济的18个行业大类，其中，流向租赁和商务服务、制造、批发和零售、金融业的投资均超过百亿美元。租赁和商务服务业保持第一位，制造业位列第二。2020年年末，中国境内投资者在"一带一路"沿线的63个国家设立境外企业超过1.1万家，涉及国民经济18个行业大类，当年实现直接投资225.4亿美元，同比增长20.6%，占同期中国对外直接投资流量的14.7%，较上年提升一个百分点。2020年，中国对外非金融类投资流量中，非公有经济控股的境内投资者对外投资671.6亿美元，占50.1%；公有经济控股对外投资668.9亿美元，占49.9%。

四、案例分析思路及要点

1. 案例分析思路

通过本案例可以了解我国民营企业海外直接投资的主要动机、影响海外直接投资区位选择的主要因素以及影响海外直接投资效益的主要因素。首先，分析新希望集团海外直接投资的发展历程，归纳总结各个发展阶段海外直接投资的基本特点，分析每个阶段新希望集团海外直接投资的目的有何差异；其次，探讨决定新希望集团海外投资区位选择的主要因素，对于不同的区域新希望集团投资目的和投资模式有何异同及其背后原因；再次，探讨民营企业海外直接投资面临的主要风险与障碍；最后，分析新希望集团的海外直接投资值得其他民营企业借鉴的经验。

2. 需要学生识别的关键问题

一是海外直接投资可以给企业带来哪些好处？二是企业海外投资面临的主要风险有哪些？三是企业对发展中国家直接投资的主要目的是什么？企业对发达国家直接投资的主要目的又是什么？两者有何差异？四是决定投资模式选择的主要因素有哪些？五是投资母国和东道国的政策如何影响企业的海外直接投资决策？

3. 案例教学中的关键知识点

一是对外直接投资概念；二是对外直接投资的一般理论，如产品生命周期理论、国际生产折中理论、边际产业理论、小规模技术理论、技术地方化理论、投资发展周期理论、国家特定优势理论等；三是对外直接投资区位选择的影响因素；四是对外直接投资的主要模式及其影响因素。

4. 案例教学中的关键能力点

利用对外直接投资的相关理论解释企业海外直接投资行为，借鉴对外直接投资的成功案例，帮助企业制定科学合理的企业海外直接投资决策。

五、理论依据与分析

（一）产品生命周期理论

产品生命周期（Product Life Cycle，PLC）理论由美国经济学家雷蒙·弗农（Raymond Vernon）于1966年提出。弗农认为产品周期可以分为创新、成熟、标准化三个阶段，在不同阶段，产品的技术特点、市场供求关系、卖方市场竞争状态各不相同。在新产品创新阶段，也就是产品开发与投产的初期，创新国只是在国内生产该产品，只有很少的一部分会以出口的形式满足国际上的少量需求，没有必要进行海外直接投资。到了成熟阶段，产品的技术逐步成熟，创新国会向次发达国家进行直接投资，由技术密集型向资金密集型转变。到了标准化阶段，产品的技术已经定型，创新国和次发达国家会向发展中国家或欠发达国家进行直接投资，由资金密集型向劳动密集型转变。产品的这种周期性在不同国家起始的时间不同，实质上是不同国家存在着技术的差距，从而导致了国际贸易和国际投资的产生。

（二）国际生产折中理论

国际生产折中理论又称为国际生产综合理论，是1977年由英国学者邓宁（John Harry Dunning）提出的。邓宁认为所有权优势（Ownership advantage）、区位优势（Location advantage）、内部化优势（Internalization advantage）是决定跨国公司行为和海外直接投资的三个最基本的要素。所谓内部化优势是企业为了避免市场的不完全性对其产生的不利影响，将企业优势保持在企业内部。区位优势是企业投资于具有有利投资环境的国家或地区，包括东道国的资源禀赋、市场潜力、政府的政策等。所有权优势是企业对外直接投资的必要条件，主要包括企业的技术优势、组织管理优势、企业规模和金融货币优势。邓宁认为三种优势不能单独地来解释企业对外直接投资，只有当跨国公司同时具备这三种优势才能从事海外直接投资。

（三）边际产业理论

边际产业理论是在第二次世界大战后由日本的学者小岛清（Kiyoshi Kojima）根据日本对外直接投资的情况创立的。他利用赫克歇尔-俄林的资源禀赋原理针对日本跨国公司的对外直接投资提出了边际产业扩张理论。他认为对外直接投资应该是从本国已经处于或者即将处于比较劣势的边际产业，同时也是东道国具有显在或潜在比较优势的产业开始依次进行的。当投资国和东道国的技术差距越小，对外直接投资中的技术转移就越容易普及和固定下来，并挖掘出东道国潜在的还没有发挥出来的优势，进而扩大两国间比较成本差距，从而创造更多的国际贸易机会。但是边际产业投资理论不能解释发达国家之间的对外直接投资。

（四）国家特定优势理论

国家特定优势理论是由裴长洪教授于2011年提出的。国家特定优势理论认为母国是一个国家的企业对外投资的基石，它为本国企业在国民收入水平、服务业发展水平等方面提供对外直接投资的基础性条件。母国由于不同的发展条件，造就了各国不同的行业优势、规模优势、区位优势、组织优势等特定优势，而这些母国国家特定优势是本国企业参与国际竞争的优势来源，对本国企业参与对外投资具有重要意义。第一，母国行业优势包括企业所处行业的优势和相关行业的优势，行业优势是本国跨国公司优势形成的主要来源。如果某一个行业强大，先进企业就会通过技术扩散和技术转移推动本国同行业企业的发展。一国优势行业的企业如果进行强强联合，行业优势就直接转化为企业优势。而且相关行业的优势会通过生产体系、营销体系、服务体系为企业提供持久的竞争优势。第二，母国规模优势是一国企业优势的重要来源。一般来说，大国具有市场、人力、资本等规模优势，抗风险能力强；同时发展中国家中的大国由于存在着多层次的技术体系，使其拥有了独特的优势。第三，母国区位优势是国际投资活动得以顺利进行的重要条件。这是因为如果一国经济发展水平比周边国家高，比周边国家在市场、交通、资本等方面拥有更适宜的条件，则这个国家向周边国家投资比向其他地区投资的成本更低、效益更高。第四，母国组织优势主要体现在两个方面：一是政府对国内特定产业发展进行组织、扶持、规划与引导，提升企业竞争力；二是构建专门的对外投资促进体系，提升本国企业对外投资实力，形成本国企业对外投资优势。除了上述四种国家特定优势外，母国形象优势、文化优势以及国际规则的掌控力及对国际组织的影响力等都可以促成本国企业的国际竞争优势，进而促进企业海外投资。

六、教学组织方式

本案例教学可以安排4个学时，前2个学时可让学生学习了解对外直接投资的相关理论以及新希望集团海外直接投资的发展历程，后2个学时可让学生通过情景模拟、小组讨论、辩论等方式分析新希望集团的海外直接投资决策是如何形成的。

1. 案例导入

从跨国公司的全球影响力角度引入新希望集团的海外直接投资。引发学生对新希望集团如何成为具有全球影响力的跨国企业集团的思考。

2. 理论准备

让学生通过查阅文献的方式自主学习对外直接投资的相关理论。通过分组的方式让学生介绍各种理论的基本观点，并尝试用所述理论解释新希望集团的海外直接投资行为。

3. 案例讨论

（1）通过分组讨论的方式让学生分析不同时期以及不同区域新希望集团海外投资动机的异同；（2）通过情景模拟的方式让学生讨论新希望集团是如何选择投资区域和投资项目的；（3）让学生归纳总结影响对外直接投资区位布局的主要因素；（4）让学生讨论母国和东道国的政策对企业海外直接投资有何影响；（5）让学生讨论独资建厂、

合资建厂、并购、入股等投资方式各自的优缺点及适用情况。

4. 案例总结

用简要的语言对学生的案例讨论情况进行评述，鼓励引导学生全方位、多角度分析问题。

七、案例的后续进展

伴随经济全球化的不断发展以及我国对外开放政策的演变，新希望集团海外直接投资的区位布局、重点产业以及投资模式可能会发生显著的变化。案例可以持续跟踪新希望集团海外直接投资的发展变化，并根据新形势、新特点开展专题研究，如新希望集团"一带一路"合作伙伴投资专题、新希望集团的国际合作专题、新希望集团发达国家投资专题等。

八、其他教学支持材料

一是计算机支持。可列出支持这一案例的计算机程序和软件包，它们的可得性，以及如何在教学中使用它们的建议或说明。二是视听辅助手段支持。可收集能与案例一起使用的电影、录像带、幻灯片、剪报、样品和其他材料。三是 Excel 计算表格。在做数据统计等工作时可使用该软件。

"一带一路"背景下
中国与巴基斯坦商品双边贸易现状

攀枝花学院经济与管理学院

唐彩虹　钟思梦　陈芳

摘要： 在"一带一路"倡议提出的背景下，中国与巴基斯坦开始了一系列的合作。作为中国战略合作伙伴国，巴基斯坦在推进"一带一路""中巴经济走廊"建设过程中扮演着关键的角色。本文对"一带一路"国际合作倡议的基本实施情况、发展的现状、"中巴经济走廊"建设情况以及中国与巴基斯坦进出口贸易发展情况进行了分析，包括贸易发展的规模以及商品结构的分析，发现中国与巴基斯坦的进出口贸易存在一些问题，例如中国对巴基斯坦贸易顺差较大、巴基斯坦出口到中国商品结构较单一、中巴贸易产业关联度较低等。最后针对中国与巴基斯坦所存在的问题，提出一些建议：中国与巴基斯坦应该充分利用"一带一路"倡议这一机遇，促进中国与巴基斯坦进出口贸易的发展，中国应通过扩大对巴基斯坦的投资，来提高中国与巴基斯坦的合作水平。

关键词： "一带一路"倡议；中国；巴基斯坦；双边贸易

中国和巴基斯坦接壤，对中国来说，巴基斯坦的地理位置十分重要。巴基斯坦东接印度，西接伊朗，南濒阿拉伯海。中巴开展经贸合作，一方面有助于中国对外输出产能；另一方面，也有助于中国开拓在南亚、中东、中亚地区的市场。作为"一带一路"倡议的先行先试项目，"中巴经济走廊"对于巴基斯坦而言是意义重大的发展战略项目。

1. "中巴经济走廊"的建设情况

1.1 "中巴经济走廊"简介

中巴经济走廊全长 3 000 千米，北部起点为中国喀什地区，南端到达巴基斯坦的瓜达尔港，是贯穿南北丝绸之路的重要枢纽，其目的是改善中巴在能源、海洋、交通等领域的交流与合作水平，以此推动两国的共同发展。自 2013 年 5 月正式提出以来，中巴经济走廊建设经历了启动期（2013 年 5 月—2015 年 3 月）、推进期（2015 年 4 月—2019 年 9 月）和提质期（2019 年 10 月至今）三个发展时期，并已步入提质升级的高质量发展新阶段。

1.2 "中巴经济走廊"进展情况

在能源领域,巴基斯坦面临严重的能源短缺,电力短缺是其面临的最大挑战之一,2014 年"中巴经济走廊"能源领域的首个项目——卡西姆港燃煤电站奠基仪式启动,2015 年 7 月,萨希瓦尔燃煤电站也开始动工。这两座电站在 2017 年全部竣工投产。5 年来,中巴在能源领域的合作进展迅猛,解决了巴基斯坦经济发展的一大瓶颈。8 个能源项目建成投产,现在向巴基斯坦国家电网提供超过 3 640 兆瓦的能源,有助于促进国内的经济发展和工业生产。2021 年 12 月,中国已在中巴经济走廊框架下启动了一系列电力工程,帮助巴基斯坦满足其国内民用及工业用电需求。其中一些工程已经完工,将为巴基斯坦国家电网贡献 592 万千瓦装机容量。与此同时,总装机容量达 387 万千瓦的一些发电厂的建设工作正在进行中。由于输电系统也需要改进和翻新,中方又帮助巴基斯坦建成一个额定输电容量 400 万千瓦的工程。

在港口建设方面,2013 年,中国的公司获得了瓜达尔港口及自由区运营权,为当地居民提供了工作岗位。2016 年瓜达尔港开始运营,中国商品贸易出口航道更为畅通,并为周边国家带来了便利。此外,中国的公司还在瓜达尔港建设海水淡化设施,解决了港口建设的用水需求并为港口周边居民提供免费的淡水。并且该公司还为提高当地的教育水平做出了贡献,设立专项奖学金鼓励当地学生来华学习。2017 年中方在瓜达尔港建设了首个急救医疗单元,推动了瓜达尔港的医疗建设。2020 年 1 月 16 日,瓜德尔港开始经营阿富汗转口贸易,减少了阿富汗进出口贸易的时间和运费成本。2023 年 12 月初,瓜达尔港海水淡化厂竣工。

在交通基础设施方面,喀喇昆仑公路是"中巴经济走廊"陆路通道的重要地段,白沙瓦至卡拉奇高速公路项目的苏库尔至木尔坦段是迄今为止中巴经济走廊金额最大的基础设施项目。白沙瓦至卡拉奇高速公路是巴基斯坦首条拥有智能交通系统的高速公路,也是连接巴基斯坦南北的重要通道。2020 年 7 月 28 日,中巴经济走廊喀喇昆仑公路二期(赫韦利扬—塔科特)项目全线正式通车,全长约 118 千米。

在铁路建设方面,卡拉奇—白沙瓦和塔克西拉—哈维连铁路升级将在"中巴经济走廊"一期建设期内完成,建成后每年将为巴基斯坦铁路部门创造的收益可以解决巴基斯坦铁路亏损问题。机场建设方面,"中巴经济走廊"的重点项目——中国援助巴基斯坦瓜达尔新国际机场奠基仪式在 2019 年 3 月举行。2020 年 10 月 9 日,中巴经济走廊拉合尔轨道交通橙线项目竣工交付,正线全长 25.58 千米,总投资约 16 亿美元。

1.3 "中巴经济走廊"建设意义

借助"中巴经济走廊"项目,中巴能够实现全方位的互联互通、多元化的互利共赢。建设中巴经济走廊,不仅对中巴两国发展具有强大推动作用,能优化巴基斯坦在南亚的区域优势,有助于促进整个南亚的"互联互通",更能把南亚、中亚、北非、海湾国家等通过经济、能源领域的合作紧密联合在一起,形成经济共振,其建设将惠及近 30 亿的人口。

对巴基斯坦来说，"中巴经济走廊"建设将直接为当地民众提供大量工作机会，有效改善巴基斯坦的基础设施滞后这一问题，助力巴基斯坦改善电力供给，推动巴基斯坦的渔业、农产品、纺织等产品"走出去"，推动巴基斯坦摆脱经济困境的重大机遇。

从中国方面来看，"中巴经济走廊"带动了沿线一大批能源、电力、公路、铁路等基建重大项目，成为中企的焦点；中巴商贸、物流、教育等方面迎来良好的合作机遇。中巴经济走廊是具有针对性的"双赢"战略。经济走廊的建设贯通一方面可以扩大中巴两国的货物进出口和人员交往，促进巴国转口贸易；另一方面，能有效增加中国能源的进口路径，即可以避开传统咽喉马六甲海峡和存在主权纠纷的南中国海，把中东石油直接运抵中国西南腹地，同时也能降低对正在建设中的中缅油气管道的依赖。从更宏观的角度看，中巴经济走廊贯通后，能把南亚、中亚、北非、海湾国家等通过经济、能源领域的合作紧密联合在一起，形成经济共振，同时强化巴基斯坦作为桥梁和纽带连接欧亚及非洲大陆的战略地位。从中巴能源需求看，"中巴经济走廊"从陆路开辟了通向中东的门户，以此为枢纽可把中国、波斯湾和阿拉伯海连接起来，开辟一条绕过马六甲海峡的内陆能源通道。

1.4 "一带一路"倡议对中巴贸易影响

1.4.1 积极的影响

"一带一路"倡议提出之后再加上"中巴经济走廊"逐步建成，在建设大型工程中会带动机电产品设备、道路桥梁施工设备的出口，并且巴基斯坦的农业已经慢慢复苏，服务业也得到较快发展，大规模制造业的产出水平也不断增强，巴基斯坦国内人民需求不断增加，这些都会加快我国对巴基斯坦的贸易进程。中国和巴基斯坦的友好关系和"一带一路"倡议的积极推进，将更好地为两国贸易发展做出贡献。巴基斯坦和中国达成全天候战略关系，中国作为巴基斯坦的第一大投资国，不仅帮助巴基斯坦建设了很多基础设施，提供了很多就业机会，而且对其经济发展提供了巨大支持，随着巴基斯坦经济的复苏，中巴贸易会越来越频繁，贸易额也会逐步增大。

1.4.2 消极的影响

"一带一路"倡议提出之后，巴基斯坦进口中国产品数额加大，导致巴基斯坦逆差不断扩大，两国贸易地位不对称。巴基斯坦为了缓解贸易逆差，会限制对中国商品的进口。巴基斯坦对华的持续逆差使得两国间贸易存在贸易壁垒，不利于贸易自由化，会影响两国贸易的健康发展。

2. 中巴进出口贸易发展情况

2.1 中巴进出口贸易发展的历史

特殊的历史格局和中巴传统友好关系使得巴基斯坦在"一带一路"倡议的实施过程中有着重要的作用。中国是丝绸之路的起点，巴基斯坦地区是陆上丝绸之路的重要节点，也是陆上丝绸之路和海上丝绸之路链接的枢纽之一。"一带一路"倡议让中国与巴基斯坦实现政治、经济、文化的合作。

中国和巴基斯坦在 1963 年签订了《中巴自由贸易协定》，1967 年开始中巴边境贸易，中国与巴基斯坦一直不断深化合作，并签署了一系列贸易合作协议，如《中巴自由贸易区协定》等。

很长一段时间，中国与巴基斯坦的贸易额是中国与南亚国家贸易额中最大的。1950—1956 年，年均贸易额在 3 000 万美元以上。在 1952—1953 年，巴基斯坦的出口总额排名中，巴基斯坦出口到中国的贸易额排第三。在 1995 年突破了 10 亿美元大关，在 2011 年突破了 100 亿美元大关。

2.2 中巴进出口贸易规模

2.2.1 中巴进出口贸易总量分析

从表 2-1 可以看出，2005—2017 年，除了 2009 年中国与巴基斯坦的进出口贸易额有所下降外，一直处于持续上升的趋势，而在 2018—2019 年，中国与巴基斯坦的进出口贸易额略微下降。2019 年比 2005 年的贸易额增长了约 322%，从 42.61 亿美元增长到了 2019 年的 179.94 亿美元。

表 2-1　2005—2019 年中国与巴基斯坦贸易数据　　金额单位：亿美元

年份	贸易总额		中对巴出口		中对巴进口		贸易差额	
	金额	增速/%	金额	增速/%	金额	增速/%	金额	增速/%
2005	42.61		34.28		8.33		25.95	
2006	52.47	23.14	42.39	23.66	10.07	20.89	32.32	24.55
2007	69.36	32.19	58.31	37.56	11.04	9.63	47.27	46.26
2008	70.58	1.76	60.51	3.77	10.07	-8.79	50.44	6.71
2009	67.75	-4.01	55.15	-8.86	12.60	25.12	42.55	-15.64
2010	86.69	27.96	69.38	25.80	17.31	37.38	52.07	22.37
2011	105.58	21.79	84.40	21.65	21.18	22.36	63.22	21.41
2012	124.17	17.61	92.76	9.91	31.40	48.25	61.36	-2.94
2013	142.16	14.49	110.20	18.80	31.97	1.82	78.23	27.49
2014	159.98	12.54	132.44	20.18	27.54	-13.86	104.9	34.09
2015	189.17	18.25	164.42	24.15	24.75	-10.13	139.67	33.15
2016	191.45	1.21	172.33	4.81	19.13	-22.71	153.2	9.69
2017	200.84	4.90	182.51	5.91	18.33	-4.18	164.18	7.17
2018	190.83	-4.98	169.08	-7.36	21.75	18.66	147.33	-10.26
2019	179.74	-5.81	161.68	-4.38	18.06	-16.97	143.62	-2.52

数据来源：联合国商品贸易数据库。

从中国对巴基斯坦的出口额来看，由 2005 年的 34.28 亿美元增长到 2019 年的 161.68 亿美元，增长了约 372%，其增长率超过了进出口贸易额的增长率，说明，出口占贸易总额的比例在增加，出口占比从 2005 年的 80.45% 增长为 2019 年的 89.95%，从中国对巴基斯坦的进口额来看，从 2005 年的 8.33 亿美元增长到 2019 年的 18.06 亿美元，增长了近 117%，2005 年的进口占比为 19.54%，2019 年进口占比为 10.05%，进口占比减少。

2005—2007 年，中国与巴基斯坦的进出口贸易额增长了 62%。2005 年，中国与巴基斯坦签署了一系列双边经贸合作为内容的协议，对中国与巴基斯坦的进出口贸易起到了促进作用。在 2006 年，中国与巴基斯坦签署自贸协定和经贸合作五年规划，贸易协定中的贸易优惠政策，促进了中巴贸易口岸的开放，两国经贸关系步入新阶段。2007 年 7 月，中国与巴基斯坦自贸协定正式实施，进一步促进了两国的进出口贸易发展，2007 年进出口贸易额超过 60 亿美元。

2008—2012 年，中国与巴基斯坦的进出口贸易额呈现先降后升的趋势。2008 年爆发金融危机影响了国际贸易的发展，中国与巴基斯坦的贸易也受到一定影响，2009 年受金融危机之后的负面影响，中国与巴基斯坦的进出口贸易额继续下降。2010 年到 2012 年中巴贸易开始增长，增速为 20% 左右。2011 年是中国与巴基斯坦建交六十周年及"中巴友好年"，中国与巴基斯坦两国在经贸发展领域紧密合作，贸易规模保持稳步增长，同时中巴经贸合作五年发展规划的效果显现，中巴进出口总额在此阶段增长较快。2011 年突破 100 亿美元。

2013—2015 年，中国与巴基斯坦进出口贸易额增加较多，增加了 65 亿美元。中国与巴基斯坦之前的良好政治关系以及 2013 年之后"一带一路"倡议的实施，进一步促进了中巴之间进出口贸易的发展，中国成为巴基斯坦第二大贸易伙伴，巴基斯坦是中国在南亚的第二大贸易伙伴，2014 年中国与巴基斯坦进出口贸易额达到 160 亿美元。2016—2017 年，中国与巴基斯坦进出口贸易增速放缓，而 2018—2019 年中国与巴基斯坦进出口贸易额略微下降。

2.2.2 中巴进出口贸易差额分析

在中国与巴基斯坦的进出口贸易中，中国处于顺差地位。从图 2-1 中可以看出，贸易差额整体呈上升趋势，在个别年份出现小幅波动。除 2009 年因为金融危机的影响和 2012 年巴基斯坦棉花获得丰收，对中国纺织品及原料出口大幅增加使得巴方逆差有所下降外，其余年份贸易逆差均处于不断扩大的状态，在"一带一路"倡议提出之后，中国贸易顺差的增速加大，尤其在 2014—2019 年，中国对巴基斯坦的贸易顺差已经突破 100 亿美元。

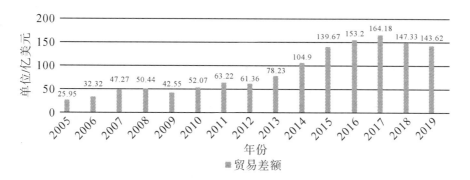

图 2-1　2000—2019 年中国对巴基斯坦贸易差额

数据来源：联合国商品贸易数据库。

巴基斯坦出口到中国的产品主要是原料和中间产品，产品类别比较单一，包括棉花及其制品、铜线、鱼类及其制品等产品。而中国对巴基斯坦的出口主要是通信设备、发电设备、机电产品、船舶、轮胎等。进出口产品的差异导致中巴贸易顺差持续扩大，贸易顺差的扩大会影响中巴贸易的发展。

2.2.3 中巴贸易额占各自贸易额的比重

从表2-2中看出，中国从巴基斯坦进口及出口数额较低，在中国进出口总额中所占比重也很低。2005—2019年，进口占比在0.1%~0.2%浮动；2005—2016年，出口占比呈现上升趋势，从0.45%上升到0.82%；2017—2019年，出口占比从0.81%下降到0.64%。进口和出口占比都没有超过1%，表明中巴之间的进出口贸易额对中国的影响比较小。中国从巴基斯坦进口额占其进口贸易总额的比例在2005—2007年没有明显变化，保持在0.13%左右。中国从巴基斯坦的进口额随着其进口额的整体增长而增长。2008年进口比例有一些下降，但是到2009年又进一步恢复。中国对巴基斯坦的出口额占其总出口的比值在2005—2012年缓慢上升，近10年基本没有变化。自2013年开始发展"一带一路"倡议，出口比值大幅度提升，由0.5%最高上升到0.81%，上升幅度达62%。"中巴经济走廊"对港口、交通基础设施等建设使得巴基斯坦从中国进口增加。

表2-2　2005—2019年中国贸易额及中巴贸易额占中国贸易额的比例

金额单位：亿美元

年份	中国进口总额	中国出口总额	中贸易差额	进口占比/%	出口占比/%
2005	6 600	7 620	1 020	0.13	0.45
2006	7 915	9 689	1 774	0.13	0.44
2007	9 561	12 201	2 640	0.12	0.48
2008	11 326	14 307	2 981	0.09	0.42
2009	10 056	12 016	1 960	0.13	0.46
2010	13 960	15 778	1 818	0.12	0.44
2011	17 434	18 984	1 550	0.12	0.44
2012	18 182	20 488	2 306	0.17	0.45
2013	19 500	22 090	2 590	0.16	0.50
2014	19 592	23 423	3 831	0.14	0.57
2015	16 796	22 735	5 939	0.15	0.72
2016	15 879	20 976	5 097	0.12	0.82
2017	17 711	22 635	4 924	0.10	0.81
2018	21 356	24 874	3 518	0.10	0.68
2019	20 771	24 990	4 219	0.10	0.64

数据来源：联合国商品贸易数据库。

从表 2-3 中看出，中巴进口和出口贸易额占巴基斯坦本国进口和出口的总额的比例较大。中巴进口和出口贸易额分别占中国的进口和出口的比例不到 1%，巴基斯坦从中国进口额占其进口总额的比例最高值达到了 36.6%，巴基斯坦出口到中国的贸易额占其出口总额的最高值达到了 12.75%。从 2013 年开始，巴基斯坦整体的出口额下降，进口额增加，这一点也体现在巴基斯坦对中国的进口额增加上。可以看出，巴基斯坦对中国的贸易逆差额越来越大，2018 年巴基斯坦本国的贸易差额超过了 370 亿美元。

表 2-3　2005—2019 年中巴贸易额占巴贸易额的比例

金额单位：亿美元

年份	巴进口总额	巴出口总额	巴贸易差额	进口占比/%	出口占比/%
2005	251	161	−90	13.55	4.97
2006	298	169	−129	14.09	5.92
2007	326	178	−148	17.79	6.18
2008	423	203	−220	14.42	4.93
2009	316	176	−140	17.41	7.39
2010	375	214	−161	18.40	7.94
2011	436	253	−183	19.27	8.30
2012	438	246	−192	21.23	12.60
2013	438	251	−187	25.11	12.75
2014	475	247	−228	27.79	11.34
2015	440	221	−219	37.27	11.31
2016	470	205	−265	36.60	9.27
2017	574	219	−355	31.88	8.22
2018	608	229	−379	23.00	7.74
2019	623	308	−315	26.08	8.40

数据来源：联合国商品贸易数据库。

2.3　中巴进出口贸易商品结构

2.3.1　中国对巴基斯坦出口商品结构分析

由表 2-4 可知，2005—2019 年，机械类商品的贸易额最高，2005 年，贸易额达到了 14.19 亿美元，占比 42.08%，2017 年机械类商品贸易额最高达 77.78 亿美元，占比 42.6%。除 2009 年和 2012 年其贸易额有所降低外，贸易额在其余年份基本上都在增加。排在第二位的是纺织皮革木制品类商品。2005—2019 年，2015 年贸易额最高，达到了 44.25 亿美元，占比为 26.8%。中国对巴基斯坦出口金属、珠宝、陶瓷类商品的贸易额也呈上升的趋势，2017 年其贸易额最高为 29.93 亿美元，占比 16.40%。饮食类和杂项商品类的贸易额变化不明显，在贸易总额中占比也较小，2005 年饮食类商品占比 4.8%，杂项商品占比 8.03%。可以看出，中国对巴基斯坦出口的商品主要是机械类、纺织皮革类、矿产品及化工产品类、金属珠宝及陶瓷类商品。

表 2-4　2005—2019 年中国对巴基斯坦商品出口　　　　单位：亿美元

年份	饮食	矿产品及化工	纺织皮革木制品	金属、珠宝、陶瓷	机械	杂项商品
2005	1.64	6.12	6.72	2.88	14.19	2.71
2006	1.18	6.52	10.20	4.77	16.82	2.90
2007	1.24	10.72	13.36	6.59	21.86	4.54
2008	1.32	10.82	14.61	7.04	25.56	1.17
2009	2.03	9.38	16.24	6.01	20.22	1.27
2010	2.69	12.83	18.61	9.03	24.71	1.51
2011	2.71	17.90	23.29	9.78	28.74	1.98
2012	2.37	17.94	23.58	11.22	25.76	1.89
2013	2.16	20.20	31.81	13.98	39.56	2.48
2014	2.54	24.25	36.91	19.20	45.99	3.60
2015	3.13	25.32	44.25	27.55	58.42	6.15
2016	3.25	23.57	37.46	29.28	72.91	5.80
2017	3.36	28.37	36.27	29.93	77.78	6.82
2018	2.91	31.45	35.14	25.62	69.40	4.57
2019	3.42	27.19	43.34	20.94	62.65	4.15

数据来源：联合国商品贸易数据库。

2.3.2 中国对巴基斯坦进口商品结构分析

由表 2-5 可以看出，2005—2019 年中巴贸易额最高的是纺织皮革木制品类商品，2013 年之后，其贸易额呈现下降趋势，2013 年出口贸易额为 23.89 亿美元，在总进口中占比 74.72%。2013 年之后中国进口巴基斯坦纺织皮革木制品类商品贸易额呈现下降趋势，2019 年在总进口中占比仅为 28.45%。总体来看，其他种类的商品占中国进口巴基斯坦的份额相对比较小。矿产品及化工类、食品、金属及机械类贸易额变化都不是很大，占比也较小。可以看出，中国进口巴基斯坦的商品主要是纺织皮革木制品类商品，即中国进口巴基斯坦的主要是低附加值纺织品，商品结构较为单一。

表 2-5　2005—2019 年中国对巴基斯坦商品进口　　　　单位：万美元

年份	饮食	矿产品及化工	纺织皮革木制品	金属、珠宝、陶瓷	机械	杂项商品
2005	2 080	8 505	64 018	8 593	58	60
2006	3 160	6 198	77 971	13 182	134	74
2007	4 089	13 014	81 887	11 146	88	195
2008	6 045	25 172	68 682	5 740	97	108
2009	6 171	12 673	101 440	5 425	173	140
2010	10 614	25 868	120 911	14 110	1 496	92

表2-5（续）

年份	饮食	矿产品及化工	纺织皮革木制品	金属、珠宝、陶瓷	机械	杂项商品
2011	10 769	51 395	148 365	17 595	610	147
2012	42 781	26 509	223 315	20 992	205	236
2013	32 181	29 874	238 885	18 068	379	295
2014	36 878	28 011	193 671	16 030	435	507
2015	41 406	18 128	170 164	16 518	542	945
2016	32 602	13 749	107 755	18 323	2 459	1 577
2017	26 284	27 802	112 534	14 481	1 131	1 124
2018	47 305	23 283	114 562	29 687	1 680	995
2019	47 458	22 512	51 374	56 996	1 115	1 100

数据来源：联合国商品贸易数据库。

3. 中巴进出口贸易发展中存在的问题

3.1 巴基斯坦对中国贸易逆差持续扩大

从图 2-1 可知，2005—2019 年，中国对巴基斯坦的贸易顺差不断增加。从表 2-1 可知，中国与巴基斯坦的进出口贸易额从 42.61 亿美元增加到 179.74 亿美元，增加了 137.13 亿美元，增长了约 322%，贸易顺差从 25.95 亿美元增加到了 143.62 亿美元，增加了 117.67 亿美元，增长了 454%。贸易顺差与中巴进出口贸易额的增长呈同方向变化。

中国与巴基斯坦进行贸易活动时，中国通过改进技术等方式降低商品的价格，让价格相对较低的商品进入巴基斯坦市场。相对低价的商品进入巴基斯坦对其国内产业造成了冲击，巴基斯坦对中国的商品采取反倾销政策。同时，巴基斯坦为了缓解贸易逆差，也限制了对中国商品的进口。巴基斯坦对华的持续逆差使得两国间贸易存在贸易壁垒，不利于贸易自由化，会影响两国贸易的健康发展。

3.2 中巴商品所涉领域具有局限性，商品结构单一

中国出口到巴基斯坦的商品主要是制成品，包括机械产品、纺织皮革木制品、矿产品及化工产品、珠宝、陶瓷等。而巴基斯坦对中国出口商品主要是纺织皮革木制品类商品，商品结构比较单一。从巴基斯坦向中国出口的商品种类来看，出口额占据第一位的始终是棉花。然而巴基斯坦还需要面临埃及、孟加拉国、印度等国家的竞争，并且巴基斯坦的竞争优势不强。

"一带一路"倡议提出后，巴基斯坦从中国进口的机械和设备运输产品比例由34%上升至41%，制成品的比例由38.8%下降至32.3%。可见"一带一路"倡议推动了巴基斯坦对工业产品的进口，这加快了其工业的发展。但其中巴基斯坦对于能够提升巴

基斯坦人民生活水平的家用品及对于能推动基础设施建设的能源等方面的进口仍然很少。

3.3 中巴进出口贸易产业关联度较低

中国对巴基斯坦出口的商品主要是机器、电气设备、化学纤维等工业制成品。而中国从巴基斯坦进口的商品主要是农产品棉花，纺织皮革类产品。可以看出巴基斯坦出口给中国的商品主要是未加工的商品，这主要是因为巴基斯坦的工业和服务业都不是很发达。随着巴基斯坦政府越来越重视工业和服务业的发展，其从中国进口的机器、电气设备等工业制成品也不断增加。中国与巴基斯坦基本不存在产业内贸易，只是在纺织、毛皮等产品上有一点产业关联，中国从巴基斯坦进口原材料，经过加工之后，产品又销售给巴基斯坦和其他国家。

3.4 巴基斯坦交通基础设施薄弱

巴基斯坦交通、电力基础设施建设落后，是制约其经济发展的重要因素。巴基斯坦基础设施建设领域资金严重不足，对外国援助和融资的依赖程度较高。交通方面，巴基斯坦 2017 年公路总里程仅有 26.44 万千米。铁路方面，出于体制、资金和管理等原因，铁路建设长期停滞。目前巴基斯坦铁路运营里程为 7 791 千米，其中复线运营占比约 15%，电气化运营里程不足 4%。海运方面，巴基斯坦具有较优越的海运条件，拥有卡拉奇港、卡西姆港和瓜达尔港三大港口，但巴基斯坦本国海运能力较弱，货物进出口大多依赖外轮。

3.5 巴基斯坦国内安全问题

巴基斯坦国内环境动荡，宗教恐怖主义和极端分离主义的存在使得双边贸易人员的安全问题难以得到保障。俾路支分离势力在俾路支省组织的恐怖袭击对中方人员和物品也造成了损害。分离势力中也有部分势力存在反华情绪，挑衅中方技术人员，阻碍中巴贸易合作。巴基斯坦国内的安全问题，对中方贸易、技术人员的安全造成极大的威胁，严重影响中巴两国的贸易发展。

4. "一带一路"倡议下加强中巴进出口贸易的建议

4.1 利用好"一带一路"倡议，促进中巴进出口贸易的发展

"一带一路"倡议的提出给中国和巴基斯坦带来了双边贸易发展的新机遇，2015年，中国与巴基斯坦签署了一项经济走廊建设协议，即"中巴经济走廊"。这对中国和巴基斯坦继续讨论制定出后续促进中巴贸易发展的政策有积极作用。在中国与巴基斯坦的合作方面，"一带一路"倡议强调了中国与巴基斯坦在资源、技术和基础设施等方面的合作，增加投入在"中巴经济走廊"项目的资金，以提高巴基斯坦的工业技术水平。同时要重视"一带一路"倡议的隐形效应对中国与巴基斯坦进出口贸易的促进作用，如加强民间交流也能促进中国与巴基斯坦的贸易发展。

4.2 增加从巴基斯坦的商品进口，促进中巴贸易平衡发展

为了缩小两国之间的贸易差额，要增加从巴基斯坦进口的规模，可以增加进口巴基斯坦的优势产品即巴基斯坦的农产品，并且继续扩大现有进口农产品数量。巴基斯坦畜牧业发展也比较好，我国可以扩大畜产品的进口。巴基斯坦的矿产资源也比较丰富，还可以扩大矿物原料进口。巴基斯坦的矿产资源勘探开发技术较落后，中国企业可以对其进行投资，提高其技术水平，还可以将其出口给中国。

4.3 建立中巴交通运输网络，提高中巴贸易运输便捷度

完善两国通道基础设施，以推动双边贸易发展，促进两国的经贸往来。中国和巴基斯坦的贸易要发展，最重要的是解决交通运输问题，所以中国和巴基斯坦两国应该致力于改善巴基斯坦国内的交通运输问题。两国贸易往来主要是通过公路运输、铁路运输及航空运输。对于公路运输，中国与巴基斯坦现在主要是通过昆仑公路来进行，我国应该协助巴基斯坦继续进行公路的建设，增加公路运输的规模；对于铁路运输，可以增加铁路线路，增加运输数量，使得中国的商品能够到达巴基斯坦的更多地方；对于航空运输，应加强其运输安全性，提高运输速度。

4.4 扩大对巴基斯坦投资，促进巴基斯坦贸易结构升级

"一带一路"倡议实施以来，中国利用技术优势、资金优势以及巴基斯坦的劳动力优势和投资优惠政策，增加了对巴基斯坦的能源、运输和基础设施建设等方面的投资以及采矿业、纺织业等行业的投资。巴基斯坦的能源电力短缺和基础设施的落后制约着巴基斯坦的经济发展以及贸易出口。虽然巴基斯坦有丰富的水利资源以及风能资源，但是由于技术的落后，无法将潜在的能源转化为现实生产力，国内物流由于基础设施不完善受到了影响。而中国在水能、风能发电以及基础设施建设方面的技术较为成熟，因此中国对巴基斯坦这些方面的投资以及技术合作不仅有助于中国与巴基斯坦的贸易发展，而且也提升了巴基斯坦人民的生活品质。中国现在对于发展较为成熟的纺织业和采矿业，鼓励中国企业走出去，以结合巴基斯坦和中国的优势，升级巴基斯坦落后的人力生产模式，扩大对巴基斯坦这些行业的投资，促进巴基斯坦的技术发展。

4.5 共建稳定的贸易环境

中巴两国贸易容易受到巴基斯坦国内安全局势的影响，如果巴基斯坦国内局势不稳定的话，中国在巴基斯坦的人员的生命和财产安全就会受到威胁。只有巴基斯坦国内的政治环境稳定，中国的企业才更愿意到巴基斯坦进行投资，才能促进两国的贸易发展。基于此，中国和巴基斯坦应该注意边境安全问题，共享相关军事信息，为双方居民提供安全保障。巴基斯坦也要致力于打击恐怖主义，政府和军方共同营造安全稳定的贸易环境，以促进中国与巴基斯坦之间的贸易发展。中国和巴基斯坦不仅要为两国居民提供和谐的生活环境，还要加强对巴基斯坦国内基础设施的维护，保证两国贸易的畅通性，保障双边贸易人员的安全，避免贸易合作受到安全威胁。

案例使用说明

一、教学目的与用途

1. 教学目的

通过对本案例的学习和研讨，使学生了解中巴经济走廊的背景，了解中国与巴基斯坦双边贸易的商品结构和存在的一些问题，培养学生具备基本的分析问题和解决对外贸易领域实际问题的能力。在案例的研讨过程中，通过各个环节逐步培养学生的思维能力和自学能力，并注重培养学生运用所学知识分析、解决实际对外贸易问题的能力。

2. 教学用途

本案例主要适用于国际经济与贸易专业的中国对外贸易课程，也适用于国际贸易课程。

二、启发性思考题

1. 中巴经济走廊的建设背景是什么？

2. 对双边贸易商品结构进行分析主要应该从哪些方面开展？

3. 中国与巴基斯坦的双边贸易存在哪些方面的问题？

4. 中国应该与巴基斯坦如何优化它们之间的贸易结构？

三、背景信息

"中巴经济走廊"是中国国务院时任总理李克强于2013年5月访问巴基斯坦时提出的，并于2015年4月20日启动的。建设"中巴经济走廊"的初衷是加强中巴之间交通、能源、海洋等领域的交流与合作，加强两国互联互通，促进两国共同发展。"中巴经济走廊"全方位、多领域的合作，有助于进一步密切和强化中巴全天候战略合作伙伴关系，它既是中国"一带一路"倡议的样板工程和旗舰项目，也为巴基斯坦的发展提供了重要机遇。当前，"中巴经济走廊"建设已经取得了阶段性成果，但同时仍然面临诸多风险与挑战。只有全面了解、充分评估、积极应对风险，才能推动"中巴经济走廊"建设取得实质性成果。

2013年5月，时任总理李克强在访问巴基斯坦时正式提出中巴经济走廊远景规划，以协助巴基斯坦进行基础设施扩建与升级为基础，旨在推进和深化两国在能源、安全、经济等领域的合作实现发展战略的有效对接。2015年，中巴关系由战略合作伙伴关系升级为全天候战略合作伙伴关系。其中，以中巴经济走廊为引领，以瓜德尔港、能源、交通基础设施和产业合作为重点，形成"1+4"的经济合作布局。这是中巴开展务实合作共同打造"命运共同体"的关键内容。

四、案例分析思路及要点

1. 案例分析思路

依据分析目的，本案例将中国与巴基斯坦的贸易结构作为分析研究对象，全面收集有关中巴商品贸易的相关资料，包括中巴贸易发展背景、中巴双边贸易总量、中巴双边贸易商品结构、中巴双边贸易存在的问题等。也可以收集他人对该对象所研究的间接资料，但主要收集的是第一手资料（直接资料）；系统地整理收集到的资料，依据分析研究的项目和内容进行分类；对所要求分析的内容（如总量、结构、问题等）进行逐项分析研究；对各项分析结果进行综合分析，探求反映总体的规律性认识。

2. 需要学生识别的关键问题

中巴经济走廊建设的具体背景分析，中巴商品双边贸易的商品结构，中巴商品双边贸易存在的问题。

3. 案例教学中的关键知识点、能力点

在"一带一路"倡议的背景下，中巴经济走廊建设的必要性和中巴商品双边贸易结构、中巴商品双边贸易存在的问题以及对应的解决措施。

五、理论依据与分析

1. 绝对优势理论

绝对优势理论亦称"绝对成本理论""绝对利益说"，它是由英国古典经济学家亚当·斯密于1776年在其《国民财富的性质与原因的研究》一书中提出的。该理论认为国际贸易的原因是国与国之间的绝对成本的差异，如果一国在某一商品的生产上所耗费的成本绝对低于他国，该国就具备该产品的绝对优势，从而可以出口；否则应进口。各国都应按照本国的绝对优势形成国际分工格局，各自提供交换产品。该理论解释了产生国际贸易的部分原因，但不能解释各种产品生产上都具有绝对优势的国家与不具有绝对优势的国家之间的贸易往来。

2. 比较优势理论

大卫·李嘉图在其代表作《政治经济学及赋税原理》中提出了比较成本贸易理论，后被人称为"比较优势理论"。比较优势理论认为，国际贸易的基础是生产技术的相对差别（而非绝对差别），以及由此产生的相对成本的差别。每个国家都应根据"两利相权取其重，两弊相权取其轻"的原则，集中生产并出口其具有"比较优势"的产品，进口其具有"比较劣势"的产品。比较优势理论在更普遍的基础上解释了贸易产生的基础和贸易利得，这同时也大大发展了绝对优势理论。

3. 贸易保护主义理论

贸易保护主义（trade protectionism）是指在对外贸易中实行限制进口以保护本国商品在国内市场免受外国商品竞争，并向本国商品提供各种优惠以增强其国际竞争力的主张和政策。贸易保护主义在限制进口方面，主要是采取关税壁垒和非关税壁垒两种措施。前者主要是通过征收高额进口关税阻止外国商品的大量进口；后者则包括采取进口许可证制、进口配额制等一系列非关税措施来限制外国商品自由进口。贸易保护

主义理论的主要目的是保护国内市场以促进国内生产力的发展。这与早期的重商主义的保护贸易目的很不相同。重商主义限制进口，鼓励出口，其目的是积累金银财富；主张的保护贸易的目的则是提高创造财富的生产力。其表现方式主要有出口补贴、进口关税和进口配额。国家广泛利用各种限制进口的措施，保护本国市场免受外国商品的竞争，并对本国商品给予优待和补贴，以鼓励出口。

4. 要素禀赋理论

要素禀赋理论亦称"赫克歇尔-俄林理论""H-O 理论"，是关于要素差异的国际贸易理论。要素禀赋理论是由瑞典经济学家俄林在瑞典经济学家赫克歇尔的研究基础上形成，并在 1933 年出版的《地区间贸易与国际贸易》一书中提出。该理论认为各国间要素禀赋的相对差异以及生产各种商品时利用这些要素的强度的差异是国际贸易的基础，强调生产商品需要不同的生产要素，如资本、土地等，而不仅仅是劳动力；不同的商品生产需要不同的生产要素配置。该理论认为一国应该出口由本国相对充裕的生产要素所生产的产品，进口由本国相对稀缺的生产要素所生产的产品，而且，随着国际贸易的发展，各国生产要素的价格将趋于均等。

六、教学组织方式

1. 素材导入

教师提前发放视频、新闻、论文、书籍等教学素材，并提出问题，创设情境，调动和激发学生自主学习的情绪。

2. 预习定标

在教师创设的情境目标的指引下，学生课下自主学习，确定学习目标，较复杂的课由教师和学生共同确认目标。

3. 合作达标

在学生自主学习、独立思考的基础上，尚不能自行解决的问题，通过"生生互动、师生互动、组组互动"，相互合作，相互交流，共同研讨，共同提高。

4. 互动展示

学生可根据教师的分工，把小组合作研究的问题利用各种方式向全班展示，教师随时进行引导、点拨、强调、提升，以帮助学生拓宽知识面、加深对案例的理解和运用。在此过程中，教师应及时对学生及小组的表现加以肯定，增强学生的学习信心。

5. 小结强化

教师用简短的语言对一节课所学知识概括总结，形成知识框架，强化学习目标。

6. 反馈矫正

教师针对当堂所学内容和目标设置巩固性练习题，并由学生独立完成，然后采取小组成员互评、教师抽评等方式，可将竞赛机制应用其中，并尽量做到当堂完成，当堂反馈。

七、案例的后续进展

本案例可持续更新，收集中国与巴基斯坦贸易的最新进展和发展状况，也可由学生按照中巴商品贸易结构存在的特点找出最新的发展趋势，进一步丰富和完善案例。

八、其他教学支持材料

一是计算机支持。可列出支持这一案例的计算机程序和软件包，它们的可得性，以及如何在教学中使用它们的建议或说明。二是视听辅助手段支持。可收集能与案例一起使用的电影、录像带、幻灯片、剪报、样品和其他材料。三是 Excel 计算表格。在做数据统计等工作时可使用该软件。

「一带一路」背景下中国与巴基斯坦商品双边贸易现状

中国对美国木质家具出口贸易的现状及对策

攀枝花学院经济与管理学院

曾绘　陶睿　郭宏福

摘要： 近年来，木质家具市场发展迅速，前景广阔。中国对美国的木质家具出口面临多种问题，如贸易成本持续增长、产品结构不合理、品牌建设不足、绿色贸易壁垒增加、中美贸易关系影响等。为了解决这些问题，我们应该从提高产品附加值、优化产品结构、落实标准化建设、培育产品品牌和推动数字化转型等方面入手。

关键词： 木质家具；出口贸易；中美贸易

2005 年以来，中国超过意大利，成为木质家具出口量最大的国家。2010—2018 年，中国对美国的木质家具出口额快速增长，并在 2018 年达到峰值。之后，由于中美贸易摩擦加剧，中国对美国的木质家具出口额下降。2019 年年底，受新型冠状病毒感染的影响，国内木质家具生产企业停工停产，全球物流效率下降，美国市场木质家具需求减少，我国对美木质家具出口持续下降。2023 年年初，我国进入"后疫情时代"，但是中国木制家具的出口并没有出现期望中的"报复性"反弹。据中国海关统计，2023 年上半年，中国木制家具出口额为 115 亿美元，比 2022 年同期下降 12%。美国仍是中国木制家具出口第一大市场，对美出口额约占全国木制家具出口总额的 30%。2023 年上半年，中国对美国木制家具出口额下降 14% 至 33.22 亿美元，直接影响了整体出口表现。

1. 中国木质家具产业发展概况

1.1 中国木质家具生产规模

我国家具行业发展迅速，2001—2021 年家具产量整体呈现上升趋势（见图 1-1）。2001 年，中国家具的产量及木质家具的产量分别为 10 923.08 万件、4 998.68 万件，木质家具占我国家具行业产品总产量的 45.76%，2020 年，我国家具产量为 91 221 万件，其中木质家具有 32 157.30 万件，在家具总产量中占比 35.25%。2021 年，我国家具产量高达 112 000 万件，达到新高，其中木质家具产量为 34 143.9 万件，在我国家具总产量中占比 30.49%，相比 2020 年木质家具产量同比增长 14.01%。木质家具在家具总产量中的占比自 2001 年起逐年下降，但降速较低，比较平缓。

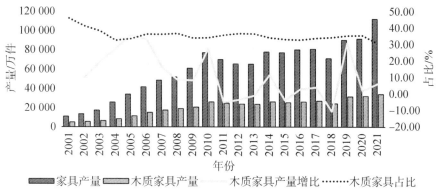

图 1-1 2001—2020 年中国木质家具产量

数据来源：根据国家统计局、前瞻数据库分析整合。

近二十年，中国家具产业发展可大致分为两个阶段——快速增长期和产业调整期，木质家具的发展阶段与家具行业整体发展一致[①]。

快速增长期为 2001—2010 年。这十年间，我国家具产量逐年增长，年均增速为 23.74%。2010 年，木质家具总产量涨至 77 033 万件，达到最高增速 26.67%。

产业调整期为 2011 年至今，在市场逐渐饱和化，进出口冲击、环保政策出台等因素的影响下，家具产量并不稳定，但总体趋势呈现上升态势。木质家具在家具生产中占比增速也不太稳定，但木质家具产量整体呈现上升趋势。

1.2 中国家具产品结构

从家具市场细分来看，中国主要以金属家具及木质家具两类产品为主[②]。如图 1-2 所示，2001 年，中国家具产业中木质家具及金属家具占比分别为 46%、42%，这两类产品产量已经占据家具产量约九成，而软体家具占比仅为 7%。2021 年，金属家具产量比重就超过了木质家具，涨至 43%，木质家具、软体家具和塑料家具、竹、藤家具等其他家具占比分别为 30%、7%、19%。

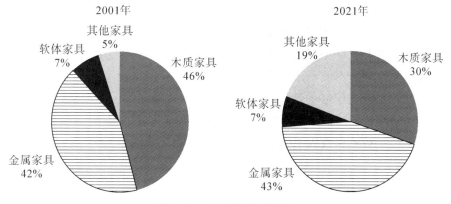

图 1-2 中国家具生产结构

数据来源：根据国家统计局整理、前瞻数据库分析。

① 张瀚文. 高质量发展目标下中国木质家具对外贸易转型研究［J］. 中国商论，2022（7）：60-62.
② 陈紫菱，贝淑华. 我国木质家具出口贸易的现状及对策思考［J］. 经济研究导刊，2019（10）：179-181.

1.3 生产地域分布

我国木质家具的生产分布具有一定的地域性①。如图 1-3 所示，2010 年，我国木质家具生产排名前五的省份是广东省、山东省、浙江省、辽宁省和福建省。其中，广东省是我国木质家具产量排名第一的省份，木质家具产量高达 7 072.59 万件，占全国木质家具产量的 27.13%；其次是山东省，木质家具产量为 6 929.71 万件，占全国木质家具产量 26.58%；然后依次是浙江省、辽宁省和福建省，这五个省份的木质家具产量之和占全国木质家具产量的 76%。

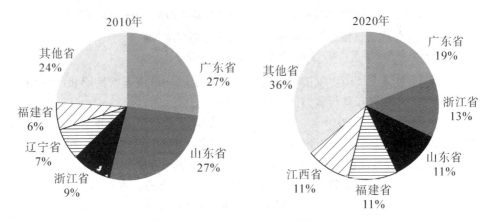

图 1-3 中国木质家具生产地域分布

数据来源：根据联合国商品贸易统计数据库所得数据分析。

2020 年我国的木质家具产业发生明显迁移，家具产量排名前五的省份是广东省、浙江省、山东省、福建省和江西省。其中，广东省木质家具产量在全国排在首位，木质家具产量高达 6 063.2 万件，占全国木质家具产量的 18.85%，相比 2010 年，木质家具产量占比下降 8.28%；浙江省木质家具产量为 4 229.39 万件，排名第二，占全国产量的 13%，相比 2010 年木质家具产量占比增加了 4.15%；山东省木质家具产量为 3 471.44 万件，占全国木质家具产量的 10.8%，相比 2010 年产量占比下降了 15.8%；其次分别是福建省和江西省，这五个省份的家具生产占据我国木质家具生产的 64%，辽宁省下降至第八名，木质家具产量为 2 029.34 万件，占比 6.3%。

中国木质家具产业中心的迁移以广东省、山东省地区为主，围绕广东省、山东省向周边扩散，进一步发挥产业聚集效应②。广东省凭借完善的基础配套设施和强大的物流优势，降低生产成本，成为中国木质家具产业中心③。

① 陈仕榜. 我国木质家具出口贸易结构的优化［J］. 林产工业，2019，56（12）：90-92.

② Xiao Han, Yali Wen, Shashi Kant. The global competitiveness of the Chinese wooden furniture industry［J］. Forest Policy and Economics, 2009, 11 (8).

③ 韩月，吴金卓，刘澜. 2005—2014 年中国木质家具出口变化影响因素分析［J］. 森林工程，2017，33（1）：41-46.

2. 中国对美国木质家具出口贸易现状

我国木质家具出口的主要海外市场有美国、日本、英国、澳大利亚等发达国家和地区，其中我国木质家具出口市场中出口额长期处于第一位的是美国①。自 2005 年以来，中国最大的木质家具出口市场都是美国，中国木质家具出口额的近一半都出口到了美国。

2.1 中国对美国木质家具出口规模

2.1.1 总体情况

如图 2-1 所示，2010 年至 2020 年间，我国木质家具对美出口额总体呈现逐年上升趋势。2010 年，我国木质家具出口额达 95.04 亿美元，在我国家具出口总额中的占比为 18.79%，对美木质家具出口额为 53.48 亿美元，在我国家具出口额中的占比为 56.27%。2018 年，我国木质家具出口额为 167.41 亿美元，其中对美国的木质家具出口额为 99.07 亿美元，达到了峰值。由于受到美国反倾销等一系列非关税贸易壁垒制约，使我国对美木质家具产品出口受到冲击，2019 年木质家具产品出口额下降了 33.24 亿美元，我国对美国木质家具产品出口额为 69.1 亿美元，同比下降了 29.97%。

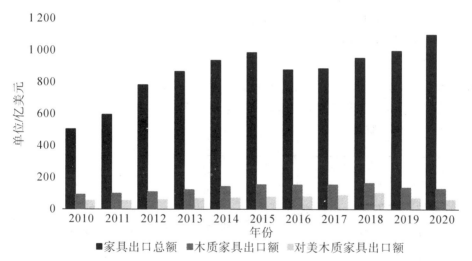

图 2-1　中国对美木质家具出口

数据来源：联合国商品贸易统计数据库综合整理。

2.1.2 出口增速

如图 2-2 所示，我国对美木质家具产品出口增速走势与木质家具产品出口的增速走势在总体上是保持一致的。当我国木质家具产品出口增速提高时，我国对美国木质家具产品出口增速也提高。2011 年至 2018 年间，我国木质家具产品出口与对美木质家具产品出口均保持稳定的增长趋势，年均增速分别为 7.46%、8.09%。2018 年中美贸

①　王莹，李静，徐斌. 中美贸易摩擦对我国林产品企业和贸易的影响［J］. 林产工业，2022，59（5）：58-63.

易争端开始，影响了我国对美木质家具出口，2019 年我国木质家具产品出口额及对美木质家具产品出口额骤降，我国木质家具产品出口与对美木质家具产品出口当年增速分别为-3.44%、-30.24%。2020 年增速放缓，增速为-3.44%，-11.52%①。

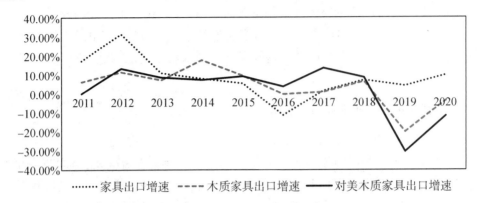

图 2-2　中国对美木质家具出口增速

数据来源：联合国商品贸易统计数据库综合整理。

2.1.3 出口占比

如图 2-3 所示，我国对美国木质家具出口在我国木质家具出口中的占比一直保持半数左右。2010—2018 年，我国对美木质家具产品出口额保持增长趋势，在我国木质家具产品出口总额中的占比一直比较稳定，平均占比为 54%。在 2018 年后我国对美国木质家具出口在我国木质家具出口中的占比呈现明显的下降走势。2019 年，我国对美国木质家具出口在我国木质家具出口所占比例为 51.5%，低于平均值②。2020 年，我国对美木质家具出口额为 61.14 亿美元，占我国木质家具出口的 47.2%%，占比持续下降。

我国对美木质家具出口占美国木质家具进口比例由 2010 年的 41.54%降至 2020 年的 26.02%，逐年下降。

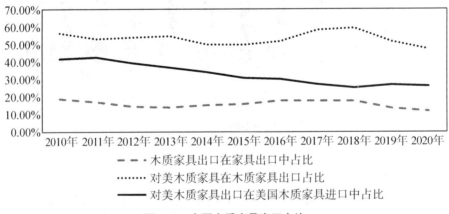

图 2-3　中国木质家具出口占比

数据来源：联合国商品贸易统计数据库综合整理。

---

①　韩月，吴金卓，刘澜.2005—2014 年中国木质家具出口变化影响因素分析 [J]. 森林工程，2017，33（1）：41-46.

②　林熙. 中国家具出口美国遭遇贸易壁垒的现状及对策研究 [J]. 市场论坛，2015（4）：9-12.

2.2 出口产品结构

2.2.1 产品分类

根据国际海关理事会确定的海关编码，也就是 HS 编码，把木质家具主要分为带软垫框架木坐具（940161）、木质卧室家具（940350）、木质厨房家具（940340）、木质办公室家具（940330）和其他木质家具（940360），具体见表 2-1。

表 2-1　木质家具编码分类

HS 编码	产品
940161	带软垫框架木坐具
940330	木质办公家具
940340	木质厨房家具
940350	木质卧室家具
940360	其他木质家具

2.2.2 出口产品结构分析

我国对美木质家具出口产品高度集中[①]，带软垫框架木坐具（940161）和木质卧室用家具（940350）出口占比近八成。2010 年至 2020 年中国对美国木质家具出口额整体变化情况呈现倒 V 型趋势[②]，在 2018 年达峰值后持续下降，各品类的木质家具出口走势与我国对美国木质家具出口总额的走势保持一致。2010 年，我国带软垫框架木坐具出口额为 48.08 亿美元，在我国木质家具出口额中的占比为 51%，其中对美国带软垫框架木坐具出口在我国对美木质家具出口中的占比为 36%，出口额为 18.44 亿美元。我国木质卧室家具出口额为 25.98 亿美元，在我国木质家具出口额中占比为 27%，对美出口额为 8 亿美元，在中国对美国木质家具出口总额中占比 15%；以上两种木制家具对美出口额的占比就高达 78%。2020 年，带软垫框架木坐具出口额为 76.31 亿美元，占木质家具出口额的 59%，对美出口额为 18.44 亿美元，占比 36%，在对美木质家具出口中占比保持第一的位置；木质办公家具出口额为 11.42 亿美元，占木质家具出口额的 8.14%，对美木质办公家具出口额为 5.31 亿美元，在我国对美木质家具出口中占比为 9%，反超木质厨房家具成为我国对美木质家具出口的第三大类产品；木质卧室家具出口额为 25.98 亿美元，对美出口额达 4.39 亿美元，在我国对美木质家具出口额中占比 7%，排名第二，相比 2010 年出口额没有增长，占比下降了 7%；其他木质家具出口额为 11.42 亿美元，占木质家具出口的 9%，相比 2010 年出口额增长了 4.42 亿美元，在木质家具出口额中的占比上涨了 2%。

我国各类木质家具对美的出口额都呈现增长趋势，但在木质家具出口额中的占比发生了改变。如图 2-4 所示，2010 年中国带软垫框架木坐具、木质卧室家具较为受到

①　Azaze-Azizi Abdul Adis. Export Performance on the Malaysian Wooden Furniture Industry：An Empirical Study [J]. Journal of International Food & Agribusiness Marketing, 2010（22）：1-2.

②　代新玲，刘伟. 中美贸易摩擦存在问题研究：以家具行业为例 [J]. 林产工业，2021，58（5）：107-109.

美国市场的青睐，两者分别占我国木质家具出口额的51%和27%；其次是木质厨房家具，在我国木质家具出口额中占比为8%，以上三种木质家具占据了我国木质家具出口额的86%。但消费者偏好的改变，以及我国家具产业结构的变化，导致了我国木质家具出口结构占比也有变化。2020年，带软垫框架木坐具的出口占比上涨了8%，达59%；木质卧室家具占比下降了7%，占木质家具出口的20%；木质办公家具在木质家具出口中的占比为9%，上涨了2%，超越木质厨房家具成为木质家具出口新晋第三名大品类。我国木质家具出口结构的变化体现了国际市场对家具偏好的改变以及我国对木质家具出口结构的调整①。

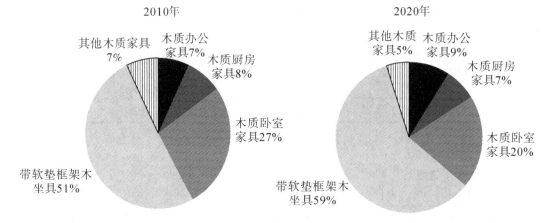

2010年　　　　　　　　　　　　　　2020年

图2-4　中国对美木质家具出口产品结构
数据来源：联合国商品贸易统计数据库。

2.3 主要出口产业区

我国主要有华东、华南、华北、东北和西部五个木质家具产业区，对美木质家具出口主体主要集中在华南和华东产业区，中心分别为长江三角洲和广东珠江三角洲。产业集群、成熟的产业供应链和较多的区位品牌是华南家具产业区具有的优势，高产品质量和标准化的经营管理是华东产业区具有的优势。华东和华南家具产业区内出口生产企业和大型生产企业较为集中，是我国对美木质家具出口的主要地区。其中，广东省和浙江省是我国对美木质家具的出口大省②。

3. 中国对美国木质家具出口存在的问题

3.1 贸易成本持续增长

3.1.1 劳动力成本增加

近年来，中国人口老龄化率上升加快，劳动年龄人口逐年减少以及我国物价的飞

① Epede Mesumbe Bianca, Wang Daoping. Competitiveness and upgrading in global value chains: A multiple-country analysis of the wooden furniture industry [J]. Forest Policy and Economics, 2022, 140.

② 肖艳, 胡家芳. 中国与"一带一路"国家木质家具贸易现状及趋势 [J]. 世界林业研究, 2019, 32（1）: 107-111.

速上涨，我国的劳动力成本逐年上涨。2008 年我国的非城镇私营单位的平均工资为 28 898 元，2020 年升至 97 379 元。劳动力价格的升高导致了许多发达国家都将在我国的家具生产公司的生产线迁移到了生产成本相对更低的国家或地区，同时本国家具企业的生产成本也在升高。

3.1.2 原料成本增加

2017 年为加强对天然林的保护，中国开始全面实施天然林保护性禁止滥伐，随着我国天然林保护工程的逐步开展，大量国有天然林所在的长江上游及东北等地已经全面禁止采伐[①]。我国的木材需求量极大，而我国木材原料主要靠砍伐人工用材林和进口，这也加剧了中国木材的需求短缺问题。中国可供采伐的森林面积减少，因此原木的来源就主要依靠进口，而近年周边原木出口国家都对中国增加出口关税，有些国家限制或是禁止向我国出口原木，使得我国原木原材料的进口成本骤增，木质家具的价格随之上涨，在国际市场不具有竞争力。

3.1.3 交易成本增加

中国木质家具产品出口到美国的过程中涉及的海关工作流程较多，包括货物的报关报检、仓储、订舱运输等流程，而以上这些流程中所产生的费用都是由出口企业承担的，这又进一步增加了我国木质家具出口的成本，降低了我国木质家具出口的价格竞争优势。

3.2 产品结构过度集中

我国木质家具出口主要以带软垫框架木坐具为主。2020 年，我国木质家具出口额的 59% 都为带软垫框架木坐具，而生产技术附加值明显较高的家具，如木质卧室家具、木质厨房家具、木质办公家具等的出口占比却非常小，由此可以看出我国的木质家具出口产品发展不均衡，缺乏产品多样性，缺乏技术创新。

3.3 产品同质化严重

中国木质家具产品是劳动密集型产品，技术含量低、缺乏产品的独特科技创新和品牌独特设计感，很难迅速形成一定程度上的品牌影响力。我国占据美国木质家具市场的主要比较优势分别是低价格、低成本，大部分的核心利润却被拥有合法权的美国木质家具企业牢牢占有。由于我国木质家具企业在生产分工中主要从事的是低附加值的加工制造环节，赚取的加工费只能带来极其微薄的利润，即便我国木质家具行业开始意识到自主品牌的重要性，着手打造自己的木质家具自主品牌，但总体来说，中国本土具有影响力的自主家具品牌还较为缺乏，核心竞争力仍有待加强。目前，我国的家具生产还处于"中国制造"远多于"中国创造"的状态，缺乏国际竞争力。

3.4 绿色贸易壁垒增加

随着全球对环境和资源保护方面的意识逐渐强化，美国开始完善关于环境保护的政策法规，提高了对家具进口的环境保护标准，增加了我国对美国木质家具出口的绿

---

① 刘菲. 森林资源配置对木材供给的影响研究 [D]. 北京：北京林业大学，2020.

色贸易壁垒。

3.4.1 森林认证

森林认证（FSC），又称森林可持续经营的认证，是国际上为了保护森林资源而采取的措施。美国对我国木材产品提出森林认证要求：我国木质家具对美出口必须满足森林认证标准，提供合格的森林经营认证和产销监管链认证。然而，要得到森林认证需要支付一定的费用，这也变相地增加了我国木质家具的生产成本①。

3.4.2 环境认证

ISO14001认证②现在是世界各国普遍接受的环境认证，目前已经成为国际市场中商品贸易的通行证。要得到ISO14001标准认证需要支付认证费用，还要保证不会对环境造成超出标准的破坏。对于中国普遍的木质家具出口企业来说，这无疑又增加了木质家具贸易的成本。

木质家具的主要原材料是原木，我国的原木进口量居世界第一位。美国《雷斯法案》修正案中关于木材原材料原产地证明的规定涉及了中国木质家具，由于我国的原木每年主要靠从其他国家大量进口，但美国对原料原产地证明要求比较严格，在对美出口木质家具时，要求我国木质家具出口企业出具木材原产地证明，但我国原木进口国众多，原料原产地证明所涉及的国家标准和法律法规的不同使得木材来源合法性的证明难度加大，无法确认原料合法性就无法通过美国木质家具的进口标准，从而增加了我国对美国木质家具出口的难度。

3.5 中美贸易争端影响

家具产品是中国出口美国的第三大类产品。由于中美贸易摩擦升级，美国对我国实施了一系列非关税壁垒。美国实施的非关税贸易壁垒提高了我国对美国木质家具出口的门槛，使得我国对美国木质家具的出口额急剧下降。2018年中美贸易战爆发后，美国启动"301调查"，对中国公布了一份产品加收关税清单，其中家具赫然在列，对家具加收10%的关税，并于2019年起加征至25%，我国家具出口遭受"惩罚性关税"的待遇③，随即我国就采取了反制措施，对从美国进口的包括锯木原材在内的600亿产品征收10%的关税。后面美国针对专利、商标、商业秘密等知识产权问题对我国出口的家具进行了"337"调查。由此在无形中又增加了我国木质家具生产成本。如果贸易战持续升级，我国对美国家具的出口额可能还会保持继续下降。因此，我国应尽快找到可替代美国市场的具有潜力的新市场，以防美方政府若进一步设立技术性关税壁垒，对我国对美木质家具出口贸易活动造成更大的打击。

① 崔宁. 森林认证对林业企业的影响及其发展路径的研究［D］. 北京：北京林业大学，2017.

② ISO14001认证全称是ISO14001环境管理体系认证，是指依据ISO14001标准由第三方认证机构实施的合格评定活动。ISO14001是由国际标准化组织发布的一份标准，是ISO14000族标准中的一份标准，该标准于1996年进行首次发布，2004年分别由ISO国际标准化组织对该标准进行了修订，最新版本为ISO14001—2015。

③ 田明华，余梦妍，魏僮，等. 中美贸易摩擦双方木质林产品加征关税的经济效应［J］. 林业经济问题，2022，42（2）：113-121.

4. 促进中国对美木质家具出口贸易发展的对策建议

4.1 提高产品竞争力

加强技术创新，降低木质家具的可替代性。我国木质家具出口容易受到中美贸易摩擦影响的主要原因是我国家具产品的可替代性比较高。因此，要改变我国木制家具在中国对美商品出口贸易中的不利地位，应加速实现我国劳动资源密集型的家具制造业结构全面升级及转型，运用新科技、新设备、新材料等有效措施提高家具生产效率，减少基本劳动投入，提高中国木质家具产品在美国出口中的产品附加值，通过技术创新、产业技术升级、技术改造等科技手段提高未来我国的木质家具市场在美国家具市场上的竞争力，降低我国木质家具的可替代性。应推动我国木质家具出口的高品质、高出口附加值、多种类、差异化发展，进一步优化我国对美国木质家具产品出口结构，推动木质家具向高端化发展，形成新的增长点和出口优势，从而提高我国木质家具对美出口的风险抵抗能力[①]。

推进木质家具绿色生产，通过引导我国木质家具生产企业控制污染物排放，规范企业的绿色生产行为，加速淘汰落后的工艺、落后的产能，实施绿色生产，促进木质家具企业转型升级，实现家具行业的绿色可持续发展。我国木质家具生产企业应积极响应我们国家绿色化转型发展环保产业政策和号召，顺应我国"健康，绿色，环保"的发展趋势。2021年3月，在中央财经委员会第九次会议上，习近平总书记强调实现碳达峰、碳中和的"双碳"目标[②]。为顺应我国提出的生态目标，我国已有部分企业通过植树造林方式实现净零碳排放承诺。增加我国的森林面积，提高国内木质家具原材料的供应，降低现阶段我国木制家具生产的原材料成本，也能很好地促进我国木质家具产业的绿色生产。与此同时，我国应该切实提高中国木质家具生产项目的安全生态环保性，提高我国安全环保型木质家具的稳定供应能力，促进我国对美木质家具出口。

4.2 促进产品结构多元化

保持我国对美木质家具出口中带软垫框架木坐具和木质卧室家具产品的出口优势，同时优化我国厨房家具、办公家具的设计感，顺应美国市场的消费偏好的变化，调整我国木质家具产品的出口结构。此外，还应重视我国在智能家居领域的开发，从而增加家具的便利性、舒适性、智能化。

4.3 打造企业自主品牌

打造国际知名木质家具品牌。中国木质家具制造企业多为中小微企业，从事的木质家具加工程序一般都在物质家具生产链底端，有的甚至只从事贴牌加工（OEM），没有具有国际影响力的知名木质家具品牌，美国国内各地为避免国外家具品牌对本土家

① Wooden Bedroom Furniture From the People´s Republic of China: Rescission of 2019 Antidumping Duty New Shipper Review [J]. The Federal Register / FIND, 2021, 86（8）: 74.

② 沐霖. 中国林产工业协会发布推进"双碳"战略行动方案 [J]. 中国人造板, 2021, 28（9）: 47.

具品牌造成的冲击，对非本土的木制家具品牌进口也较为抵触。为了改变因品牌竞争力低而难于提高对美木质家具出口额的局面，国内企业可以通过企业兼并，靠壮大规模而形成品牌优势。对我国已具有一定社会影响力的优质木质家具品牌，可加大海外宣传营销力度，提升我国木质家具品牌在欧美国际展会上的海外知名度，提升我国木质家具在美国市场上的品牌竞争力。

企业品牌的打造离不开技术创新。我国的木质家具制造企业可通过对产品设计、原材料开发和生产过程等环节的优化，以及引进国外专利等方式，加强自身的技术创新，以提高木制家具产品的附加值，进一步推动我国木制家具品牌的打造。我国政府应大力扶持家具企业，加大在技术创新和研发上的投入，鼓励企业引进国际前沿技术，积极与各大高校及研究院深化合作，与国际知名家居设计所等进行交流，接轨国际木质家具市场。同时，还可注重提高家具产品舒适性，重视开拓智能家居领域，进行产业差异化发展竞争。加大在技术研发、国外专利引进和设计上的投入力度，加大技术创新产业化力度，能够有效拉动中国对于美国的木质家具的出口，提高我国对美木质家具出口的风险抵抗能力。

4.4 推进产业标准化建设

推动木制家具产业标准化协同发展，提升我国木制家具产业生产标准与国际标准的一致程度，促进我国家具产业标准化的广泛交流合作。全面贯彻落实国家标准化发展纲要关于产业标准化的工作部署，推进产业优化升级，积极采用国际标准。积极向国际标准化组织征求意见，向国际电工委员会提交国际标准的提案，我国已经成为国际标准提案中最活跃的国家之一。

推动我国家具产业国际化发展，有利于提升木质家具产业技术创新水平，提升我国家具产业核心竞争力；增强对我国发展木质家具产业支撑的稳定性，避免技术方面的安全风险；提高运行效率，降低生产成本，保障我国木质家具产业的可持续发展。我国木制家具产业标准化也有助于推动我国木质家具产业国际化发展，推动家具生产标准与国际标准标齐，有助于提高我国木质家具产业的国际影响力。

4.5 推动数字化转型

家具产业利用国际互联网技术开展数字化贸易，促进我国中小型家具产业实现生产及经营流程管理智能化，以及整个价值链管理高端化。通过互联网与国际跨境电商平台共同促进数字化贸易发展，帮助我国的中小型企业能更加精准地掌握当前世界家具外贸经营活动的行情动态，实现生产计划，经营计划和目标市场的精准匹配。采取数字化营销模式，可通过尝试线上销售，如网络直播等，提供线上线下两个消费渠道，促进消费模式多元化，高度激发美国木制家具市场的潜在消费。

4.6 政府政策扶持

国家和政府扶持优势木质家具出口企业，对我国木质家具出口出台相关专项扶持鼓励政策，国家林业和草原局发改司发布《关于统筹推进新冠肺炎疫情和林业企业复工复产工作的通知》，针对林业产品企业（包括木质家具企业）进行精准调控施策。可以适当减轻税收，降低我国木质家具出口企业的成本，尤其是针对中小型家具企业，适度实行税收政策优惠，比如逐步降低家具企业所得税、城镇土地使用税和进出口增值税，扶持中小型家具企业发展；发展建立家具产业园区，鼓励家具企业聚集入驻，集合全球优质的家具产业人才，建立优质家具产业园区；对家具产业园区规划内厂房的部分租金也给予适当的减免税收或税收补贴，降低家具生产成本等；鼓励银行等金融机构对我国木质家具出口的提供融资担保和出口信贷资金支持，我国木质家具出口企业可以没有负担的接收出口订单和履行订单交易，鼓励传统家具企业借助跨境电商平台丰富家具出口营销渠道，引导我国木质家具使用跨境电商平台并减免中小型家居企业的注册和会员费用，降低出口成本。

5. 结论

通过分析中国对美国木制家具出口贸易发现中国对美木质家具出口当中主要存在的问题就是劳动力成本、原料成本、交易成本的增加所造成的贸易成本增加；出口产品结构过度集中；产品同质化严重；面临的绿色贸易壁垒较多，中美贸易战，美国对中国实施非关税贸易壁垒，提高了我国木质家具向美国出口的难度，抑制我国木质家具对美的出口。针对以上问题，本文提出从以下几个方面促进我国对美国木质家具出口：提高产品附加值，打造家具品牌，提升我国家具品牌知名度和影响力，提升我国木质家具产品的竞争力；优化产品结构，木质家具出口多元化，在保证优势产品继续保持优势的情况下多元化发展，探索美国市场木质家具新需求；家具产业标准化建设，使我国木质家具产业生产标准与国际标准接轨，满足美国进口标准，同时在一定程度上避免遭遇反倾销；政府政策扶持，对我国木质家具生产企业减税降费，降低我国木质家具生产成本，银行等金融机构也对中小型木质家具企业贷款担保等提供支持，让我国家具出口企业能积极接收家具出口订单。

案例使用说明

一、教学目的与用途

1. 教学目的

通过对本案例的学习和研讨，使学生了解国际贸易中的基本概念和理论，了解中国对美国木质家具出口贸易的现状，培养学生运用所学知识分析研判对外实物贸易实际问题的能力，初步了解和掌握国际经济与贸易专业本科毕业论文的写作。

2. 教学用途

本案例主要适用于国际经济与贸易专业的国际贸易学课程，也适用于中国对外贸易课程。

二、启发性思考题

1. 世界木质家具贸易的基本格局是怎样的？

2. 本案例从哪几个方面分析中国对美国木质家具出口贸易现状的？

3. 中国出口木质家具的主要产地在哪里？

4. 中国对美国木质家具出口贸易存在哪些问题？核心问题是什么？

5. 你认为中美贸易争端从哪几个方面影响中国对美国木质家具的出口？

6. 针对中国对美国木质家具出口贸易存在的问题，你认为可以采取哪些措施以促进中国对美国木质家具出口？

三、背景信息

中国家具制造业是一个历史悠久的行业，可以追溯到新石器时代。自 1902 年起，全国各地官方或商人相继办起了许多工艺局、手工业工场。20 世纪 80 年代，在借鉴各国不同的家具风格和先进生产技术的同时，中国家具不断发掘传统技艺，并结合国情民俗，逐渐形成了新的家具风格。经过几十年的发展，中国家具制造业已经从手工业时代转变为现代规模化生产时代，成为全球家具生产大国。中国家具产业经改革开放40 多年的高速发展，已从传统手工业发展成为以机械自动化生产为主的现代化大规模产业。作为全球家具生产中心，产值早在 2006 年中国家具产业就跃居世界第一位，中国已然成为世界家具生产、消费及出口大国。

家具制造业已经成为我国继食品、服装、家电之后的第四大产业。自 2001 年以来，中国家具产量一直保持稳定的增长趋势，2021 年家具产量达到峰值，达到了112 000 万件。根据前瞻网数据，2021 年全年中国家具及其零件累计出口金额达到了近738.31 亿美元，累计增长 26.4%，创历史新高。截至 2022 年 11 月中国家具及其零件出口金额约为 58.83 亿美元，同比下降 15.7%。在家具生产中，木质家具生产占有重要地位，2021 年木质家具产量占中国家具产量的三成。每年生产的木质家具大量用于出口，2005 年以后，中国就超越意大利，成为木质家具第一大出口国。2010 年至 2018 年中国木质家具对美出口额快速增长，于 2018 年达到峰值。2018 年后，中美贸易摩擦加剧，一系列反倾销政策等非关税贸易壁垒抑制了中国对美国木质家具的出口。次年，中国对美木质家具出口额下降，之后，中国对美国木质家具出口持续下降。在广阔的市场前景与极其复杂的外部市场影响下，研究中国对美国木质家具出口问题具有极强的现实意义。

四、案例分析思路及要点

1. 案例分析思路

本案例以中国对美国木质家具出口贸易为研究对象，在概述了中国木质家具产业发展现状之后，从规模和结构两个方面对中国对美国木质家具出口贸易进行了图文并茂的阐述，然后再从不同方面剖析了中国对美国木质家具出口贸易中存在的问题，最后针对性地提出了相应的对策建议。

2. 需要学生识别的关键问题

出口贸易现状分析，出口贸易的影响因素分析，出口贸易存在的主要问题，出口贸易的对策研讨。

3. 主要研究结论

中国是世界木质家具生产和出口第一大国，美国是中国最大的木质家具消费和出口市场。通过分析发现，中国对美木质家具出口当中主要存在以下问题：劳动力成本、原料成本、交易成本的增加所造成的贸易成本增加；出口产品结构过度集中；产品同质化严重；面临的绿色贸易壁垒较多，中美贸易战，美国对中国实施非关税贸易壁垒，提高了我国木质家具向美国出口的难度，抑制我国木质家具对美的出口。为了促进我国对美国木质家具出口，相应地，我们应该从以下几个方面采取措施：提高产品附加值，打造家具品牌，提升我国家具品牌知名度和影响力，提升我国木质家具产品的竞争力；优化产品结构，木质家具出口多元化，在保证优势产品继续保持优势的同时进行多元化发展，探索美国市场木质家具新需求；家具产业标准化建设，使我国木质家具产业生产标准与国际标准接轨，满足美国进口标准，同时在一定程度上避免遭遇反倾销；政府政策扶持，如对我国木质家具生产企业减税降费，降低我国木质家具生产成本，银行等金融机构也对中小型木质家具企业贷款担保等提供支持等，鼓励我国家具出口企业能积极接收家具出口订单。

五、理论依据与分析

1. 绝对优势理论

绝对优势理论亦称"绝对成本理论""绝对利益说"，它是由英国古典经济学家亚当·斯密于 1776 年在其《国民财富的性质与原因的研究》一书中提出的。该理论认为国际贸易的原因是国与国之间的绝对成本的差异，如果一国在某一商品的生产上所耗费的成本绝对低于他国，该国就具备该产品的绝对优势，从而可以出口；否则应进口。各国都应按照本国的绝对优势形成国际分工格局，各自提供交换产品。该理论解释了产生国际贸易的部分原因，但不能解释各种产品生产上都具有绝对优势的国家与不具有绝对优势的国家之间的贸易往来。

2. 比较优势理论

大卫·李嘉图在其代表作《政治经济学及赋税原理》中提出了比较成本贸易理论，后被人称为"比较优势理论"。比较优势理论认为，国际贸易的基础是生产技术的相对差别（而非绝对差别），以及由此产生的相对成本的差别。每个国家都应根据"两利相权取其重，两弊相权取其轻"的原则，集中生产并出口其具有"比较优势"的产品，进口其具有"比较劣势"的产品。比较优势理论在更普遍的基础上解释了贸易产生的基础和贸易利得，这同时也大大发展了绝对优势理论。

3. 绿色贸易壁垒

绿色贸易壁垒是指在国际贸易活动中，进口国以保护自然资源、生态环境和人类健康为由而制定的一系列限制进口的措施。中国的国际贸易问题专家对此的定义是："绿色壁垒是指那些为了保护环境而直接或间接采取的限制甚至禁止贸易的措施。主要包括国际和区域性的环保公约、国别环保法规和标准、ISO14000环境管理体系和环境标志等自愿性措施、生产和加工方法及环境成本内在化要求等分系统。"

4. 木质家具分类

根据国际海关理事会确定的海关编码，也就是HS编码，把木质家具主要分为带软垫框架木坐具（940161）、木质卧室家具（940350）、木质厨房家具（940340）、木质办公室家具（940330）和其他木质家具（940360）。

5. FSC森林认证

森林经营的认证，也称森林可持续经营认证或简称FSC森林认证，它是针对森林经营单位，由独立的第三方FSC森林认证机构根据所制定的森林经营标准，按照公认的原则和标准，对森林经营绩效进行审核，以证明其达到可持续经营的要求的过程。FSC森林认证包括森林经营认证和产销监管链认证，产销监管链认证是对木材加工企业的各个生产环节，包括从原木的运输、加工到流通整个链条进行鉴定，以确保最终产品源自经过认证的经营良好的森林。通过认证后，企业有权在其产品上标明认证体系的名称和商标，即森林产品认证的标签。

6. 环境认证

鉴于20世纪中期爆发在一些发达国家的公害事件，人类开始认识到环境问题的出现及其严重性。世界各国纷纷制定各类法律法规和环境标准，并试图通过诸如许可证等手段强制企业执行这些法律法规和标准来改善环境。国家标准化组织（ISO）于1993年6月成立了ISO/TC207环境管理技术委员会，开展环境管理标准的制定工作。ISO14001认证现在是世界各国普遍接受的环境认证，目前已经成为国际市场中商品贸易的通行证。

六、教学组织方式

1. 素材导入

教师播放相关视频或新闻，并提出问题，创设教学情境，激发学生的好奇心和探究主动性。

2. 预习定标

在教师创设的情境目标的指引下，学生课下自主学习，确定学习目标，较复杂的课由教师和学生共同确认目标。

3. 合作达标

在学生自主学习、独立思考的基础上，尚不能自行解决的问题，通过"生生互动、师生互动、组组互动"，相互合作，相互交流，共同研讨，共同提高。

4. 互动展示

学生可根据教师的分工，把小组合作研究的问题利用各种方式向全班展示，教师随时进行引导、点拨、强调、提升，以帮助学生拓宽知识面、加深对案例的理解和运用。在此过程中，教师应及时对学生及小组的表现加以肯定，增强学生的学习信心。

5. 小结强化

教师用简短的语言对一节课所学知识概括总结，形成知识框架，强化学习目标。

6. 写作总结

以此为范例，让学生了解国际经济与贸易专业本科论文的组成部分，各部分篇幅的安排以及写作方式。

七、案例的后续进展

本案例可持续更新，收集中国对美木质家具贸易的最新状况，也可由学生按照本案例关于中国对美木质家具贸易影响因素的分析跟进最新的研究进展，进一步丰富和完善案例，或者创造性地提出新的影响因素。

八、其他教学支持材料

1. 国际贸易理论与实践方面的资料

Paul Krugman 和 Maurice Obstfeld 编写的《国际贸易理论与实践》中详细讲解了国际贸易的基本原理和实践，包括比较优势、关税与贸易政策、贸易自由化等主题。对于理解中美木质家具贸易问题，学生可以从中学到很多基础知识。

2. 木质家具行业报告方面的资料

《全球及中国木质家具行业市场现状与发展趋势研究报告》，该报告分析了全球及中国木质家具行业的市场现状、发展趋势、产业链结构等，为学生提供了宏观层面的行业背景和数据。

3. 中美贸易关系资料方面的资料

张继业编写的《中美贸易战：起因、影响与未来》，该书深入剖析了中美贸易战的起因、影响以及未来发展，有助于学生理解中美木质家具贸易问题在中美贸易关系中的地位。

4. 贸易政策与法规资料方面的资料

世界贸易组织（WTO）官方网站（网址：www.wto.org），WTO 官方网站提供了各国关税与贸易政策的详细信息，学生可以在此查阅中美两国在木质家具行业的贸易政策和法规。

5. 中美木质家具贸易案例研究方面的资料

王红梅编写的《中美木质家具贸易争端与合作案例研究》，该书通过对中美木质家具贸易争端与合作的案例进行深入剖析，揭示了两国在木质家具贸易中的利益诉求、政策变迁等，有助于学生更具体地了解中美木质家具贸易问题的实际情况。

中国对印度农产品出口贸易潜力评估

攀枝花学院经济与管理学院

文鑫　郭宏福

摘要：中印同属农业大国，两国地理位置相近，商品运输费用相对低廉，这为两国的农产品贸易提供了很好的基础，按理说两国的农产品贸易也应当有较大的规模，但从实际情况来看，还是存在出口规模增速较慢、出口结构单一等问题。总体来说，与理想中的农产品贸易相比，中国对印度当前的农产品出口贸易规模要小一些。因此，本文从相关概念出发，从农产品出口贸易的规模、出口贸易结构、出口贸易地位三个方面探讨了当前中国对印度农产品出口贸易现状；通过对贸易引力模型进行潜力测量，选择中国与20个农产品贸易合作国在2010—2020年的面板资料，对出口印度的农产品贸易潜力进行了实证研究。本文通过测算发现中国对印度农产品的出口贸易规模较小，但有一定程度的增长，出口结构单一且集中，2021年第二类农产品（植物产品）出口占比62.45%。结果表明，中国对印度农产品出口贸易仍处于贸易可开发阶段。最后，根据理论与数据相结合提出了相应的对策建议，如持续推进"一带一路"与印度合作伙伴关系的建立，提升中印两国政治互信，以促进中国对印度农产品出口贸易规模调整出口贸易结构等。

关键词：中国；印度；农产品出口；贸易潜力；引力模型

海关总署2021年度统计数据显示，2021年1—9月，我国进出口货物总值达4.37万亿美元，其中农业总产值达2 150亿美元，在进出口货物中所占比例为5%，位列世界农产品出口国第三、进口国第一。其中，中国对印度农产品的进出口总额为28亿美元，在中国农产品进出口总额只占比1.3%。此外，中国进口和出口印度的农产品分别为26亿美元和1.99亿美元，在中国农产品进口和出口中所占比例只有1.7%和0.3%。从这些数据可以看出，中国进出口印度的农产品贸易进出额其实比我们的理想状态要少很多，这一贸易缺口也反映出两国在农产品进出口上存在一定的提高空间，同时隐含着两国在农产品贸易上还存在着一定的潜力。

1. 相关概念

1.1 农产品分类

人们经常说的农产品，泛指农业生产制品，如大米、小麦、高粱等。但实际上，关于农产品的界定，至今尚无相对清晰的说法。本文中的农产品类别主要是按照联合国数据库按国际标准贸易分类（SITC）和协调编码制度（HS）中对农产品的分类进行研究，主要分为四大类，前24章的各类别细分见表1-1。

表1-1　农产品分类

类别	章	名称
第一类①	1章	活动物
	2章	肉及食用杂碎
	3章	鱼、甲壳动物、软体动物及其他水生无脊椎动物
	4章	乳品、蛋品、天然蜂蜜、其他食用动物产品
	5章	其他动物产品
第二类②	6章	活树及其他活植物、鳞茎、根及类似品、插花及装饰用簇叶
	7章	食用蔬菜、根及块茎
	8章	食用水果及坚果；甜瓜或柑橘属水果的果皮
	9章	咖啡、茶、马黛茶及调味香料
	10章	谷物
	11章	制粉工业产品、麦芽、淀粉、菊粉、面筋
	12章	油子仁及果实、杂项子仁及果实、工业用或药用植物、稻草、秸秆及饲料
	13章	虫胶、树胶、树脂及其他植物液、汁
	14章	编制用植物材料、其他植物产品
第三类③	15章	动、植物油、脂及其分解产品，精制的食用油脂、动、植物蜡
第四类④	16章	肉、鱼、甲壳动物、软体动物及其他水生无脊椎动物的制品
	17章	糖及糖食
	18章	可可及可可制品
	19章	谷物、粮食粉、淀粉或乳制品；糕饼点心
	20章	蔬菜、水果、坚果或植物其他部分的制品
	21章	混杂的可食用原料
	22章	饮料、酒及醋
	23章	食品工业残渣废料、动物饲料
	24章	烟草、烟草及烟草代用品的制品

---

① 第一类为活动物、动物产品。

② 第二类为植物产品、

③ 第三类为动、植物油、脂及其分解产品，精致的食用油脂、动、植物蜡。

④ 第四类为食品、饮料、酒及醋、烟草及其烟草替代品的制品。

2. 中国对印度农产品出口贸易现状

2.1 贸易规模

如图 2-1 所示，近十年来，我国对印度农产品出口水平呈现出稳定的趋势，其波动性较差。其中，2010—2021 年中国对印度农产品进口贸易额与进出口贸易差额变化趋势一致，2019—2021 年中国对印度农产品进口贸易额和进出口贸易差额总体上呈上升趋势，阶段性呈波动态势。中国 2016 年出口印度的农产品总额是 7.2 亿美元，进出口之差约为 2.21 亿美元。从 2010 年起，中国对印度农产品的出口额趋于小幅度增长，到 2011 年增加到了一个最大值（7.49 亿美元），之后，这一数值就一直处于 7 亿美元左右。自从 2001 年中国加入 WTO 后，农产品出口贸易水平呈稳定状态小幅增加，但近年来中国出口到印度的农产品存在着停滞的状况，如 2021 年的中国出口到印度农产品贸易额仅有 1.99 亿美元，相当于 2011 年中国出口到印度农产品贸易额的 26.57%。中国出口到印度农产品贸易额出现负增长，一方面与印度的贸易保护主义息息相关，印度长期的贸易保护尤其是对本国的农产品，和印度对中国农产品的多次反倾销调查导致中国的农产品很难进入到印度市场；另一方面是受 2019 年发生的新型冠状病毒感染的影响，由于新型冠状病毒极具传染性，印度作为受灾严重的国家之一，对印度的农产品需求造成了很大的损害，出口印度农产品贸易额也出现下滑。上述种种原因，使得中国对印度的农产品出口量近年来增长较慢。

图 2-1 2010—2021 年中国对印度农产品出口额、进口额及进出口差额

数据来源：根据海关总署数据库 2010—2021 年中国对部分地区商品类章出口统计整理。

2.2 贸易结构

中印两国都是农业大国，不管是产量，还是农产品的品种，都走在世界的前端。从表 2-1 来看，在 2021 年中国出口到印度的农产品贸易结构中排行前五位的农产品分别为第 23 章①、13 章②、21 章③、20 章④和第 7 章⑤，这五类农产品的出口份额占中国出口印度农产品总额的 62%，其中前三位的农产品出口份额就占了中国出口到印度所有农产品总额的 42.15%。但是排行后三位的农产品（第 10 章⑥、1 章⑦和第 2 章⑧），这三类农产品的出口总额仅为 0.000 027 亿美元，占比不足 0.01%。由此可见，我国对印度的农产品出口贸易的集中程度依然很高，出口贸易结构有一定的改进空间。

表 2-1　2021 年中国对印度出口农产品贸易结构

类别	出口世界 /亿美元	出口印度 /亿美元	占该类农产品出口 总额比重/%	占出口印度农品 总额比重/%
1 章	5.6	0.000 005	0.00	0.00
2 章	8.72	0.000 017	0.00	0.00
3 章	110.37	0.005 327	0.00	0.19
4 章	6.21	0.000 101	0.00	0.00
5 章	19.58	0.028 717	0.10	0.76
6 章	5.69	0.070 640	1.23	2.66
7 章	100.77	0.267 205	0.26	9.87
8 章	63.32	0.134 052	0.21	4.94
9 章	41.89	0.098 590	0.21	3.42
10 章	10.76	0.000 004	0.00	0.00
11 章	6.53	0.148 557	2.14	5.31
12 章	29.53	0.149 759	0.47	5.31
13 章	21.13	0.381 407	1.80	14.43
14 章	2.01	0.005 067	0.25	0.19
15 章	23.65	0.125 147	0.51	4.56
16 章	117.17	0.004 248	0.00	0.15
17 章	19.31	0.146 136	0.73	5.31
18 章	4.36	0.032 335	0.69	1.14
19 章	23.45	0.010 768	0.04	0.38
20 章	82.72	0.274 004	0.33	10.25

---

① 第 23 章为食品工业残渣废料、动物饲料。
② 第 23 章为虫胶、树胶、树脂及其他植物液、汁。
③ 第 21 章为混杂的可食用原料。
④ 第 20 章为蔬菜、水果、坚果或植物其他部分的制品。
⑤ 第 7 章为食用蔬菜、根及块茎。
⑥ 第 10 章为谷物。
⑦ 第 1 章为活动物。
⑧ 第 2 章为肉及食用杂碎。

表2-1(续)

类别	出口世界 /亿美元	出口印度 /亿美元	占该类农产品出口 总额比重/%	占出口印度农品 总额比重/%
21 章	57.03	0.331 135	0.58	12.53
22 章	20.85	0.064 998	0.29	2.28
23 章	36.82	0.402 196	1.09	15.19
24 章	7.1	0.031 253	0.42	1.14

数据来源：根据海关总署数据库 2021 年中国对部分国家出口商品类章金额表整理。

从图 2-2 和图 2-3 可以看出，在 2015—2021 年，中国出口印度的四大类农产品占比从高到低依次为：第四类①、第二类②、第三类③、第一类④。第四类农产品的出口趋势呈 "W" 型，先下降后上升，再下降最后又呈上升趋势，其中在 2017 年占比最高，约为 45.43%；2020 年占比最低，约为 23.16%。第二类农产品呈阶段性上升趋势，在 2016 年占比最低，大约为 34.14%；在 2020 年占比最高，大约为 73.94%。第三类农产品出口占比在 2018 年达到一个顶峰，约为 8.24%；2021 年出口占比最低，约为 0.83%。第一类农产品出口波动比较平缓，总体上围绕着 1% 来回波动，在 2021 年占比最高，约为 2.04%；2016 年占比压低，约为 0.82%。

从上述结果可以看出，中国出口印度农产品贸易结构还是相对比较稳定的，尤其是其中的第四类农产品拥有着绝对优势，而第一类农产品和第三类农产品的占比最低，对这两类农产品的贸易还有待提高。

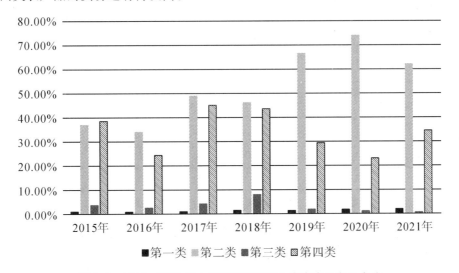

图 2-2　2015—2021 年中国出口印度四大类农产品贸易占比

数据来源：根据海关总署数据库统计 "2015—2021 年中国对部分国家出口商品类章金额表" 整理。

---

① 食品、饮料、酒及醋、烟草及其烟草替代品的制品。
② 植物产品。
③ 动、植物油、脂及其分解产品，精致的食用油脂、动、植物蜡。
④ 活动物、动物产品。

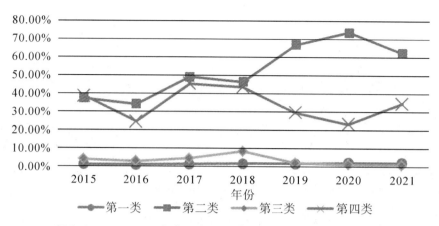

图 2-3 2015—2021 年中国出口印度四大类农产品贸易占比趋势

数据来源：海关总署数据库 2015—2021 年中国对部分国家出口商品类章金额表计算整理。

2.3 贸易地位

从表 2-2 可知，2015—2021 年，中国对印度的农产品出口份额一直都处于很低的水平。2015—2017 年都处于 0.5%上下，其中 2016 年和 2017 年的市场份额占比达到了 0.58%；2017—2021 年，中国出口到印度的农产品贸易额有了一定程度的降低，最低达到 0.32%。由表 2-3 可知，印度在 2021 年中国农产品主要出口国中排行第 33 位，从上述分析可知，在中国农产品出口市场中，印度的出口比例很低，贸易地位也比较低，可供利用发展的空间很大。

表 2-2 2015—2021 年中国农产品出口印度市场占比

年份	中国出口印度/亿美元	中国出口世界/亿美元	对印度出口所占比重/%
2015	3.36	706.8	0.48
2016	4.26	729.9	0.58
2017	4.35	755.3	0.58
2018	3.4	797.1	0.43
2019	3.13	791.0	0.40
2020	2.65	760.3	0.35
2021	2.71	843.5	0.32

数据来源：根据海关总署数据 2015—2021 年中国对部分国家出口商品类章金额表统计整理。

表 2-3 2021 年中国对部分国家（地区）农产品出口贸易额排名

排名	国家（地区）	出口额/亿美元
1	中国香港	105.33
2	日本	101.36
3	欧洲联盟	85.73
……		
33	印度	2.71

数据来源：根据海关总署 2021 年中国对部分地区商品类章出口金额表整理。

表 2-4 是将 2021 年我国农产品出口前三位的国家（地区）与印度进行比较的情况，从表 2-4 可知，2021 年我国对外出口农产品贸易额排行第一的国家（地区）是中国香港，出口农产品总额为 105.33 亿美元，其次为日本，农产品出口总额为 101.36 亿美元，第三位为欧盟，出口总额为 85.73 亿美元，而对印度的农产品出口额只有 2.712 亿美元。其中对印度农产品出口额中最少的几章，第 10 章主要出口流向为日本，出口为 0.62 亿美元，占出口世界这类农产品的 0.6%，第 1 章和第 2 章主要出口流向为中国香港，这两章农产品的出口总额为 4.81 和 6.77 亿美元，分别占出口世界比重的 86% 和 78%。

表 2-4　2021 年中国农产品出口前三的国家（地区）和印度对比　单位：亿美元

类章	中国香港	日本	欧盟	印度
1 章	4.81	0.01	0.01	0.000 005
2 章	6.77	0.02	0.15	0.000 017
3 章	11.74	17.43	13.15	0.005 327
4 章	1.88	0.92	1.12	0.000 101
5 章	0.95	1.81	6.24	0.028 717
6 章	0.21	1.28	0.98	0.070 64
7 章	20.51	12.89	5.00	0.267 205
8 章	4.20	1.27	3.52	0.134 052
9 章	6.65	1.93	4.84	0.098 59
10 章	0.17	0.62	0.19	0.000 004
11 章	0.46	0.48	1.13	0.148 557
12 章	2.33	3.10	4.30	0.149 759
13 章	1.56	2.03	3.82	0.381 407
14 章	0.11	0.21	0.70	0.005 067
15 章	1.16	0.48	13.36	0.125 147
16 章	10.05	27.68	3.80	0.004 248
17 章	0.45	0.23	0.76	0.146 136
18 章	0.79	0.17	0.17	0.032 335
19 章	6.43	2.20	1.47	0.010 768
20 章	4.99	16.69	7.18	0.274 004
21 章	7.95	2.39	4.57	0.331 135
22 章	10.14	0.48	1.46	0.064 998
23 章	0.30	6.94	6.75	0.402 196
24 章	0.72	0.10	1.03	0.031 253
总值	105.33	101.36	85.73	2.712

数据来源：根据海关总署数据库 2021 年中国对部分国家出口商品类章金额表整理。

3. 中国对印度农产品出口贸易潜力实证分析

3.1 贸易模型的构建

3.1.1 模型的构建

对于两国贸易潜力的研究，多数学者倾向于采用引力模型进行实证分析，如梁书瑞在"中国对印度农产品出口潜力的实证研究"中就运用了贸易引力模型对其潜力进行测算。引力模型的一个重要特点是其基本形态不变，只要对其参数和变量的定义进行合理的修改，便可以将其用于各种问题。贸易引力模型的研究随着科学的进一步发展也经历了独特的发展，伯格斯特朗德（Bergstrand）就将引力模型表示为

$$\ln Y_{ij} = a_1 + a_2\ln G_i + a_3\ln G_j + a_4\ln D_{ij} + a_5\ln A_{ij} + \mu$$

除上述变量外，在方程中加入两国是否有自由贸易协定（FTA）及样本国的人口数目，可得到以下拓展式：

$$\ln Y_{ij} = a_1 + a_2\ln G_j + a_3\ln A_j + a_4\ln D_{ij} + a_5 FTA + \mu$$

其中 i 表示出口国，j 表示进口国，Y_{ij} 表示某一时期 i 国向 j 国的农产品出口额、G_j 表示 j 国的人口数、A_j 表示 j 国的 GDP、D_{ij} 表示 i 国到 j 国首都的距离、FTA 表示两国是否拥有自由贸易协定。当 FTA = 1 时，代表两国签订了自由贸易协定；当 FTA = 0 时，代表两国未签订自由贸易协定，μ 是随机扰动项。

3.1.2 数据来源及方法

该模型所采用的数据，来自中国及其重要农产品贸易伙伴国在 2010—2020 年的面板数据，具体选择的是 2021 年与中国农产品贸易额排名靠前的 20 名农产品贸易伙伴国进行研究。这 20 名贸易伙伴国分别是美国、越南、泰国、马来西亚、菲律宾、印度尼西亚、英国、德国、新加坡、哈克斯坦、沙特阿拉伯、俄罗斯、阿联酋、新西兰、法国、意大利、巴基斯坦、南非、瑞士和印度。按照 HS 分类中的第一类、第二类、第三类和第四类的总和作为农产品贸易总量。其中数据选取是依据梁书瑞"中国对印度农产品出口潜力的实证研究"里的选取方法，实证检验中所需要的数据分别是中国对出口国的农产品总额 Y_{ij}，样本国的人口数 G_j，样本国的国内生产总值 A_j，中国和样本国之间的距离 D_{ij}，中国与样本国是否同时拥有自由贸易协定，其数据来源均来自世界银行[①]和联合国贸易网站[②]。本书运用 Eviews7.0 对 2010—2020 年中国及其 20 个农产品贸易伙伴国的面板数据进行实证分析。

3.2 引力模型的回归分析

为确保数据的稳定性，本书采用了 Eviews7.0 软件对数据进行 ADF 单位根检验，因为以上数据中距离并非时间序列变量，FTA 属于虚拟变量，因此就不对其进行单位根检验，在检验时我们选取的是 PP-Fisher Chi-square 检验法，若 P 值小于 0.05，就拒

---

① 网址：https://data.worldbank.org.cn/。

② 网址：https://comtrade.un.org/。

绝原假设，表示不存在单位根，该序列平稳，反之则不平稳，检验结果如表3-1所示。

表3-1　ADF单位根检验

变量	PP-Fisher Chi-Square P 值	是否平稳
$\ln Y_{ij}$	0.000 00	平稳
$\ln G_j$	0.000 00	平稳
$\ln A_j$	0.000 00	平稳

从上述检验结果可以知道，上述各个变量在单位根检验时，发现 P 值都等于 0.000 00，说明上述变量都是平稳的，所以不需要做协整检验，回归分析可以采用原始数据。由于本文模型中包含了非时间序列变量 D_{ij} 与虚拟变量 FTA，所以本文没有采取固定效应模型，又因为 FTA 与截面固定效应之间存在共线关系，所以最后本文采取的随机效应模型进行检验，检验结果如表3-2所示。

表3-2　中国与其合作国农产品出口贸易引力模型实证分析结果

变量	系数	t 值
常量	$-7.267\ 95^{***}$	$-3.758\ 98$
$\ln G_J$	$0.449\ 35^{***}$	$2.573\ 26$
$\ln A_J$	$0.536\ 68^{***}$	$6.053\ 25$
$\ln D_{IJ}$	$-0.283\ 54^{**}$	$-1.639\ 57$
FTA_{IJ}	$0.468\ 69^{***}$	$3.176\ 46$
R^2	$0.836\ 01$	
调整后的 R^2	$0.814\ 43$	
F-statistic	$31.178\ 26$	
P 值	$0.000\ 00$	

注："*""**""***"代表该变量在10%、5%、1%的显著水平上通过 T 检验。

通过结果得出，可决系数 R^2 为 0.836 01，表明模型的拟合优度较高，F 统计值为 31.178 26，都通过了显著性检验，因此可得回归方程：

$$\ln Y_{ij} = -7.267\ 95 + 0.449\ 35\ln G_j + 0.536\ 68\ln A_j - 0.283\ 54\ln D_{ij} + 0.468\ 69FTA + \mu$$

该方程表示：在其余条件不变的基础上，当样本国 GDP 每增加 1%，中国对样本国农产品出口贸易量就增加 0.536 68%；中国与样本国的距离每增加 1%，其农产品出口贸易额就减少 0.283 54%；当样本国人口数量每增加 1%，中国对样本国农产品出口贸易额就增加 0.449 35%；若两国同时拥有 FTA，农产品出口额就会增加 0.568%。总体而言，从回归分析方程中可以看出，两国领土距离对中国出口印度的农产品的规模产生负面影响，而样本国的经济规模、人口数量以及 FTA 协定都有着积极效应。

3.3 中国对印度农产品出口贸易潜力的测算

在得到回归方程式后，为了更好地分析中国对印度农产品出口贸易的潜力，我们将把 2010—2020 年中国对印度的农产品出口贸易的数据引入方程，得到了其对贸易额的预测值，再将实际贸易额与预测贸易额之比作为贸易潜力的参考（见表 3-3）。参照梁书瑞（2019）对贸易潜力系数的分类：其中，贸易过度代表贸易潜力有限；贸易可开发表示存在一定的发展空间，要实现更好的合作，必须调整产品结构；贸易不足，说明贸易两国有巨大的贸易潜能，发展空间很大。

表 3-3　贸易出口潜力分类

贸易潜力分类	比值
贸易过度	$K \geqslant 1.2$
贸易可开发	$0.8 \leqslant K \leqslant 1.2$
贸易不足	$K \leqslant 0.8$

数据来源：梁书瑞（2019）《中国对印度农产品产品出口潜力实证研究》广西大学。

通过我们的一个测算，从表 3-4 可以看出，2010—2020 年中国对印度农产品出口贸易潜力值是逐年上升的，这就表明中国对印度农产品出口贸易一直在扩大的，由 2010 年 0.55 的贸易潜力值上升到 2020 年的 0.93，都说明中国对印度的农产品出口贸易合作越来越好。然而，中国对印度农产品出口贸易潜力一直没有超出 1.2，这表明中国对印度的农产品出口贸易仍有一定的挖掘空间。

表 3-4　2010—2020 年中国对印度农产品出口潜力测量

年份	2010	2011	2012	2013	2014	2015	2016	2017	2018	2019	2020
实际贸易额/亿美元	2.87	3.1	3.4	3.76	3.78	3.36	4.26	4.35	3.4	3.13	2.65
预测贸易额/亿美元	5.22	4.08	4.42	6.06	4.85	6.22	9.91	9.67	5.48	4.01	2.85
出口潜力系数	0.55	0.76	0.77	0.62	0.78	0.54	0.43	0.45	0.62	0.78	0.93

3.4 测算结果分析

本书分别从理论和实证分析两个角度对其现状和潜力估计进行了分析，并总结出以下几点：

第一，中国出口到印度的农产品贸易规模不大，导致了在农产品出口贸易国中出现排名靠后的情况。

第二，中国对印度农产品出口贸易存在农产品出口品种单一、过于集中的现象。

第三，运用贸易引力模型分析法，选择了中国和其 20 个贸易伙伴国在 2010—2020 年的数据进行实证分析，实证分析结果表明中国对印度农产品年出口贸易有一定的潜力，2020 年潜力测算值为 0.93，处于 0.8~1.2，目前处于灵活可开发阶段。

综上所述，从以上分析可以得出，中国对印度农产品出口贸易存在一定的问题，从而导致中国对印度农产品出口贸易不大，没有发挥出最大化的潜力，所以中国对印度农产品潜力还是有可供开发的空间的。从表 3-4 可以看出，2010—2015 年中国对印度的出口潜力处于贸易不足的状态，出口潜力比均在 0.8 以下，表明在此期间中国对印度的农产品出口贸易额并未达到理想状态，始终存在贸易不足现象，主要是印度对中国农产品进口实行了高关税政策，限制了中国的出口，导致中国对印度的农产品出口贸易额较小，因此这段时间中国对印度的农产品出口潜力仍然较大。从 2015 年开始，由于印度作为南亚的一个重要枢纽国家，受到中国提出的"一带一路"倡议和"21 世纪海上丝绸之路"的贸易政策的影响，所以在 2016—2020 年，中国对印度的出口潜力有了较好的提升，贸易潜力也达到了弹性阶段，有一定可供开发的空间。中国对印度出口农产品的贸易潜力值在 2020 年已达 0.93，但尚未超过 1.2，这表明中国对印出口农产品贸易呈扩大趋势，且有一定的发展潜力，中国对印度农产品出口贸易的合作有了一个更好基础。

4. 结论与建议

4.1 结论

本文先从相关概念出发，运用数据做支撑从农产品出口贸易的规模、出口贸易结构、出口贸易地位等三方面探讨了中国对印度当前农产品出口贸易现状；接下来通过对贸易引力模型进行潜力测量，通过本文的一个测算发现中国对印度农产品的出口贸易规模较小，存在出口结构单一且集中等问题。此外，测算结果表明，中国对印度农产品出口贸易仍处于贸易可开发阶段，但也存在一些不足。基于上述情况，本文针对中国对印度农产品出口贸易结构和国家之间的合作关系提出三点建议，以推进未来中印农产品贸易的合作共赢。

4.2 建议

4.2.1 加快"一带一路"倡议合作关系的确立

印度作为南亚不可小觑的一国，在古代北方丝绸之路及南方丝绸之路中均扮演着十分重要的角色。从 20 世纪 80 年代开始，印度一直是中国在南亚地区的最大的贸易伙伴，而且现在中国也是印度的最大的贸易合作国，两国的合作贸易具有巨大的潜力及前景。但是在我国所提出的"一带一路"倡议政策中，印度尚未完全属于我国的合作伙伴，印度不仅在南亚经济带中处于核心地位，同样在"一带一路"倡议中也处于一个至关重要的枢纽位置。印度拥有着巨大的市场容量以及消费需求，截至 2021 年 12 月 30 日印度总人口数量达到 14.002 3 亿，仅次于中国，是世界第二大人口国家，并且皮尤研究中心数据显示，2020 年印度贫困人口占其中人口的 9.7%，表明印度的农产品市场潜力巨大。因此，努力促进中印两国在"一带一路"倡议中合作伙伴的建立，不仅可以改善我国农产品出口贸易的缺口，能便利中印发展战略的衔接，而且能加深人文交流，加深传统友谊，推动边境等历史遗留问题的妥善处理。

4.2.2 增强中印双方之间的政治互信

中印关系在漫长的历史长河中显示出扑朔迷离的状态。一方面，中国成为印度最大的贸易伙伴，两国的经济得到了很好的发展；另一方面，双方边境问题也让两国政治信任持续下滑。继 2017 年的中印洞朗对峙事件之后，在 2020 年中印又一次爆发了边界冲突。所以，为了适应两国的根本利益，为集中力量发展中印经济，调动所有的资源为经济和社会发展服务，势必要维持国内国际一个统一的环境，不管是发展经济，还是维护国内稳定，都将成为两国的首要任务。因此增强双方的政治互信，是中印关系稳定发展的一个重要基础。

4.2.3 优化中国对印度农产品出口结构

从本文第三部分的分析可以看出，在农产品出口方面，贸易集中程度高，品种结构较为单一，出口贸易规模相对较低的情况下，中印农产品出口贸易结构出现了较大的不平衡，因此我国应该调整一下对印度农产品出口的市场结构。从上述分析中我们可以看出，我国对印度出口的农产品类别主要是第四类，第一类是出口最少的类别；在 2021 年中出口的主要农产品为 23 章和 13 章，其次出口最少的为第 10 章和第 1 章。因此，我国应对农产品出口结构进行适当调整，增加第一类第 10 章和第 1 章等农产品。为提高与印度市场农产品需求市场的匹配度，我国应根据市场实际需求情况对农产品出口种类进行调整。

案例使用说明

一、教学目的与用途

1. 教学目的

通过对本案例的学习和研讨，使学生了解中国对印度农产品出口贸易的现状，培养学生运用所学知识分析研判对外实物贸易实际问题的能力，初步了解国际经济与贸易专业本科毕业论文的写作。

2. 教学用途

本案例主要适用于国际经济与贸易专业的国际贸易学课程，也适用于中国对外贸易课程。

二、启发性思考题

1. 本案例是从哪几个方面分析中国对印度农产品出口贸易现状的？
2. 本案例是如何测算中国对印度农产品出口贸易潜力的？
3. 本案例的主要研究结论是什么？
4. 除了案例中已经给出的建议，你还能提出别的建议予以补充完善？

三、背景信息

中国和印度都属于农业大国，地理位置相近，商品运输成本相对低廉，两国的农产品贸易应该是有比较大的规模，然而中国和印度的农产品贸易却不是这样的。中国是当今世界上最大的农业国家，在世界贸易中也长期处于农产品贸易前列。海关总署2021年度的数据显示，2021年1—9月，我国进出口货物总值达4.37万亿美元，其中农业总产值达2 150亿美元，在进出口货物中所占比例为5%，位列世界农产品出口国第三、进口国第一。然而中国对印度农产品的进出口总额为28亿美元，在中国农产品进出口总额中只占1.3%。其次中国进口和出口印度的农产品分别为26亿美元和1.99亿美元，在中国农产品进口和出口中所占比例只有1.7%和0.3%。从上述结果可以看出，中国进出口印度的农产品贸易进出口额其实比我们的理想状态要少，而这种贸易缺口就反映出两国在农产品进出口上存在一定的提高空间，同时隐含着两国在农产品贸易上还存在着一定的潜力。

从现有的研究现状来看，国内通过引力模型对贸易潜力的研究较为成熟，但是对中印农业贸易潜力的研究相对匮乏，在国外更是难以找出相关文献资料。因此，本文对中印两国的农产品贸易现状进行了定性分析，这能准确把握中印农产品贸易的特点，并从定量的角度对中印农产品贸易潜力进行实证分析，对两国农产品贸易的影响因素，可以从多个方面进行分析，这在一定程度上丰富了中印两国之间贸易的研究，不仅为两国农产品贸易的进一步发展提供了理论上的借鉴，而且为两国加强农产品合作提供了一定的现实意义。

四、案例分析思路及要点

1. 案例分析思路

以中国对印度农产品出口贸易潜力为研究对象,在介绍了相关概念和模型之后,对中国对印度农产品出口的现状进行了阐述,在此基础上利用引力模型对中国对印度农产品贸易潜力进行了测算,最后基于实证研究结果提出了促进中国对印度农产品贸易的对策建议。

2. 需要学生识别的关键问题

中国对印度农产品出口贸易现状分析,用引力模型进行测算的计量分析技术,相关的对策研讨。

3. 主要研究结论

中印同属农业大国,应当有较大的规模,但是两国农产品贸易实际规模比较小,存在出口规模增速较慢、出口结构单一等问题。总体来说,与理想中的农产品贸易相比,中国对印度当前的农产品出口贸易规模要小一些。依据中国与 20 个农产品贸易合作国在 2010—2020 年的面板数据,通过对贸易引力模型进行潜力测量发现:中国对印度农产品的出口贸易规模较小,但有一定程度的增长,中国对印度农产品出口贸易目前处于可开发阶段,建议加快"一带一路"倡议与印度合作伙伴的建立,提升中印两国政治互信,为促进中国对印度农产品出口贸易规模调整出口贸易结构等。

五、理论依据与分析

1. 绝对优势理论

绝对优势理论亦称"绝对成本理论""绝对利益说",它是由英国古典经济学家亚当·斯密于 1776 年在其《国民财富的性质与原因的研究》一书中提出的。该理论认为国际贸易的原因是国与国之间的绝对成本的差异,如果一国在某一商品的生产上所耗费的成本绝对低于他国,该国就具备该产品的绝对优势,从而可以出口;否则应进口。各国都应按照本国的绝对优势形成国际分工格局,各自提供交换产品。该理论解释了产生国际贸易的部分原因,但不能解释各种产品生产上都具有绝对优势的国家与不具有绝对优势的国家之间的贸易往来。

2. 比较优势理论

大卫·李嘉图在其代表作《政治经济学及赋税原理》中提出了比较成本贸易理论,后被人称为"比较优势理论"。比较优势理论认为,国际贸易的基础是生产技术的相对差别(而非绝对差别),以及由此产生的相对成本的差别。每个国家都应根据"两利相权取其重,两弊相权取其轻"的原则,集中生产并出口其具有"比较优势"的产品,进口其具有"比较劣势"的产品。比较优势理论在更普遍的基础上解释了贸易产生的基础和贸易利得,这同时也大大发展了绝对优势理论。

3. 贸易潜力

贸易潜力指的是贸易实际值与理论值的比值,表现了双方实际贸易与理论贸易的偏差。通过引力模型计算双边贸易潜力，将相关数据纳入回归方程得出双边贸易的预测值，并将其与双边贸易实际值进行比较来进行估计。如果实际值与预测值的比率大于等于 1.2，则两国（地区）之间的贸易称为"潜力再造型"，表明双边贸易处于充分状态。建议寻找新的贸易增长点，以进一步促进双边贸易；当比率大于等于 0.8 且小于 1.2 时，称为"潜力开拓型"；当比率小于 0.8 时，称为"潜力巨大型"，这表明双边贸易仍然有很大的市场可以开拓。

4. "一带一路"倡议

"一带一路"是"丝绸之路经济带"和"21世纪海上丝绸之路"的简称，2013年9月和10月由中国国家主席习近平分别提出建设"新丝绸之路经济带"和"21世纪海上丝绸之路"的合作倡议。依靠中国与有关国家既有的双多边机制，借助既有的、行之有效的区域合作平台，"一带一路"倡议旨在借用古代丝绸之路的历史符号，高举和平发展的旗帜，积极发展与相关国家的经济合作伙伴关系，共同打造政治互信、经济融合、文化包容的利益共同体、命运共同体和责任共同体。

六、教学组织方式

1. 素材导入

教师播放相关视频或新闻，并提出问题，创设教学情境，激发学生的好奇心和探究主动性。

2. 预习定标

在教师创设的情境目标的指引下，学生课下自主学习，确定学习目标，较复杂的课由教师和学生共同确认目标。

3. 合作达标

在学生自主学习、独立思考的基础上，尚不能自行解决的问题，通过"生生互动、师生互动、组组互动"，相互合作，相互交流，共同研讨，共同提高。

4. 互动展示

学生可根据教师的分工，把小组合作研究的问题利用各种方式向全班展示，教师随时进行引导、点拨、强调、提升，以帮助学生拓宽知识面、加深对案例的理解和运用。在此过程中，教师应及时对学生及小组的表现加以肯定，增强学生的学习信心。

5. 小结强化

教师用简短的语言对一节课所学知识概括总结，形成知识框架，强化学习目标。

6. 写作总结

以此为范例，让学生了解国际经济与贸易专业本科论文的组成部分，各部分篇幅的安排以及写作方式。

七、案例的后续进展

本案例可持续更新，收集中国对印度农产品出口贸易的最新状况，也可由学生按照本案例关于中国对印度农产品出口贸易影响因素的分析跟进最新的研究进展，进一步丰富和完善案例，或者创造性地提出新的影响因素。

八、其他教学支持材料

一是计算机支持。可列出支持这一案例的计算机程序和软件包，它们的可得性，以及如何在教学中使用它们的建议或说明。二是视听辅助手段支持。可收集能与案例一起使用的电影、录像带、幻灯片、剪报、样品和其他材料。三是 Excel 计算表格。在做数据统计等工作时可使用该软件。

广西与东盟国家以贸易便利化促进贸易流量发展案例

攀枝花学院经济与管理学院

唐宇　龙云飞

摘要： 伴随国际贸易的快速发展，贸易便利化已经成为国际贸易关注的重点，在国际贸易中有着至关重要的地位。其中，广西具有独特的地理位置，不仅与东南亚国家陆海相连，还在"一带一路"倡议、西部陆海新通道中具有重要的意义。因此，本文以贸易便利化为切入点，结合中国广西与东盟的国际贸易现状，先分析了贸易便利化对于贸易流量的影响，然后通过阐述广西与东盟的贸易现状及便利化，进而梳理其分别存在的问题，再总结了国内其他地区可借鉴的成功经验后，最后针对广西贸易便利化存在的不足之处以及如何利用贸易便利化解决贸易发展存在的问题，提出加快广西口岸基础设施建设，完善多层次金融服务体系、创新边境贸易监管服务等对策，促进广西-东盟之间贸易流量的发展。

关键词： 贸易便利化；广西与东盟；贸易流量

随着世界各国之间的贸易往来越来越紧密，贸易规模也不断扩大，经济之间的联系也越来越密切。一方面，传统关税及非关税壁垒等措施对区域贸易的阻碍变弱；另一方面，不完善的基础设施、复杂的通关手续和程序、重复提交的文件和数据、不明确的贸易跨境规则等现象导致贸易的低效率，不仅增加了贸易双方的交易成本，还加大了贸易的风险，在一定程度上影响了国际贸易的发展。贸易便利化在国际贸易中的作用日益加剧，因此，在国际贸易中，我们要更加重视贸易便利化问题，寻找提高贸易便利化水平的有效措施。中国与东盟推进自由贸易区建设已经有十多年，双边已经出台了很多改善经贸环境和提高便利化水平的政策，但仍存在中国与东盟各国的基础设施、营商环境、金融环境的不同以及一些机制性、技术性的障碍。现以广西为对象，研究广西的贸易便利化对广西与东盟之间贸易流量的影响，分析二者之间存在的问题，并针对问题提出促进广西贸易便利化的对策建议，不仅有利于广西与东盟各国之间的经济发展和对外贸易，还能为其他省份提高贸易便利化提供借鉴意义。

1. 广西与东盟各国贸易流量现状及问题

1.1 广西与东盟各国贸易流量现状

1.1.1 广西-东盟贸易总量日益增大

由于中国-东盟的贸易合作关系越来越紧密，广西也借此机遇努力发展与东盟贸易合作，东盟也已经连续二十多年成为广西最大的贸易伙伴，两者之间的贸易总量也在日益增长。

如表 1-1 所示，2010—2019 年，广西与东盟的双边贸易额逐年上升，增速却因为基数的变大而逐渐减缓，广西与东盟的贸易总额在广西对外贸易总额中的占比也呈上升趋势。2019 年广西与东盟的双边贸易额是 358.791 1 亿美元，是 2010 年的 5 倍多，占比也从 2010 年的 36.86% 上升至 2019 年的 49.73%。随着中国与东盟各国经济水平的不断发展和各种政策的促进，广西与东盟各国的经贸合作将会更加密切，贸易额也会持续增长。

表 1-1　广西对东盟进出口总额现状　　　　　　金额单位：亿美元

年份	广西-东盟的进出口总额	增速/%	广西进出口总额	东盟在广西进出口总额中的占比/%
2010	65.255 9		177.060 9	36.86
2011	95.582 3	46.6	233.308	40.97
2012	120.486 5	26	294.736 9	40.88
2013	159.147 5	32.1	328.369	48.47
2014	198.860 1	24.9	405.530 5	49.04
2015	290.134 4	45.9	512.621 5	56.60
2016	282.070 9	1.6	487.232 4	57.89
2017	291.047 9	3.7	594.181 9	48.98
2018	316.811	6.3	631.121 8	50.20
2019	358.791 1	13.3	721.485	49.73

数据来源：广西统计局（广西统计年鉴）。

在进口方面，从表 1-2 可以看出，广西对东盟的进口总体上也呈逐年增加的势态，其中对越南的进口最多，增速也比较快，从 2010 年的 10.493 5 亿美元上升到 2019 年的 84.420 3 亿美元；进口第二多的是泰国，从 2010 年 1.725 7 亿美元到 2019 年的 44.096 8 亿美元，增长了 25 倍之多；接下来依次是印度尼西亚、马来西亚、菲律宾和新加坡，虽然总量也在增加但波动都较大，至于剩下的柬埔寨、老挝、文莱、缅甸四国因其数据太小这里就不列出来，下文的出口情况也一样。

表 1-2　广西对东盟各国的进口现状　　　　　　　　　单位：亿美元

年份	越南	泰国	印度尼西亚	新加坡	马来西亚	菲律宾
2010	10.493 5	1.725 7	4.138 7	1.413 5	1.370 5	0.193
2011	16.134 2	1.083 3	6.429	0.945 2	1.834 2	0.767 9
2012	14.557 4	0.788 0	6.634 6	1.633 3	2.338 1	1.144 2
2013	12.629 7	2.848 7	8.330 4	2.285 8	5.771 5	1.211 9
2014	10.391 2	4.251 4	4.861 4	1.568 8	3.106 8	3.042 2
2015	67.196 8	13.398 9	3.677	1.136 2	5.334 5	3.646 5
2016	103.438 8	16.399 2	2.983 8	1.184 3	3.035 5	1.755 0
2017	106.988 2	3.849 3	6.364 8	1.641 8	4.723 3	3.550 4
2018	93.320 2	11.206 2	6.683 2	1.493 1	6.806 3	2.686 8
2019	84.420 3	44.096 8	6.117 3	1.363 2	4.424 5	2.549 7

数据来源：广西统计局（广西统计年鉴）。

如表 1-3 所示，在出口方面，越南是广西在东盟十国中最大的出口国，而且增长幅度很明显，从 2010 年 40.788 亿美元上涨至 2019 年的 185.122 7 亿美元，至于出口第二大的国家则一直在新加坡、马来西亚、印度尼西亚和泰国四国之间波动，但相对而言还是对新加坡的出口更多，增幅也最大，2010—2019 年增长了 8 倍多，而广西对菲律宾近 10 年来的出口总量变化不是很大。

表 1-3　广西对东盟各国的出口现状　　　　　　　　　单位：亿美元

年份	越南	泰国	印度尼西亚	新加坡	马来西亚	菲律宾
2010	40.788	1.173 5	0.842 2	0.978 4	1.202 7	0.590 4
2011	59.611 8	1.613 9	3.299 4	1.101 9	1.174 3	0.713 9
2012	82.714	2.258 4	4.489 3	0.787 2	1.384	0.799 5
2013	114.344 7	2.064 2	1.894 1	4.317 5	1.880 2	0.714 3
2014	152.986	1.534 9	5.438 5	7.041	2.088 6	1.073 4
2015	179.203 2	2.532 6	1.475 7	7.092 1	1.388 7	2.146 8
2016	140.796 1	2.241 5	1.665 9	3.765 9	1.771 9	1.481 2
2017	142.936 2	3.300 8	3.979 7	6.204 6	2.745 5	3.127 1
2018	175.522 3	2.895 5	3.674 9	5.266 7	3.981 3	1.256 7
2019	185.122 7	4.882 5	5.547 9	8.154 7	8.466 3	1.673 2

数据来源：广西统计局（广西统计年鉴）。

1.1.2　广西-东盟贸易国别集中度高

随着广西与东盟各国经贸合作的不断加强，广西与东盟各国之间的双边贸易额也不断增加。东盟虽然是广西最大的贸易伙伴，但广西与东盟各国的贸易量分布得并不均匀，且呈现出贸易国别过度集中的现象。从表1-4可以看出，东盟十国中广西最大的贸易伙伴是越南，且2010—2019年越南一直都是广西最大的贸易伙伴，在东盟十国中占比达到了80%左右。出现这种情况是因为广西与越南经济发展水平相似，具有较强的贸易互补性，比如越南有丰富的煤、铁、锰、铝等矿产资源，广西正好缺少这些矿产资源。此外，广西有较成熟的矿产开采技术和施工团队，双方可以合作满足各自所需，且两地地理位置相邻，有1 000多千米的边境线，加之中越双方为推动合作提出了很多贸易优惠政策，广西与越南也因此在边境贸易上往来非常频繁。仅次于越南的就是泰国、印度尼西亚、马来西亚、新加坡几国，虽然这几个国家的贸易额与越南相比差异很大，但在这十年间的贸易额增速还是比较快，特别是泰国，从2010年的2.899 2亿美元上升至2019年的48.979 3亿美元，足足增长了19倍。随着广西和东盟经贸关系的继续深入，这些国家与广西的双边贸易额一定还会有更大的增长。柬埔寨、老挝、缅甸、文莱四国因为经济发展水平较落后，与广西的贸易额虽然不是很大，但仍然能看到明显的增幅。

表1-4　广西对东盟十国的进出口总额现状　　　　单位：亿美元

年份	越南	印度尼西亚	新加坡	马来西亚	泰国
2010	51.281 5	4.980 9	2.391 9	2.573 1	2.899 2
2011	75.746	9.728 4	2.047 1	3.008 4	2.697 2
2012	97.271 4	11.123 9	2.420 4	3.722 1	3.046 4
2013	126.974 4	10.224 5	6.603 3	7.651 7	4.912 9
2014	163.38	10.3	8.61	5.2	5.79
2015	246.4	5.15	8.23	6.72	15.93
2016	244.234 8	4.649 4	4.950 2	4.806 6	18.640 6
2017	249.924 5	10.344 6	7.846 5	7.468 8	7.150 1
2018	268.843 9	10.358	6.759 8	10.787 6	14.041 7
2019	269.543	11.665 2	9.517 8	12.890 8	48.979 3
年份	菲律宾	柬埔寨	老挝	缅甸	文莱
2010	0.783 3	……	……	……	……
2011	1.481 7	……	……	……	……
2012	1.943 7	0.21	0.095 2	0.625 2	0.026 7
2013	1.926 1	0.295 5	0.153 9	0.365 5	0.039 8
2014	4.12	0.437 2	0.644 6	0.365 6	0.039 8
2015	5.79	0.442 5	0.136 1	1.317 7	0.009
2016	3.236 2	5.2	2.63	2.22	0.05
2017	6.677 5	4.36	3.26	2.73	0.3
2018	3.943 6	3.82	6.17	3.35	0.17
2019	4.223 0	……	……	……	……

数据来源：广西统计局（广西统计年鉴）。

1.1.3 广西-东盟商品结构比较单一

广西与东盟的国际贸易在贸易结构上具有一定的相似性，在两者的进出口商品中很多商品都存在相同性。因此，广西与东盟在商品结构上存在明显的竞争关系，广西主要向东盟出口的产品有机电产品、农产品、传统劳动密集型产品等，向东盟进口的产品有农产品、机电产品、矿产品、原油等。与此同时，广西和东盟在资源禀赋上存在一定的差异性，东盟丰富的原油、橡胶、煤炭等自然资源都是广西欠缺的，产业结构上也存在互补性。随着东盟与广西更频繁的贸易往来，广西一直致力于优化与改善进出口商品结构，推动高附加值、高技术含量以及深加工商品的出口。据南宁海关发布的数据，2019年广西出口机电产品达1 309.53亿元，为2010年的5.5倍，占该年广西出口贸易总值的50.4%；出口高新技术产品达538.34亿元，占广西出口贸易总值的20.3%；出口农产品达130.23亿元，比上一年降低了6.7%；而广西进口农产品306.9亿元，比上年降低了14.3%。

1.1.4 广西-东盟贸易方式以边境小额贸易为主

在贸易方式上，广西与东盟之间主要贸易方式是边境小额贸易，其次分别是一般贸易、其他贸易和海关特殊监管区物流货物。如表1-5所示，从2016—2019年的数据中可以看出，广西与东盟之间的贸易方式中边境小额贸易占比最大，占比基本上都在40%以上，而且呈现逐年上升的趋势。此外，一般贸易也在逐年上升，海关特殊监管区域物流货物虽然总体上也呈上升趋势，但波动幅度较大，而其他贸易则逐年下降。在贸易方式中再细分到国别来看，越南在广西与东盟进出口商品总值中占比最大，平均占比为80%，紧随其后是印度尼西亚、新加坡、马来西亚、泰国、菲律宾，但都有上升趋势，特别是泰国，从2016年的30.25亿元增长到2019年的318.71亿元，增长幅度达到10倍，与这几个国家相比，柬埔寨、老挝、缅甸、文莱四国的变化并不大，柬埔寨和老挝甚至呈下降趋势。由此可以看出，广西与东盟的贸易中对边境贸易的依赖度很高。

表1-5　广西-东盟贸易方式现状　　　　　　　单位：亿美元

年份	2016年	2017年	2018年	2019年
边境小额贸易	786.8	863.31	1 076.2	1 090.81
一般贸易	152.13	250.67	281.75	418.02
其他贸易	667	633.56	541.52	395.37
海关特殊监管区域物流货物	144.3	67.22	—	366.64
合计	1 835.44	1 893.85	2 061.49	2 334.65
边境小额贸易占比/%	42.87	45.58	52.20	46.72

数据来源：广西商务厅。

1.2 广西-东盟贸易流量存在的问题

1.2.1 贸易产品结构不平衡

根据广西统计局公布的数据可以看出，广西与东盟间的双边贸易中占比最大的就是机电产品和农产品及其副产品，这些产品都属于附加值低、技术含量低的劳动密集型产品，缺乏竞争力。广西主要向东盟出口机电产品等低附加值低技术含量的劳动密集型产品，主要进口矿产、石油、橡胶等资源型或广西不能生产的商品，这种互通有无的贸易结构使得广西与东盟之间的产业联系并不紧密，虽然现阶段广西与东盟在进出口商品上具有互补性，但近年来的发展现状表现出这种互补性在减弱，若不及时调整这种贸易结构，一定会阻碍广西与东盟之间贸易流量的进一步发展。

1.2.2 贸易国别过度集中

广西与东盟的贸易活动中还存在贸易国别过于集中的问题。在东盟十国中，越南是广西最大的贸易伙伴，在广西与东盟的进出口贸易中占比达到了80%左右，而其他九国的占比加在一起也才20%，位居第二泰国占比只有10%左右，可见广西与东盟的贸易在国别分布上极度不平衡。当然，这种过于集中的对外贸易让广西出现了严重依赖越南的现象，这种现象会加剧广西对外贸易的风险，因为一旦越南国内发生政治动荡或中越关系发生恶化，广西的对外贸易将因越南的原因而受到巨大打击，影响广西对外贸易的发展。而且越南与广西的贸易结构具有较高的相似性，除了在自然资源型产品上还保持一定的互补性外，其余商品的互补性都出现明显下降，双方之间的竞争关系也愈来愈高。

除越南以外的新加坡、马来西亚、泰国这几个在东盟国家中经济发展水平较强的国家与广西的贸易额虽然也呈现逐年上涨趋势，但总体所占比重仍然较低，对广西与东盟贸易的影响较低，对广西与东盟之间的贸易展示起不到决定性作用。这种单一的贸易国别结构无疑将限制广西与东盟贸易流量的发展，如果广西能加大力度开放泰国、新加坡、马来西亚等国家，获取与这些国家更多的贸易的机会，既可以解决贸易国别集中的问题，还可以推动广西贸易的发展。

1.2.3 边境小额贸易存在一定的隐忧

广西与东盟的贸易方式中，边境小额贸易的占比最多，对广西的外贸一直起着决定性的作用，但这种贸易方式也存在一些问题。第一是广西边境小额贸易的产业链短、集群效应弱。如今，广西边境地区的产业基础较薄弱，没有强有力的产业作为支撑，大多数企业都是"穿岸而过"，很少在广西边境落地建厂加工，而广西并没有以加工生产的方式来发展边境贸易，只是依靠赚取代理报关费来维系发展，除此之外，行业、企业之间还有产业链条短，集群效应弱等现象。第二是边境贸易结算机制还不够健全，建立成熟的银行结算机制对边境贸易的发展具有重大意义。虽然在中国-东盟自由贸易区的背景下，中国积极推动银行在边境口岸建立结算点，但由于边境地区的银行结算业务开展速度跟不上边境贸易的发展速度，广西的边境贸易很多都通过一些不合规的方式进行结算交易，虽然这些结算方式具有方便快捷的特点，但也会因为缺乏正式书面协议和法律保障而发生争端，不仅会给贸易双方带来风险，还会阻碍边境贸易的发展。第三是边境小额贸易管理起来较复杂，容易出现漏洞，这些漏洞会被有心人利用为自己谋利。这些问题都会在一定程度上影响广西边境贸易可持续发展，进而影响广西与东盟之间的贸易流量。

2. 广西与东盟国家贸易便利化的现状及问题

2.1 广西与东盟国家贸易便利化的现状

2.1.1 口岸环境

口岸环境是贸易便利化的一个重要基础指标，广西因其独特优越的地理位置，口岸资源非常丰富，拥有全国第三的开放口岸数量，其中 21 个为国家一类口岸。在公路方面，广西高速公路总里程达到 6 803 千米。县与县之间连通高速的比例达到 96%，其中有 28 条高速公路可以实现到达其他省份、出海口甚至边境，现在已经有 4 个边境口岸与高速公路相连，现如今广西的高速路框架已经基本建成，接下来广西还将继续建设可以直通边境口岸的高速公路，补齐广西沿边地区交通基础设施不完善的短板，更好地促进广西与东盟的贸易合作。在铁路方面，目前广西的铁路总里程约 5 200 千米，其中有 35% 左右为高铁和快速铁路，"五纵五横"的铁路骨架基本形成，其中郑州—凭祥—越南河内可直通越南，南宁—崇左边境铁路正在高速建设中，这条铁路在"一带一路"倡议中和中新南向通道建设中具有交通枢纽的作用，建成后对广西乃至中国都将具有深远的意义。在港口方面，广西具有北部湾港、防城港、钦州港等 11 个港口，全区总吞吐量达到 18.65 亿吨。凭借丰富的港口优势，广西的海运网络遍及世界各地，现在已经与大多数国家或地区建立有港口通航，其中与东盟的越南、新加坡、马来西亚、印度尼西亚等 7 个国家建立了国际运输往来合作，开通定期集装箱班轮航线 47 条，充分发挥促进中国-东盟发展的前沿作用，以海运推动对外贸易的发展。在航空方面，广西共有 7 个机场，航线覆盖了东盟的主要城市，2019 年旅客吞吐量 2 903.7 万人，其中南宁吴圩国际机场也是吞吐量最多的广西一类航空口岸。

2.1.2 海关环境

在贸易壁垒方面，伴随中国-东盟自由贸易区的成立，众多降低或减免关税的措施被提出并实施，二者之间的关税壁垒也被取消，中国与东盟各国之间的合作关系越来越稳定，广西也借此机遇发展与东盟的合作。在海关程序方面，随着广西对外贸易发展的不断壮大，广西也在不断简化海关程序、缩短通关时间。比如，为了提高通关便利化，广西推出了"两步申报"模式，企业不用一次性提交所用的申报信息，只需要先填写 9 项基础信息，就可以完成"概要申报"将货物提走，剩下的信息只要在运输工具申请进境 14 天内补充完整就可以了。中国与东盟还建立了 AEO 地位互认制度，商品检验检疫结果互认制度等措施，这些措施都有利于促进广西与东盟贸易的发展。据南宁海关总署通报，2020 年广西进口整体通关时间约为 5.56 小时，较 2019 年压缩了 57.5%，比全国平均水平快了 36.26 小时，出口整体通关 0.77 小时，压缩 49%，比全国平均水平快了 1.42 小时。

2.1.3 制度环境

政府的行为也会对贸易便利化产生重要的影响，而制度环境就是对政府行为的描述，良好的制度环境会吸引更多贸易机会。在政府决策透明度方面，广西表现出众，根据 2019 年《中国政府透明度指数报告》统计，广西透明度综合报告评估得分为 77.25，取得了第二名的优异成绩，其中政府决策公开和政务公开平台建设得分分别为 80.8 和 88。在政策执行度方面，广西也在不断进步，全面深化"放管服"改革，简政放权，在广西全面实施"证照分离"改革，同时转变政府职能，提倡服务理念，通过官网、微信、微博等平台加大政策宣传力度，提高各类制度、政策的知晓度和落实度。例如，为了促进跨境电商的发展，实施"三合一"集约化通关模式和"39 证合一"登记制度，不断优化广西营商环境，为其提供更大的发展空间。

2.1.4 金融环境

在金融方面，广西近几年来也在努力营造更好的金融环境，特别是深入推进面向东盟的金融开放门户建设，例如加快推进跨境人民币使用改革，开创"政银合作"一站开户新模式，建设中国-东盟金融服务平台等一系列举措。此外，2020 年广西还成立了中马钦州产业园区金融创新试点，此试点的 5 项创新试点业务有利于引导金融资源向自贸实验区聚集，以促进跨境金融服务体系的建设。截至 2020 年 12 月末，中马钦州产业园区仅办理试点业务金额就达到 18.9 亿元，服务实体经济、促进贸易投资便利化的成效非常显现。除此之外，在与东盟的国际贸易中，政府还大力推动人民币的跨区域使用，并在跨境结算、货币交易等金融服务方面取得了不错的成果。在政策的支持下，人民币已经连续几年保持广西与东盟第一大跨境结算货币地位，2020 年，广西与东盟跨境结算量为 681 亿元，占广西与东盟本外币跨境收支的 60%。

2.1.5 电子商务环境

电子商务作为时代发展潮流的产物，广西也积极跟随时代的步伐，大力发展电子商务。在与东盟的开放合作中，广西一直发挥着前沿和窗口的作用，因此电子商务成为广西对外开放的重大突破口。近几年，广西大力实施"电商广西、电商东盟"工程，努力发展与东盟的电商合作，现在已经有南宁和崇左两个国家级跨境电商综合试区。在一系列国家政策的支持下，广西的电子商务也取得了巨大突破，2019 年广西跨境电商进出口交易总额达到 689 亿元，占广西进出口总额的 14.8%。同时，广西还涌现了一大批优秀的跨境电商平台，例如"美美购"、蚂蚁洋货、华南城"东盟购"等，这些平台推动广西的电子商务快速发展，电子商务也已经成为促进广西与东盟之间的贸易增加的巨大动力。

2.2 广西与东盟国家贸易便利化存在的问题

2.2.1 口岸建设有待改进

优越的地理位置为广西提供了丰富的口岸资源，广西也凭借这些口岸在对外贸易中取得了巨大成就，但广西的口岸建设仍存在很多问题。第一是口岸基础设施较落后。广西边境地区主要以山地为主，这种地形、地貌严重阻碍了边境地区的交通建设，导致通往边境地区的道路等级不高，道路质量差，不便于大型货车通行。第二是口岸的配套设施严重不足或存在老化现象。广西的边境口岸中多数存在验货场和储货仓数量不足的现象，不能满足口岸需求，而且一些联检查验设施、装卸车等基础设施不完善，也影响了口岸的通行效率。第三是口岸规划和开放存在不合理现象。虽然广西的很多口岸都在不断加大开放力度，但在开放过程中并没有长远的规划，在管理上也存在不到位的现象，这就出现了口岸效率低、浪费资源的问题。钦州港就是个很好的例子，本该凭借优越位置发挥巨大作用的钦州港，却因为对港口的基础配套设施规划不足出现了很多问题。比如，港口和铁路衔接不到位，有些货物不能直接到达港口，需要用车中转；还有港口内部未全部实现机械化装卸，装卸效率低，在仓库口和堆场上也不能瞒住港口地方正常运行等等，这些问题都严重影响了钦州港整体的运行效率，阻碍了其快速发展。

2.2.2 金融体系不够完善

不完善的金融体系阻碍了广西与东盟贸易的进一步发展，特别是在东盟各国经济实力悬殊的情况下，健全金融体系起着至关重要的作用。由于东盟十国之间的经济实力悬殊较大，各国的金融基础建设参差不齐，加之各国的政治制度不一，法律环境建设也有很大的差异，这些因素不仅会影响广西与东盟建立共同的政治信任，还会影响资本的跨国流动。随着广西与东盟之间贸易流量的增加，相匹配的金融需求也急剧上升，金融体系的欠缺将直接影响广西与东盟之间的贸易便利化水平，进而影响到贸易流量。广西与东盟之间的主要方式是边境小额贸易，虽然现如今人民币跨境结算业务在不断完善，但是目前仍存在办理边贸支付、结算业务的网点少，效率低等现象。此外，随着广西与东盟经济贸易合作的规模不断扩大，双方企业的投资倾向都有所提高，因此对那些可以减小投资风险的金融业务的需求量也增大，可现在广西的金融服务还不够多样性，无法满足越来越多的金融需求。

2.2.3 制度环境还需优化

虽然广西政府的决策透明度在全国已经位居前列，但政府在对制度、政策的执行程度上还存在不到位的现象。例如，政府在行政权力的"放"和"接"之间存在断节，无法无缝衔接；部门权力下放没有完全落实，有些政策应用度不高，政府对企业的承诺兑现也不及时。此外，广西政府职能还没有完全转变，服务能力也有待提高，部分办事点程序还存在冗长复杂的现象，企业办事不能一步到位，这既耽误了企业时间又降低了各部门的工作效率。

3. 广西推动贸易便利化发展的对策建议

从上述的分析中可以看出，广西与东盟之间的贸易便利化还存在很多问题，这些问题都将影响到双方的贸易关系，为了促进广西与东盟的贸易便利化，我们从以下几个方面提出建议及措施。

3.1 加快口岸基础设施建设

基础设施是物质保障，其完善程度将成为制约广西-东盟经济贸易的重要因素。现如今不完善的口岸基础设施建设已经严重阻碍了广西的对外贸易，因此加快广西的口岸基础建设已经刻不容缓，广西应该抓住西部陆海新通道的机遇，结合自身优势打造更好的发展空间。首先，要加强交通基础建设，加大对边境口岸公路、铁路建设的投入，保证每个口岸都有方便快捷的公路接通，完善边境的综合交通网络；其次，要对口岸的配套基础设施，如仓储、堆放场地、查验设施、装卸设备等进行扩充和升级，提高通关效率；最后，要合理安排规划口岸的区域分工以及功能定位，保证口岸的长远发展，同时扩大口岸的开放范围，继续打造更多的国际性口岸。只有这样，广西才能充分发挥丰富的口岸资源的优势，更好地与东盟进行贸易合作。

3.2 完善多层次金融服务体系

完善的金融服务体系可以更好的支撑广西对外贸易，广西应积极引导更多的金融机构在广西发展，为投资者提供更多的融资机会和多样化的金融服务。政府要加强对跨境贸易企业的信贷支持，协助银行等金融机构在广西推出多样化的金融产品，例如信用贷款、流动资金贷款、保单融资等产品，拓宽跨境贸易企业的融资渠道，满足其融资和金融服务需求。同时，还要实现广西与东盟贸易合作的全面可持续发展，还需要加快金融创新，全面落实"政采贷"融资新模式，尝试建立物流金融服务平台，在货物贸易的发展中物流是最重要的环节，因此为物流产业提供更多的资金融通，保险、结算等金融服务，可以为国际贸易的发展打好基础。此外，健全和完善金融法规，努力营造良好的金融环境，吸引更多的东盟企业来广西投资，不断吸引优秀金融人才到广西发展，也可以为广西营造更完善、更便利的金融环境，从而提升广西与东盟的贸易水平。

3.3 创新边境贸易监管服务

在创新边境贸易监管方面，首先，广西可借鉴上海的负面清单模式，全面落实边民互市贸易负面清单制度，结合自己独有的"口岸直提，属地施检"监管模式，借助中国-东盟边境贸易凭祥（卡凤）国检试验区的优势，不断提升边境贸易监管服务水平、完善边境贸易监管制度、提高通关效率，以营造更好的边境贸易环境，助推广西与东盟双边贸易的发展。其次，广西可以加大力度推行"边民合作社+边境落地加工"模式，借助政策的扶持吸引更多企业在边境建造工厂发展加工贸易；同时，进一步完善边境检验检疫方式，对重点商品进行分类管理，提高监管效率。除此之外还可以通过设立互市商品试点，实施互市贸易"集中申报、整体通关"模式，利用互市试点大力发展与东盟的货物贸易，不断提高广西与东盟的贸易质量。最后，在边境监管上广西还要加强与东盟国家的合作，在海关制度、监管措施上相互交流，促进海关信息的交换，提高海关监管的有效性。

3.4 加快国际贸易"单一窗口"建设

"单一窗口"已经在国内很多自贸区推行实施，虽然广西也借鉴天津建立起"单一窗口"，但广西还应该继续升级对国际贸易"单一窗口"的建设，将其与大数据、区块链等新技术融合，将"单一窗口"密切融入海港口岸和公路口岸中，实现通关无纸化、信息化和电子化。同时，广西可以新增跨境物流协同服务平台，将过境车辆的申报、备案等流程也转为线上办理，以节约企业和运输车辆的时间；还可以实现物流信息共享，进一步提高跨境物流水平和通关效率。借此平台，广西不仅可以与西部陆海新通道建设相融合，促进广西的"单一窗口"与西部陆海新通道沿线国家的国际合作；还可以参与中国与东盟"单一窗口"合作试点，使广西的"单一窗口"与东盟各国的"单一窗口"之间拥有更多的合作机会，从而实现与东盟各国物流信息互联互通、信息共享，有效压缩跨境贸易时间和成本，提高广西的通关效率和跨境贸易便利化水平。

3.5 完善制度环境

在制度环境上，广西仍有进步的空间，为此广西应借鉴天津自贸区的经验，转变政府职能，全面进行"放管服"改革。首先，广西要明确政府的职能定位，提高政府的服务意识和窗口工作人员的个人素质和工作效率，尽快实现企业办事在一个窗口就可以统一办理，节约企业办事时间；解决部门职能交叉、重叠等问题，简政放权，衔接好"放"与"接"，避免出现断层影响整体效果。其次，广西可以拓宽企业与政府间的沟通渠道，实现企业和政府的有效沟通，以便及时发现问题并解决；还可以建立公众监督平台，对政府的执行效率和政策落实度进行监督，避免政府在执行政策时出现落实不到位或者效率不高等问题，同时统一公共政策信息发布平台，利用微信公众号、微博等渠道对政策或者制度等进行统一宣传，使得企业能够更快更详细地了解到最新的政府信息，及时抓住发展机会或者降低风险。最后，广西还要依托中新合作、中马泰合作，对新加坡、马来西亚、泰国等国家加大贸易开放度，缓解贸易国别过度集中的问题，加强广西东盟双边产业合作，增强与东盟各国的贸易互补性，同时广西还要加大对高新技术领域的投入，提高广西各产业技术水平，借助高新技术提高产品技术含量和附加值，实现多元化的出口，优化商品结构，确保与东盟贸易的可持续发展。

案例使用说明

一、教学目的与用途

1. 教学目的

通过对本案例的学习和研讨，使学生了解贸易便利化等的基本概念和理论，了解广西与东盟国家贸易发展现状、贸易便利化情况，培育学生独立思考能力和运用所学理论知识分析、解决实际事情的能力。通过案例的研讨，明白并掌握国际贸易流量的影响因素、贸易便利化的影响等内容，同时提升学生的自主学习能力和实践动手能力。

2. 教学用途

本案例主要适用于国际经济与贸易专业的国际贸易理论与国际贸易实务课程，也适用于中国对外贸易、国际结算等课程。

二、启发性思考题

1. 贸易便利化包含哪些内容？贸易便利化如何促进双边贸易发展？

2. 双边贸易中哪些是影响贸易流量的主要因素？

3. 广西与东盟国家双边贸易情况如何？存在着怎样的问题？

4. 广西与东盟国家双边贸易面临怎样的国内国际环境？贸易便利化情况如何？存在怎样的问题？

5. 国内其他地区有哪些贸易便利化经验可供借鉴？如何结合广西与东盟贸易发展情况及相关政策安排，优化完善贸易便利化措施以推动双边贸易发展？

三、背景信息

1. 发展背景

中国与东盟推进自由贸易区建设已经有十多年，双边已经出台了很多改善经贸环境和提高便利化水平的政策，但由于中国与东盟各国的基础设施、营商环境、金融环境的不同以及一些机制性、技术性的障碍，中国与东盟成员国之间的贸易便利化水平还不够高。此外，部分国家的关税水平较高，在海关程序中存在程序繁琐、提交文件数量多、等待时间长等问题，增加了贸易成本，降低了贸易效率，严重影响了经贸合作的开展，这也成为制约中国和东盟之间进一步拓展经贸活动的重要因素。广西拥有独特的区位优势，它地处中国-东盟自由贸易区的中心位置，是华南经济圈、西南经济圈和东盟经济圈的接合部，是我国唯一与东盟既有陆地接壤又有海上通道的省区，也是我国进入东盟最便捷的通道。同时广西还是西部陆海新通道的出海口和重要枢纽，在中国与东盟互联互通建设中发挥越来越重要的作用。

2. 贸易背景

随着"一带一路""西部陆海新通道"和中国-东盟自由贸易区等一系列国家政策

和倡议的发展，广西与东盟的经济贸易合作也发展得越来越好，就广西与东盟近几年的贸易现状来看，贸易总量逐年增加且增速较快，东盟已经连续 20 年成为广西最大的贸易伙伴，两者之间的贸易总量也在日益增长。2010—2019 年，广西与东盟的双边贸易额逐年上升，增速却因为基数的变大而有所减缓，广西与东盟的贸易总额在广西对外贸易总额中的占比也呈上升趋势。2019 年广西与东盟的双边贸易额是 358.791 1 亿美元，是 2010 年的 5 倍多，占比也从 2010 年的 36.86% 上升至 2019 年的 49.73%。随着中国与东盟各国经济水平的不断发展和各种政策的促进，广西与东盟的经济贸易合作在朝着更好的方向发展，当然也还存在贸易商品结构单一和贸易方式不够优化、贸易国别过度集中、基础设施不够完善等问题。

3. 理论背景

根据已有理论，贸易便利化的影响因素很多，各国学者通常根据国际竞争力报告中的数据将贸易便利化的影响因素划分为五个大类，包括口岸效率、海关环境、制度环境、电子商务和金融服务。广西为了更好地促进与东盟的发展也做了很大的努力，并在口岸效率、海关环境、制度环境、电子商务、金融环境几方面都取得了很大的成就，极大的提高了广西的贸易便利化水平，但也存在诸如边境口岸基础设施不够完善、金融服务无法充分满足投资者和对外贸易的需求、监管不到位、制度体系不完善等问题。结合广西与东盟经贸发展情况，广西可充分借鉴上海、广东、天津、福建等自由贸易试验区贸易便利化的经验，深入挖掘广西与东盟双边贸易中贸易便利化的可优化完善的方面，以扩大贸易流量、寻找贸易新增长点。

四、案例分析思路及要点

1. 案例分析思路

首先，在基于广西独特的区位优势使其在中国与东盟互联互通建设中发挥越来越重要作用和贸易便利化改革日渐重要的背景下，为优化广西贸易便利化并促进其与东盟各国之间经济和对外贸易的发展，结合已有的理论知识，梳理贸易便利化的定义、内容和主要因素以及相关理论。其次，分析广西与东盟各国贸易流量的现状，并从贸易便利化的四个维度（口岸效率、海关环境、制度环境、金融与电子商务）阐述广西与东盟国家贸易便利化的现状，进而分析并概括出广西对东盟贸易便利化中存在的问题。最后，通过借鉴国内其他地区的成功经验，结合广西贸易便利化面临的问题，提出能推动广西贸易便利化发展的对策建议。

2. 需要学生识别的关键问题

贸易便利化包含的因素，贸易便利化如何影响双边贸易发展，如何优化贸易便利化政策和措施促进双边贸易发展。

3. 案例教学中的关键知识点、能力点

广西与东盟国家贸易发展情况分析，广西与东盟国家贸易便利化措施及存在的问题，广西与东盟国家优化贸易便利化以促进贸易发展的对策分析。

五、理论依据与分析

(一) 贸易便利化相关概念

世界贸易组织 (WTO) 认为贸易便利化就是简化国际贸易业务中商品流动涉及的信息收集、处理、传输和数据登记、处理手续,即贸易各流程的简化。贸发会议 (UNCTAD) 对于贸易便利化的解释与 WTO 类似,而经合组织 (OECD) 则认为贸易便利化就是对国际商品流动的信息传输过程、支付手段及相关程序的标准化和简化。而联合国欧洲经济委员会 (UN/ECE),则认为贸易便利化就是用一些方法使贸易过程变得更加简便,但要保证贸易过程是在一个透明、高效的环境中进行。此外,亚太经合组织 (APEC) 给出的贸易便利化的定义则是一种措施,这种措施是为了解决和协调贸易过程中程序和管理上的问题,便于商品或者服务在国际的流通。通过阅读各种资料和文献,本文认为贸易便利化就是利用政策、法律法规、削减贸易壁垒等措施使得贸易过程变得更简便、流畅,加快生产要素在各国间流动,同时提高贸易程序透明度和标准化,从而降低企业的交易成本和交易风险,助推国际贸易的发展。

通过总结各国学者和国际组织对贸易便利化的理解,贸易便利化可以分为广义和狭义两种。其中,广义的贸易便利化就是指简化贸易程序达到贸易量增加的效果;狭义的贸易便利化是指在一定的前提下,简化过境手续及程序,对口岸港口进行有效管理,维护贸易正常顺利进行。

(二) 关于贸易便利化的因素分解

贸易便利化的影响因素很多,如图1所示,各国学者通常根据国际竞争力报告中的数据将贸易便利化的影响因素划分为五个大类,即口岸效率、海关环境、制度环境、电子商务和金融服务。

口岸效率可以用来衡量一个国家公路、铁路、港口等口岸基础设施质量和设施的完善程度,口岸效率越高,货物在口岸停留的时间就越短;同比效率低的口岸,企业所花费的成本就越少,风险也会降低,进而直接从贸易便利化方面影响贸易流量。口岸效率分为两个部分,一个部分是口岸的基础设施,即口岸的硬件基础设施质量,包括港口、航空、铁路、公路运输设施的质量和运行效率;另一部分是指口岸的运输服务效率,比如港口的装运负担能力,跟踪和追查能力;等等。

海关环境主要用来表示货物通关时所经历的程序是否复杂,以及监督、管理时是否到位,服务情况的好坏等。通常,方便快捷的海关在贸易便利化方面起着至关重要的作用。海关环境包括海关手续的繁简、海关服务的水平、通关效率和贸易壁垒程度等。

制度环境是指政府营造的适合企业发展的环境,比如是否有标准规范的制度和法律法规、政策透明度高不高等,只有在一个良好的制度环境下,国际贸易才能获得更好的发展。制度环境包括政府制定政策的透明度、法律框架的完善程度、腐败程度、监管制度等因素。

电子商务是用来衡量一个国家信息基础的发展情况,表现为电子商务的普及度和应用率的高低获得新技术的难易程度。随着时代和科技的发展,贸易和网络结合已经成为贸易发展的主要手段，电子商务在国际贸易中的作用也会越来越明显。电子商务环境是指电子商务的普及率和利用率，信息技术相关法律法规等。

金融服务主要用于衡量一国金融领域的规范性和透明度，反映企业所处的经营环境是否有利于自身发展，相关指标包括获取金融服务的难易程度、金融服务的多样性和便利性等。完善的金融服务和良好的交易环境可以为贸易者提供多元化的融资业务、保险业务和国际信用担保等业务，从而促进贸易的发展。

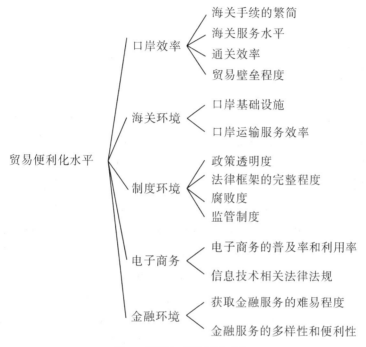

图1　贸易便利化因素分解

（三）贸易便利化促进贸易流量的相关理论

1. 交易成本

交易成本又可以称为交易费用，是指人们为了达成交易而支付给交易对象除了交易费用以外的成本，交易成本包括搜寻成本、信息成本、议价成本、决策成本、监督成本和违约成本六部分。

贸易便利化中的很多衡量指标都会影响交易成本，进而影响国际贸易的发展。如图2所示，在口岸效率方面，完善的口岸基础设施和便捷的交通可以降低企业的运输成本。在海关方面，我国为提高通关效率而实施的通关一体化改革、建立"单一窗口"等举措极大的提高了海关的通关效率，方便货物的快速流通。在制度环境方面，我国建立了高效、规范的进出口商品检验检疫监管服务体系，缩减监督成本。在电子商务方面，我国充分利用电子商务的优势，实现海关业务线上办理，利用电子支付方式缴纳税款，不仅节约了时间，还降低了企业的搜寻成本和信息成本。在金融服务方面，丰富多样的金融服务可以为企业提供更多的融资、投资机会，降低贸易风险，从而影响决策成本和违约成本。在国际贸易中，以上这些因素如果降低了交易成本，即意味着贸易便利化水平有所提高，从而促进一国贸易流量的发展。

2. 区域经济一体化理论

随着社会经济的发展，区域经济一体化已经成为推动区域协调发展的必然要求，它不仅能促进区域内自由贸易的发展，而且能为区域内的国家或地区带来更高的经济效益。区域经济一体化共有六种组织形式，即优惠贸易安排、自由贸易区、关税同盟、共同市场、经济联盟和完全的经济一体化，虽然不同层面的一体化程度不同，但基本上都含有削减贸易壁垒、提高清关效率、缩短通关时间、提高贸易自由度等有利于改善贸易便利化的措施。考虑到论文的整体结构，本文主要阐述关税同盟和自由贸易区理论。

关税同盟是区域经济一体化的一个发展阶段，它具有三个特征。一是完全取消同盟国之间的关税，二是对成员国以外的国家或地区实行统一的关税，三是各同盟国之间是通过协商的方式来分配关税收入，因此此阶段开始具有超国家的性质。简单来说，关税同盟就是取消内部关税、统一外部关税，这种既有自由贸易又有保护贸易作用的结构使得关税同盟可以产生贸易创造和贸易转移两种效益。贸易创造是指关税同盟建立后，由于内部取消了关税，各成员国之间的商品可以自由流通，一些国家就会借助此便利从其他成员国进口生产成本比本国低的商品，同理，如果本国也有比其他成员国生产成本更低低的商品，其他成员国则可以进口此类商品，这样就可以比关税同盟建立前产生更多、甚至新的贸易。而贸易转移效应是指在关税同盟建立前，同盟国如果要进口某种产品，可以从世界各国中效率最高、选择成本最低的国家进行进口，可是在同盟建立后，由于对外实行统一的关税，该国只能在同盟内的成员国内选择成本最低的商品进行进口，如果在成员国进口的商品比在同盟外其他国家进口的商品花费的费用更多，就产生了贸易转移。建立关税同盟可以提高同盟内各国的贸易便利化水平，因为同盟建立后，各成员国之间取消关税、削减了贸易壁垒、简化了通关程序，使得货物能在同盟各国内自由流通，进而促使同盟国的贸易便利化水平得到有效提高。

自由贸易区是区域经济一体化中数量最多的一种形态，几乎遍布世界各地。自由贸易区的着重点在贸易上，即成员国之间废除关税和贸易壁垒，实现货物在区内的自由流通，但各成员国仍然有独立的关税自主权，可以自由的对自由贸易区以外的其他国家制定不同的关税和限制政策。自由贸易区和关税同盟一样（见图2），都是通过取消关税、减少贸易壁垒、实施促进提高贸易便利化的政策来改善成员国的海关环境和制度环境，进而直接提高成员国的贸易便利化水平。以中国的自由贸易区为例，自由贸易区中的很多政策都有利于提高贸易便利化水平，比如简化口岸通关程序、创新监管体系、建设"单一窗口"，实行负面清单管理模式，在金融方面，对自贸区内放松金融，实行金融自由化、完善和丰富金融服务体系等，这些政策都有利于促进国际贸易的发展、增加贸易流量。

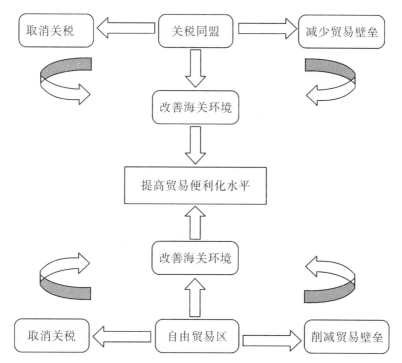

图 2　关税同盟和自由贸易区与贸易便利化水平提高作用机理

六、教学组织方式

1. 素材导入

教师提前准备案例、创设情境，提前发放教材、案例、文献、视频、政策新闻等教学素材，明确学习目标，并给出启发性思考题，由学生进行自学，通过预习思考问题、拓展思维，强化学生自主学习能力。

2. 课堂汇报

由教师与学生协同进行分组，组内进行分工，通过预习达成目标、完成各自任务。课堂中各小组将合作研究的问题向全班汇报，在此过程中，教师也需不断引导、鼓励，对学生及小组的表现予以肯定，激发学生学习的积极性和主动性，增强学生学习的自信心。

3. 互动讨论

小组汇报完成后，可根据研究内容及面临的难题进行拓展性思考，以问题的形式与其他小组学生进行互动，提出问题进而发起讨论，活跃课堂氛围，调动所有学生的学习热情，引导学生自主思考。

4. 总结反思

互动讨论结束后，可由汇报小组、其他小组及教师进行总结点评，汇报小组可根据表现情况和组织方式进行自我评价，其他小组可根据研讨内容和互动形式总结学习情况，教师可根据汇报情况及课堂互动效果进行概括总结。

5. 强化学习

为强化学习目标，教师可针对教学内容及学生学习情况，丰富学习材料、设置拓展性思考题、布置巩固性练习题，各类题目应由学生独立完成，并由教师进行评价，以强化学生对知识点的理解和记忆。

七、案例的后续进展

本案例可持续更新，收集广西与东盟国家贸易发展及贸易便利化措施的最新进展情况，也可由学生结合国际贸易理论、政策及国际结算和跨境人民币结算等内容和学科发展前沿知识进行拓展性研究，进一步丰富和完善案例。

八、其他教学支持材料

一是计算机支持。可列出支持这一案例的计算机程序和软件包，它们的可得性，以及如何在教学中使用它们的建议或说明。二是视听辅助手段支持。可收集能与案例一起使用的电影、录像带、幻灯片、剪报、样品和其他材料。三是 Excel 计算表格。在做数据统计等工作时可使用该软件。

技术贸易壁垒对四川机电产品出口的影响案例

攀枝花学院经济与管理学院

朱艳　陈芳

摘要： 本案例描述了技术贸易壁垒对四川省机电产品出口的影响。如今，经济全球化和贸易自由化程度不断提升，与传统贸易壁垒相比技术性贸易壁垒也越来越普遍。相关统计表明：中国对外贸易遭受的壁垒有80%来自技术性贸易壁垒，技术性贸易壁垒已超越反倾销成为我国出口最大贸易壁垒。作为我国的出口主力军，机电产品受到技术性贸易措施的影响最为严重。短期内，技术性贸易措施会提高发达国家的市场准入门槛，削弱四川省机电产品出口在技术壁垒措施下的竞争力。

关键词： 技术壁垒；四川机电产品；影响

世界上大部分国家都将对外贸易作为发展本国经济的重点，但对于进口的国家来说，维护本国、本地区的经济发展，技术壁垒就成了必要的手段。美国、欧盟、日本等发达国家凭借其在科技、环保、管理等方法面的优势，对市场准入设置了技术标准、法规等技术壁垒措施，导致了四川省机电行业出口的许多产品频繁遭遇国外的技术壁垒。

1. 四川省机电产品出口现状分析

1.1 机电产品出口额总体呈现上升趋势

如表1-1所示，2016年，四川省机电产品出口额为1 398.32亿元，占当年四川省出口总额的71.5%，四川省的机电产品出口额同比增长虽有所下降，但是在出口总额的占比上仍然超过了70%。到了2020年，虽然四川机电产品出口额相比2017年有所下降，但是从2016—2020年的数据来看，四川省的机电产品出口额呈现上升的趋势。总体来说，近些年四川省的机电产品是四川省出口的主力，且连年上升，2020年已占据了80%以上。

表 1-1　2016—2020 年四川机电产品出口贸易统计　　　　金额单位：亿元

年份	四川省机电产品出口额	同比增长/%	四川省出口总额	占比/%
2016	1 398.32	-8.0	1 956.19	71.5
2017	3 818.12	51.6	4 605.88	82.9
2018	2 709.81	35.7	3 334.48	81.3
2019	3 197.42	18	3 893.32	82.1
2020	3 734.58	20.6	4 287.56	87.1

数据来源：四川省商务厅。

1.2　以自动数据处理设备和集成电路为主

从表 1-2 的数据我们可以看出，2016—2020 年四川省出口的机电产品主要集中在自动数据处理设备及其零部件和集成电路及微电子组件，而且出口的占比每年呈现递增的趋势。其中，自动数据处理设备及其零部件从 2016 年的 35.8% 增加到了 2020 年的 43.1%，集成电路及微电子组件也从 2016 年的 7.5% 增加到了 2020 年的 20.8%。但是商品表现出多样性，有线载波及有线数字通信设备、电视机及其零部件、汽车及其零部件、电路开关等保护装置等都有相应的出口，只是这些电产品出口的规模占比比较小，整体变化不大。这也进一步说明了四川省更倾向于出口更加精密且有相当技术含量的零部件，在出口的机电产品中高新技术产品占据机电产品的比重越来越大。

表 1-2　2016—2020 年机电产品出口的种类及占比情况　　　　金额单位：亿元

年份	商品构成	自动数据处理设备及其零部件	集成电路及微电子组件	有线载波及有线数字通信设备	电视机及其零部件	汽车及其零部件	电路开关等保护装置
2016	出口	700.95	146.96	52.45	30.75	24.05	22.62
2016	占比/%	35.80	7.50	2.70	1.60	1.20	1.20
2017	出口	915.35	415.73	105.55	31.19	24.81	24.46
2017	占比/%	36.10	18.00	4.20	1.20	1.00	1.00
2018	出口	1 286.69	621.47	77.53	18.71	87.99	57.19
2018	占比/%	38.60	18.60	2.30	0.60	2.60	1.70
2019	出口	1 497.4	823.6	35.3	26.6	79.8	57.6
2019	占比/%	38.50	21.20	0.90	0.70	2.10	1.50
2020	出口	2 007.4	970.2	34.5	35.8	88.8	51.9
2020	占比/%	43.10	20.80	0.70	0.80	1.90	1.10

数据来源：四川省商务厅。

1.3　以一般贸易和加工贸易为主

从 2016—2020 年来看，四川省的出口方式主要以一般贸易和加工贸易为主（见

图 1-1），一般贸易和加工贸易一共占据了 80% 以上，其中，加工贸易占比总体呈上升趋势，且加工贸易上升最快。从图 1-2 可以发现，加工贸易从 2016 年的 48.1% 增加到 2020 年达到了 59.1%；一般贸易的占比逐年减少，从 2016 年的 39% 下降至 2020 年的 21.7%。其他贸易在 2016—2020 年占比在 10%~20%，变化不大。由此可以说明加工贸易是四川省各个企业比较喜欢的国际贸易方式，以后四川出口将会更加倾向于加工贸易。

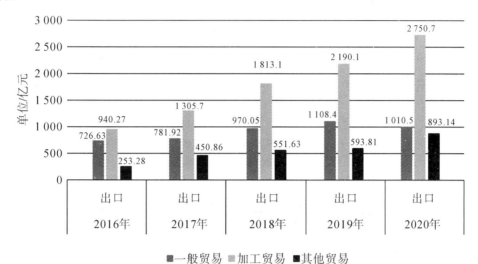

图 1-1　2016—2020 年四川机电产品出口贸易方式

数据来源：四川省商务厅。

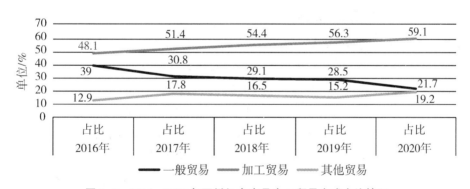

图 1-2　2016—2020 年四川机电产品出口贸易方式占比情况

数据来源：四川省商务厅。

1.4 出口市场集中，依赖性强

从图 1-3 中我们可以看出四川省在 2016—2020 年的出口市场主要集中在美国、欧盟、东盟、中国台湾、中国香港、日本和韩国等地区。其中，欧美市场占比更大一些，但是亚洲市场也占到了 40% 以上。相较于欧美市场，亚洲市场呈现出逐年递增的趋势，可以看出，亚洲市场极有可能超过欧美市场进而成为四川省机电产品出口的主要市场。从图 1-3 中我们也可以看出，四川省也有出口到其他市场，包括中东地区和澳洲市场等。

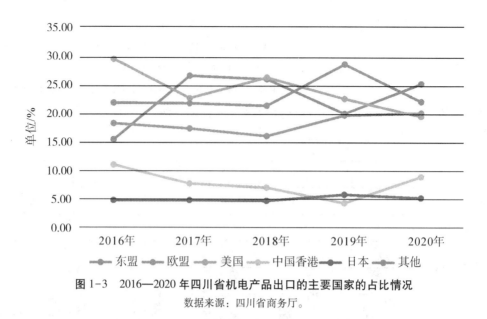

图 1-3　2016—2020 年四川省机电产品出口的主要国家的占比情况

数据来源：四川省商务厅。

2. 四川机电产品遭遇技术贸易壁垒的现状

就美国和欧盟市场而言，对计算机及其外围设备的市场准入要求所采取的技术标准包括产品安全、能效和环保等。而四川省出口这些市场所遭遇的技术壁垒主要集中在以下两个方面。

2.1 在产品安全方面遭遇的技术壁垒

根据美国出台的 UL60950 标准，信息技术设备包括商用电气设备的额定电压不能超过 600V。2015 年 7 月 31 日，美国 CPSC 和加拿大共同召回了产自中国的平板电脑（部分产自四川），召回的产品名称为 NIVIDA SHIELD tablet computer，被美国召回数量约 83 000 个，被加拿大召回数量约 5 000 个，召回原因是平板电脑中的铝离子电池存在过热，有导致火灾的风险。2019 年 2 月 14 日，美国 CPSC 对中国出售美国的电源适配器（型号 RKPO-UL052000C）实施召回，其中有 17.6% 的产品产自四川省，其原因是里面的微电子元件达不到技术标准，在接上电源后，会导致该产品的电源过热，从而有造成火灾和烧伤的隐患。在 2020 年 6 月，同样是自动数据处理设备上存在技术上的问题导致了热探测器可能无法在温度升高时启动，从而可能无法向消费者发出火灾警报，因此美国 CPSC 召回了 85 000 件该机械探测器，四川占比 16%。在 2021 年 2 月 12 日，由美国消费品安全委员会（CPSC）召回了型号为 CA-H16WR-W1（哑光白色）和 CA-H16WR-B1（哑光黑色）等电脑机箱，其召回的原因是将 PCIe 立管组件连接到机箱的金属螺丝钉会导致印刷电路板短路和过热，由于电路板的设计问题，可能会造成火灾。

2.2 在能效和环保方面遭遇的技术壁垒

2020 年 3 月 26 日，由欧盟委员会非食品类快速预警系统（RAPEX）对在中国生产出口到德国的照明装置发出消费者警告，其中大部分产自四川省，原因是产品接地设计有缺陷，且不符合欧盟低电压指令和节能的标准，被欧盟强制召回，并退出市场。除此之外，在 2021 年 1 月 15 日，由欧盟健康消费者保护总司，召回了部分由四川省生产的 USB 电源装置，召回的原因是该产品不符合《低电压指令》要求，表现为该产品材料的耐热性不够，其外壳可能变形，使带电部件可触及，从而可能会触摸到带电部件，使用户遭受烧伤或者触电，并最终引发火灾。从表 2-1 可以看出机电产品出口受阻的原因主要是电性能和健康方面。在电性能方面主要是由于产品的能耗高，在健康方面主要是容易污染环境或者给用户的人身安全带来风险。

表 2-1　2019 年欧盟、美国、日本、韩国扣留（召回）机电类产品原因

扣留原因	批次/次	比例/%
人类受到危害	94	15.88
电性能方面	285	83.09
化学性能方面	25	7.42
污染物	58	20.07
品质	18	34.62
机械物理方面	2	33.33

数据来源：中国技术贸易措施网。

以上例子可以看出国外关于机电类的技术标准是很多的，四川省机电产品遭遇的技术壁垒也是比较严重的。所以只有企业和政府充分地了解关于出口机电产品的相关标准和法规，才能更好地避免四川机电产品出口遭受各种技术壁垒。

3. 技术贸易壁垒对四川机电产品出口的影响分析

3.1 不利影响

3.1.1 提高了产品的市场准入门槛

技术壁垒措施是由其他国家指定的，内容庞大复杂且灵活多变，不仅如此，每个国家对相同产品的技术标准和环保要求等方面的规定也不尽相同，所以对于四川省出口企业来说只能按照最高标准来进行产品的生产和把控，但由于每年都会有新技术标准的推出，所以出口企业面临的压力也很大。有了这个高的技术标准后，企业就被迫加大资金的投入去提高产品的质量，这就导致了产品市场的门槛也在不断地提高。

3.1.2 出口产品被扣留或者召回的批次增加

四川省出口的机电产品没有达到进口国家的技术新标准，导致出现不合格机电产品被扣留或召回的现象频繁发生。从表 3-1 可以看出，2015—2019 年在全国机电产品出口中，四川省机电产品的受阻批次达到了全国机电产品受阻总批次的 9% 左右，这对四川省机电产品的出口带来了极其不利的影响。四川省的机电产品的出口在全国排名来看居于中间位置，但是常年遭到美国、欧盟等国家的技术壁垒措施的打压和限制，

这使得四川省机电产品的出口不能得到迅猛的增长，受阻的现象一直没有得到改善。

表 3-1　2015—2019 年美国、欧盟、日本、韩国扣留（召回）机电产品中四川省的占比

年份	全国机电受阻批次	占比/%	四川机电受阻批次	占比/%
2015	626	29.36	65	10.38
2016	466	29.82	38	8.15
2017	461	27.82	43	9.33
2018	443	27.95	41	9.26
2019	489	29.28	48	9.82

数据来源：中国技术贸易措施网。

3.1.3 增加了企业出口成本，削弱了产品的价格竞争力

某些机电产品的技术达不到出口到欧美市场的条件，就会导致生产机电产品的公司不得不加大资金的投入力度以及新产品的研发等。但是这样一来，就会使得产品的成本不断提高，并最终导致产品价格的抬升，进而在国际贸易的出口商便会渐渐失去其竞争优势。从表 3-2 中我们可以看出，在技术贸易壁垒给四川省造成的损失中，机电仪器在 2016—2020 年的占比都达到了 30% 以上，在其他受阻的产品中，机电产品遭遇技术壁垒是最严重的。其主要原因有二，一是技术标准的提高导致研发和生产成本的增加，最终导致出口成本的增加，价格升高竞争力下降，从而导致损失进一步增加；二是没有国外先进的技术，导致产品不能达到新技术标准而无法出口，致使损失增加。

表 3-2　技术贸易壁垒措施给四川省造成的损失占比　　　　　　　　单位：%

行业	2016 年	2017 年	2018 年	2019 年	2020 年
机电仪器	31.6	33.8	30.2	31.4	32.8
化矿金属	23.3	27.8	22.7	26.6	24.3
纺织鞋帽	9.1	7.5	9.5	8.8	8.4
玩具家具	8.3	9.7	9.1	8.1	6.3
塑料皮革	6.1	4.2	7.3	7.5	5.7

数据来源：从质监局对国外技术贸易壁垒措施对企业造成损失的影响整理得出的数据。

3.2 有利影响

对于一些本身有技术和质量问题的机电产品的相关企业来说，技术贸易壁垒能够反向提高它们在机电产品生产方面的技术水平，以达到国际上认可的技术标准。一些国家对技术标准和质量安全及环保标准提出了更高的要求，而其他国家想要进入该市场就必须要达到这些要求，这就直接迫使四川省机电产品生产及出口的企业有必要再提高技术水平和进行技术创新。

此外，技术贸易壁垒也能够促进政府及企业在机电产品方面的质量检测和监管方面的改善。让政府及企业在质量监管方面做到严格把控。

4. 四川省机电产品出口遭遇技术壁垒的原因

4.1 机电产品出口的国家过于集中

四川省机电产品出口的国家和地区主要集中在欧盟、美国、东盟、日本、韩国、中国香港等，这些国家和地区的占比一共达到了70%以上，而这些国家和地区恰恰是技术壁垒标准很严格的国家和地区。所以，对于四川省来说，出口到这些国家和地区就不得不面临最严格的技术壁垒，从最近的五年能够看出，欧美市场和东盟市场仍是四川省机电产品出口的主要市场，而这些市场又是技术壁垒措施的主要发源地。

4.2 企业的技术水平较落后，自主创新能力不足

虽然2016年至2020年四川省大力发展高新技术产业，但是从整体上来说，企业的技术水平是比较落后的。四川省的出口方式主要是以加工贸易为主，而出口的机电产品多数为技术含量不高的加工组装类机电仪器，以资本密集型和劳动密集型产品为主。随着全球机电产品的技术和质量水平的不断提高，四川省的机电产品出口将面临着巨大的压力。

在计算机和电信设备仪器上，有些企业对产品的自主创新能力还有待提高，同时，拥有自主知识产权的机电产品在国际上还缺乏竞争力，大多数出口的机电产品没有掌握其核心的技术，导致产品的关键技术和零部件仍然要依赖于进口。有些机电企业只是从事一些机电加工组装的环节，核心产品出口少，没有办法掌握核心技术，就导致了无法跟上产品的更新速度，最终达不到出口的新技术的标准。导致自主创新能力不足的一个重要原因是企业对研发的投入太少。据调查，在世界五百强企业中，高新技术的机电企业对研发的投入一般占销售收入的5%～10%，有的企业最高达到了13%，而四川省的机电研发投入的经费比例不超过3%。

4.3 对技术壁垒了解不够

四川省机电产品出口的企业大部分对技术壁垒不够了解，对技术壁垒的基本标准不重视以及对国际上的相关标准和法规还缺乏了解，甚至一些中小企业对欧美市场的相关技术标准一无所知，在产品的生产和管理上依然采用企业和行业提供的标准进行生产和出口。技术壁垒本身具有隐蔽性，所以有些技术标准不对外公开，导致有些企业一直持着观望的态度，对国外的技术壁垒新标准无法得到及时的了解，就很难做出适应性的调整，那么最终在出口方面难免会遭受到限制。

4.4 技术标准及法规体系滞后

技术标准是保护贸易的一面旗帜，由于我国在技术壁垒这方面的技术标准和法律法规起步较晚，所以就标准而言，我国的技术标准是要低于国际标准的。在管理方面，有很多标准是按行业和专业划分的。就行业而言，很难及时掌握国外技术更新的动态，无法在短时间内向国内的企业公布这些新技术标准，所以以四川省为例，很多企业只

能按照传统的国内的技术标准进行生产。据统计，我国有 70% 以上的技术标准是达不到国际标准的，所以即使四川省的有些机电企业的技术标准超过了国内的标准，也可能仍达不到国际的出口标准。所以，技术标准和法规体系的滞后也是造成四川省机电产品出口遭遇技术壁垒的一个原因。

4.5 环保意识有待提升

自从我国加入 WTO 以来，我国产品的生产对环保的要求不断提高，近年来还提出了生态文明建设，走可持续发展的道路。以欧美、日本等为首的发达国家也十分注重产品的环保及性能方面的标准，在机电产品上对电磁污染、噪声污染、可回收性等提出了相应的要求。而四川省是在近十年才得到迅速的发展，在面对外国技术壁垒在环保方面的要求时，四川省在机电产品生产标准上的环保意识仍有待提升。

4.6 发达国家的保护贸易主义升温

自从金融危机以来，以美国为首的保护贸易主义抬头。随着我国的经济实力逐渐增强，在近十年，我国的综合实力与美国的差距逐渐缩小，而且在对外贸易方面，我国自 2002 年以来一直保持着顺差。所以，以美国为主的发达国家，为了捍卫自己的领导地位，就采取了各种各样的技术壁垒，限制其他国家机电产品的出口，以维护本国企业的发展和市场的地位。自 2009 年起，欧盟通过能效法规，规定灯具再制造时要融入生态设计理念，这其中就涉及了四川省接近两亿美元的灯具出口。可见，保护贸易也能成为发达国家用来针对性地制定相关的技术壁垒措施的原因。

总之，技术贸易壁垒在未来将会愈演愈烈，作为发展中国家的我们，政府需完善技术壁垒的相关平台，增强企业获取信息以及相关专业人士交流的便捷性，行业协会要极大发挥好中介机构的协调作用，尽可能地帮助出口商跨越技术壁垒的障碍。同时，企业也要提高机电产品的技术含量，再加大机电产品的研发投入，掌握机电产品生产的核心技术，提高拥有自主知识产权和自主品牌的机电产品所占的比重，进而达到国际标准，只有不断地培养企业创新的能力，才能保证我国机电产品在国际市场上的地位。逐步建立和完善以政府为主导，企业、行业协会为主体的多层次预警机制，对国外的技术贸易壁垒新标准进行实时跟踪，并及时发布，早做准备以避免遭受损失。

案例使用说明

一、教学目的与用途

1. 教学目的

通过对本案例的学习和研讨，使学生了解技术贸易壁垒的基本概念和理论，了解技术贸易壁垒对四川省机电产品出口的影响现状，培养学生具备基本的分析问题和解决贸易壁垒对一国出口商品影响的能力。在案例的研讨过程中，通过各个环节逐步培养学生思维能力和自学能力，并注重培养学生运用所学知识分析、解决贸易壁垒问题的能力。

2. 教学用途

本案例主要适用于国际商务的国际经济学和国际贸易理论与实务两门课程。

二、启发性思考题

1. 从指标体系上看，技术贸易壁垒对机电产品的影响有哪些？
2. 技术贸易壁垒对机电产品的危害有哪些？
3. 简述四川机电产品出口遭遇技术贸易壁垒的原因。
4. 如何提高四川（中国出口产品）应对技术贸易壁垒的能力？

三、背景信息

当前经济全球化和贸易自由化程度不断提升，与传统贸易壁垒相比，技术性贸易壁垒已越来越普遍。WTO 通报的技术性贸易壁垒 TBT 数量快速倍增，并已成为发达国家限制发展中国家出口贸易的重要手段。据相关统计，中国对外贸易遭受的壁垒有80%来自技术性贸易壁垒，技术性贸易壁垒已超越反倾销成为我国出口最大的贸易壁垒。由于中国合格评定标准体系、产品技术法律法规体系尚不完善，以及生产技术水平与发达国家相比还有一定差距，中国出口贸易一直受技术性贸易壁垒的影响。中国是机电产品出口大国，机电产品出口是拉动对外贸易出口的第一大产业，在对外贸易中占有重要地位。中国加入世贸组织后，成员国相应降低关税，这本应该有利于中国机电行业出口，但实际情况是新问题不断涌现。随着世界各国都将机电产品出口作为对外贸易的重点，技术性贸易壁垒成为其维护本国或地区利益的重要手段，严重冲击着中国机电行业出口贸易。

四、案例分析思路及要点

1. 案例分析思路

依据分析目的，将四川机电产品遭遇的技术贸易壁垒作为分析研究对象；全面收集技术贸易壁垒和四川机电产品出口的相关资料，并展开数据的分析和处理，做到分析有据可依，同时，重点分析技术贸易壁垒的影响。

2. 案例分析要点

一是技术贸易壁垒的形式，二是技术贸易壁垒对出口贸易的影响分析，三是遭遇技术贸易壁垒的原因分析。

五、理论依据与分析

（一）技术壁垒的相关概念

国际贸易上的技术壁垒（TBT），是指进口商品国家为有效地维护其国家安全、保证其产品质量、维护其生态环境、保障自然资源和人类健康、防止舞弊行为等而采取的一些具有强制性或者不是强制性的科学技术措施、标准，旨在检验这些商品是否符合这些所规定的要求及标准。

但实际上，随着国际贸易的飞速发展，技术壁垒已逐渐成为发达国家制裁发展中国家贸易的一个技术措施，过高的技术标准已经成为发达国家限制国外产品进口的合理的法律借口，严重影响了国际贸易的顺利进行。

1. 技术壁垒的成因

在当今世界经济的全球化以及贸易自由化程度不断提高的大背景下，发展中国家的对外贸易也得到了飞速的改善和发展，而发达国家的对外贸易越来越没有竞争优势。因此，世界上的一些发达国家，不得不利用技术贸易壁垒这一手段，以质量安全、环境保护为由，来限制外国的进口，从而保护国内市场的稳定。近年来，多数发展中国家不断崛起，与发达国家的经济实力的差距也不断缩小。以美国和欧盟等国家为首的发达国家，就利用技术壁垒来差别对待各个国家，打压国外企业、限制进口，以此稳定国内企业的发展。直到今天，技术壁垒的在发达国家中愈演愈烈，已经成为发达国家用来保护本国企业而限制国外企业的重要手段。

2. 技术壁垒的特点

（1）双重性。技术贸易壁垒具有双重性，一方面是指出口国的商品要符合进口国的技术标准、技术法规以及质地、纯度、尺寸和规格等，还包括用途、营养价值等方面的规定，这样做可以起到防止假冒伪劣产品、保护消费者权益、提高产品的质量和保护生态环境的作用。不仅如此在国际贸易如此发达的今天，这样做可以起到促使出口贸易的企业加快技术进步、产品创新和人才培养的作用。另一方面，就是进口国滥用技术壁垒的手段差别对待外国的企业，变相地对不同国家商品的技术标准、安全指标和质量品控等提出更高的要求，导致国外的商品不能进入到国内。并且，进口国常常会对技术壁垒的要求进行变动，导致世界上大多数的国家不能达到进口国家提出的这些要求，从而阻碍国际贸易的正常进行。

（2）复杂性。技术壁垒的复杂性是指其包含的商品众多、领域很广，而且还具有一定的技术指标和技术含量，体系庞大而且灵活多变。

（3）广泛性。技术壁垒涉及的范围是非常广泛的，有的国家为了阻止其他国家贸易商品的进入，而在商品的科学技术、质量、检疫、环保、包装、标签等方面制定了内容庞大且复杂多变的技术法规、标准和合格的评定程序，以此来保护本国企业的发展。

（4）针对性。有些国家利用技术壁垒这一手段针对性地对某些成员国提出过高的技术标准和过分的技术法规，以此来达到阻碍出口的目的。

（5）隐蔽性。技术壁垒的隐蔽性实际上是指某些国家利用技术壁垒的优势，借着保护环境、维护消费者权益等名义实施着限制其他国家商品进口达到维护本国商品顺利进入市场的目的。

（二）理论基础

1. 贸易保护理论

贸易保护理论兴起于 15 世纪，发展于 16—17 世纪，衰落于 18 世纪，20 世纪 30 年代超贸易保护理论出现，在 20 世纪 70 年代新贸易保护理论开始出现。贸易保护理论的发展历程，主要分为四个阶段：传统的贸易保护理论、超贸易保护理论、新贸易保护理论、后危机时代新贸易保护理论。

（1）传统的贸易保护理论。传统的贸易保护理论主要包括重商主义理论与幼稚工业保护理论。重商主义的发展，促进了国际贸易的萌芽。重商主义认为国家财富的象征是金银货币，金银的数量越多，国家就越富有，因此会为了财富的增加，而鼓励出口、限制进口。也就是说，重商主义主张政府干预各国进出口贸易的发展，鼓励政府为了追求本国财富最大化，大力发展出口贸易，限制外国产品的进入。幼稚工业保护理论是由李斯特从汉密尔顿的关税保护理论中发展而来，他认为自由贸易理论是站在全世界的角度来说的，但是对于个别国家来说，自由贸易并未给它带来财富，反而会使它成为受害者。李斯特提出的经济发展阶段论，认为各国的经济发展都要经历原始未开化时期、畜牧时期、农业时期、农工业时期、农工商业时期等发展阶段，如果一国的产业处于农工业时期，且该产业需要国家的政策保护，就会鼓励政府或地区设置一些关税壁垒或非关税壁垒来维护本国产业的发展。

（2）超贸易保护理论。超贸易保护理论出现于 20 世纪 30 年代，是由凯恩斯提出的将外贸理论与就业理论相结合的国际贸易理论，该理论认为出口可以刺激国民经济的发展，而进口贸易收缩国民经济，在进出口贸易中应该保持净出口值不为负。在贸易来往中，一国外贸顺差或逆差对于该国的经济盛衰起着重要的作用。因此，超贸易保护理论认为要保持贸易顺差，国家应该采取一些贸易保护政策，鼓励出口、抑制进口，并将贸易顺差与就业理论联系在一起，主张采用一些宏观政策进行干预，以增加有效需求，扩大就业。这一理论给一些发达国家带来了较大的影响，因而一些国家在提倡贸易自由的同时，针对本国的进口贸易进行一些政策的干预。

（3）新贸易保护理论。新贸易保护理论又被称为"新重商主义"，兴起于 20 世纪 70 年代中后期，石油危机之后各主要工业国家经济陷入"滞涨"的困境当中，国内工业生产率、国民收入生产总值等都处于下降趋势。以保护国内充分就业和国际收支平衡为中心的超贸易保护理论再次发展，代表人物高莱特认为出口不仅可以直接提高一国的国民收入与就业水平，而且可以刺激国内私人投资，增加政府财政收入，进而扩大公共投资对国民收入的增加和就业水平的提高发挥作用。新贸易保护主义理论要求政府保护的产业领域从传统的弱势产业转向一些有优势的产业或"夕阳产业"领域，具体的措施可以多样化。这导致民主、人权、自由等意识形态逐渐成为西方国家进行贸易保护的工具和借口，在实施政策上一些非关税贸易壁垒如技术壁垒、绿色壁垒等便在这些借口下应运而生。新贸易保护主义理论催生了技术贸易壁垒的产生。

（4）后危机时代的新贸易保护主义。后危机时代的新贸易保护主义是在 2008 年金融危机发生以后，基于新贸易保护理论，为了保护本国经济，改变经济疲软状态而产生的。与新贸易保护主义理论相比，贸易保护政策更加多元化，影响也更加广泛。罗灿（2009）基于贸易保护主义的发展轨迹，推演出新贸易保护主义的特点，认为危机后的新贸易保护主义除利用绿色壁垒与技术壁垒之外更加强调社会责任壁垒的功能，同时也加强了对 WTO 相关条款与规则的应用，各贸易国借助于所在的一体化组织加强对自身利益的保护。胡颂（2010）认为金融危机后的贸易保护行为趋向于综合化、精细化且更具有多样性与复合性，与此同时，技术贸易壁垒更加受欢迎。从上文的贸易保护主义理论的介绍中，可以发现维护本国利益、保护本国经济的目的，催生了贸易保护主义的政策，而贸易保护主义政策随着理论的发展而不断发展，技术贸易壁垒是贸易保护政策的产物。

2. 技术差距理论

技术差距理论产生于 1961 年，源于波斯纳在《国际贸易与技术变化》一文中提出的技术差距模型。该理论把技术作为一种生产要素，研究技术差距对国际贸易的影响，认为国与国之间的贸易，有很大一部分实际上是以技术差距的存在为基础进行的。通过引入技术模仿、技术突破的时滞性，说明在创新国和模仿国的两国模型中，创新国成功生产出一种新产品后，在模仿国掌握这种技术之前，具有技术领先优势，可以向模仿国出口这种技术领先的产品。随着专利权的转让、技术合作、外投资或国际贸易的发展，创新国的领先技术流传到国外，模仿国开始利用自己的低劳动成本优势，自行生产这种商品并减少进口。用技术差距理论分析技术贸易壁垒，可以发现技术领先国利用技术水平的差异，设置技术壁垒，而技术落后国面临技术壁垒时，必须要突破技术，否则会由于技术模仿、技术突破的时滞性，难以短期突破，而造成产品的出口额减少，进口国保护本国企业的现象。从技术差距理论分析，可以发现技术贸易壁垒是一种有效的贸易保护手段。

3. 国家竞争优势理论

"国家竞争优势钻石理论""钻石理论"与国家竞争优势理论的含义是一样的。它最早出现在哈佛大学教授迈克尔·波特的一篇名为《国家竞争优势》的文章中，现在是国际贸易理论之一。国家竞争优势理论的出现是基于国家和企业的，这个理论尝试着对依靠什么方式使相对优势的形成和维持进行解释。影响国家竞争优势理论的要素有三个，即生产要素、需求要素和产业要素。生产要素（知识资源、基础设施、人力资源等）也可分为初级要素和高级要素。初级要素是指一个国家的自然资源，高级要素是指社会和个人由于投资和发展而形成的因素。跟初级要素相比，高级要素更能让国家具有竞争优势。需求要素，特殊企业是否能够在国际市场中掌握竞争优势取决于国内的需求要素。波特的观点是，内需对竞争优势有以下影响：一是本地市场对工业产品的需求大于海外市场，那么就形成了规模经济，对本土这个产业在国际上形成竞争优势有很大的帮助。二是如果国内市场对消费者需求有较高的要求，那么有益于相关产业在国际竞争中提高优势。原因是成熟、挑剔的消费人员对产品品质、功用及服务等方面提出的要求使得本土企业在改进上承受压力。三是若本土需求具备前卫性，相应的受到其服务的本土厂商自然会领先于世界上其余的厂商。产业要素，也就是和企业有联系的产业和以及供货商具备的竞争能力。一个企业在经营上和其他企业等维系关系依靠的是合作、信息沟通等方式，在这个过程中得到和维持竞争优势，若是这样的联系是各方在主观上的意向，那么起到的交互作用是有效果的。一个国家要想在竞争上长期保持优势，在国内肯定要寻求在国际上具备竞争优势的供货商以及有关产业的帮助。企业竞争优势指的是一个国家对建设和组织以及管理企业的条件进行调配。各种类型的企业是国民经济的一部分，有着自己的组织模式、产权构成、管理方式等特点。这些特点的产生和企业在国际上竞争优势的增强在某种层面上受到企业所处的外界环境的影响。另外，国内市场上的竞争情况也会影响到这个国家产业在国际上占据的竞争优势。国内市场若是竞争情况激烈会使得企业在技术上进行改造，从长远来看对这个国家在国际上的竞争力有提升作用。在上面提及的三个要素外，一个国家的机会和政府的作为，也能帮助这个国家提升在国际上的竞争实力。机会主要是技术进步、生产要素在供需情况上的巨大波动等。政府要素指的是政府依靠对政策进行调整从而使得竞争能力提高。波特的观点是上述对竞争有影响的要素一起发挥效果，推动抑或是限制一个国家在竞争能力上的增强。波特认为，国民经济增长可分为四个时期：要素导向时期、投资导向时期、创新导向时期和财富导向时期，前面三个时期是国家在竞争力上提高的关键支持，会使得经济更加昌盛，第四个时期使得经济出现很大的改变，有很大概率出现下滑。

六、教学组织方式

1. 素材导入

教师根据上课内容导入案例，并提出问题，调动和激发学生自主学习的情绪。学生课下自主学习，确定学习目标，在学生自主学习、独立思考的基础上，通过"生生互动、师生互动、组组互动"，相互合作，相互交流，共同研讨，共同提高。

2. 互动展示

学生可根据教师的分工，利用各种方式向全班展示小组合作研究的问题，教师随时进行引导、强调、提升，以拓宽学生的知识面，加深他们对案例的理解和运用。

3. 总结强化

教师对学生小组案例分析的情况进行概括总结，形成知识框架，强化学习目标，再设置巩固性练习题，由学生独立完成。

七、案例的后续进展

本案例可持续更新，收集四川省机电产品出口应对技术贸易壁垒的最新进展和发展状况，也可由学生对其进行跟进研究，进一步丰富和完善案例。

八、其他教学支持材料

一是计算机支持。可列出支持这一案例的计算机程序和软件包，它们的可得性，以及如何在教学中使用它们的建议或说明。二是视听辅助手段支持。可收集能与案例一起使用的电影、录像带、幻灯片、剪报、样品和其他材料。三是 Excel 计算表格。在做数据统计等工作时可使用该软件。

绿色贸易壁垒
对我国农产品出口影响案例

攀枝花学院经济与管理学院

周斌

摘要： 本案例描述了我国农产品出口面临的绿色贸易壁垒问题。农产品贸易是我国对外贸易的重要内容，农产品出口在提高收入、增加就业及产业升级中发挥着重要的作用。一直以来，我国农产品出口受诸多因素制约，发展相对较为缓慢，其中受新型绿色贸易壁垒影响愈为明显，特别是在美丽乡村建设背景下对此进行讨论具有重要意义。当前，我国农产品从生产内部到销售外部都存在诸多问题，农产品贸易一直存在较大的逆差，出口贸易占世界农产品出口贸易比重较低，与我国农业产业发展不相匹配。绿色贸易壁垒导致出口受阻出现高发态势，而全球的绿色贸易壁垒又出现新的发展趋势，一些发展中国家也开始对此不断筑墙，因此，如何在此问题上不断探索，以实现新的突破，是本案例讨论的根本目标。

关键词： 中国农产品；出口；绿色壁垒；影响因素

我国是农业大国，也是农产品贸易大国，随着乡村振兴战略的实施和农业农村现代化步伐的不断加快，我国绿色农产品贸易发展潜力巨大。但当前受绿色贸易壁垒等诸多方面影响，我国农产品的整体国际竞争力并不强，出口贸易发展缓慢，在增收入、扩就业及优结构上的效能发挥还有较大的提升空间。

1. 我国农产品出口贸易状况

本案例中对农产品的范围以我国商务部外贸司每月发布的《中国农产品进出口月度统计报告》中的分类为参考，主要包括WTO《农业协定》中的农产品统计口径加上水海产品。

1.1 我国农产品出口总体情况

我国是农产品生产大国也是农产品贸易大国，虽然2020年受到了疫情的影响，但我国农产品贸易规模仍然达到2 468.3亿美元，其中农产品出口总量达到760.3亿美元，成为全球继欧盟、美国、巴西之后，第四大农产品出口国。然而，农产品出口额增长缓慢，出口额在我国出口贸易总额中占比不高。在"十三五"期间，我国农产品出口占我国外贸出口总额比重保持在3%~4%的水平，且在全球农产品贸易中分量相对较低（见表1-1）。根据WTO公布的数据，我国农产品出口占世界农产品出口总额的比重不到4%，在总量上只有美国出口额的一半左右。面对日益激烈的全球竞争，我国传统优势农产品出口在下降，出口难度在增加。

表1-1 我国农产品贸易总额 单位：亿美元

年份	出口额	进口额	进出口总额	贸易逆差	占总出口比重/%
2015	701.8	1 159.2	1 861	457.4	3.10
2016	726.1	1 106.1	1 832.2	380	3.50
2017	751.4	1 246.8	1 998.2	495.4	3.30
2018	793.2	1 367.1	2 160.3	573.9	3.20
2019	785.7	1 498.6	2 284.3	712.9	3.10
2020	760.6	1 708.7	2 469.3	947.7	3.20

1.2 我国农产品出口的商品结构

从2020年我国商务部公布的数据来看，全年出口的主要农产品为水产品、蔬菜、水果、畜产品食用油籽、谷物和食用植物油（见表1-2）。谷物出口259.3万吨，出口额10.8亿美元；食用油籽出口104.3万吨，出口额为16.0亿美元；食用植物油出口17.2万吨，出口额为2亿美元；蔬菜出口额为149.3亿美元；水果出口额为83.5亿美元；畜产品出口额为54.3亿美元；水产品出口额为190.4亿美元。

表1-2 我国农产品出口商品结构 单位：亿美元

类别	2016年	2017年	2018年	2019年	2020年
水产品	207.4	211.5	223.3	206.6	190.4
蔬菜	147.2	155.2	152.4	155	149.3
水果	71.4	70.8	71.6	74.5	83.5
畜产品	56.4	63.6	68.6	65	54.3
食用油籽	14.2	16.4	17.1	16.9	16
谷物	5	8	11	12.8	10.8
食用植物油	1.6	2.4	3.1	2.8	2

总体上来讲，我国在出口的大宗农产品中，肉类、谷物等产品比重下降；水产品出口成为主力。受资源禀赋影响，我国农产品出口仍以蔬菜、水果、畜产品以及水产品等劳动密集型的初级产品为主，产品加工增值程度相对比较低。

1.3 我国农产品出口的市场结构

从2019年至2020年商务部公布的数据来看，我国农产品在全球出口前二十的市场主要集中在亚洲、欧洲和北美洲。而亚洲中的日本、越南、韩国等国家和地区是我国农产品出口的最大市场。2020年向排在前十位的市场出口农产品合计达498亿美元，占全年农产品出口总额的 65.5%。从主要大宗农产品来看，蔬菜水果类出口最大的市场是日本，水产品出口主要流向日本、美国、韩国和欧盟市场，谷物产品主要出口韩国和日本，肉类农产品出口主要集中于中国香港、日本和荷兰市场。表 1-3 和表 1-4 分别为我国农产品出口主要国家和地区的情况。

表 1-3　我国农产品出口主要国家的情况　　　　　　单位：亿美元

国别	2020 年	2019 年	国别	2020 年	2019 年
日本	963 557.8	1 035 205	荷兰	178 590.2	166 776.1
美国	644 457.6	642 886.7	大洋洲	147 483.1	146 755.7
越南	548 615	544 688.3	俄罗斯联邦	144 968	188 858.7
韩国	486 217.8	494 840	英国	122 777.4	123 483.7
泰国	428 270.8	371 466.5	西班牙	117 642.6	116 977.8
马来西亚	349 607.2	301 461.2	加拿大	115 350.8	119 140.7
印度尼西亚	233 065	261 439.6	新加坡	106 799.2	90 067.1
菲律宾	230 778.3	208 328.4	澳大利亚	102 500.6	103 154.7
德国	182 079.9	206 108.6	墨西哥	81 833.5	76 193.4

表 1-4　我国农产品出口主要地区情况　　　　　　单位：万美元

地区	2020 年	2019 年
亚洲	5 050 712.5	5 176 950.8
非洲	333 336.4	360 997.9
欧洲	1 068 031.3	1 165 298.6
南美洲	246 836.2	245 105.2
北美洲	759 892.7	762 085
大洋洲其他	10.2	326.6
东盟	1 988 300.1	1 859 650
中东	312 715.4	337 681.6
欧盟 28 国	879 374.1	932 527.9
欧盟 27 国	756 596.7	809 044.1
独联体	223 677.9	280 519.4
南部非洲关税同盟	33 552	38 279.4
海合会	102 414.5	106 206.4
拉美地区	246 836.2	245 105.2
加勒比共同体	18 488.9	17 302.9
中东欧 17 国	81 417.2	84 928.6
"一带一路"国家	2 730 052	2 694 649.3
金砖国家	259 610.8	315 899.7
RECP 国家	3 563 153.4	3 514 795.6

1.4 我国出口农产品的主要地区

从 2020 年数据来看，我国农产品出口地区差异比较大，如表 1-5 所示，出口额大的省份主要分布在沿海地区，其中出口最多的前五个省份分别是山东、广东、福建、云南和浙江，五省出口总量占我国农产品出口总量的 60.7%，其中山东省的出口额高达 181.66 亿美元，占我国农产品出口总额的 26.3%。

表 1-5 2020 年我国农产品出口地区情况　　　　单位：万美元

地区	金额	地区	金额
山东	1 816 671.90	吉林	94 585.90
广东	931 265.80	新疆	86 731.50
福建	929 427.00	内蒙古	86 495.00
云南	521 540.70	黑龙江	77 388.60
浙江	493 201.40	四川	64 828.60
辽宁	432 737.60	陕西	55 702.60
江苏	348 589.60	贵州	51 786.10
湖北	218 290.40	海南	50 299.60
广西	173 229.70	江西	45 654.00
河南	172 049.90	甘肃	28 537.40
上海	168 924.00	宁夏	15 748.70
湖南	168 534.30	山西	14 125.60
河北	164 805.90	重庆	11 502.70
北京	146 329.60	青海	2 235.40
安徽	131 145.40	西藏	877.1
天津	103 050.50		

2. 绿色贸易壁垒对我国农产品出口的影响状况

2.1 我国农产品出口遭遇的绿色贸易壁垒表现形式

2.1.1 绿色标签和包装制度

日本、欧盟和美国对食品包装材料及包装标签要求十分严格，如包装要节约能源、无废弃物产生、绝对不污染环境等，标签要求有图形、图案标明和文字说明。它们甚至对包装的密封性、包装标识的颜色、货物运输方式、计量单位等都提出了特殊的要求。日本政府要求在日本市场上出售的各类新鲜水产品、肉类和新鲜蔬菜类产品都必须实施明确的标记制度，其标记的内容包括产品名称、制作原材料、包装容量、流通期限、保存方法、生产制造者名称以及详细地址。销售者对其出售的食品原产地、化冻和养殖地都要标示出来。对商品包装要求包装材料可重复利用可降解，不能造成环境污染。欧盟规定食品工业生产者应确保他们投放市场中的动物源性产品都拥有健康标识或身份鉴定标识。欧盟认为，食品的可追溯性是确保其安全的一个重要因素。此外，欧盟还在食品标签上要求，标签内容必须清晰、恰当、准确、易懂，以每份、每100毫升或每100克食品含量以及日推荐食用量等形式标明食品的营养价值、盐、糖、脂肪以及不饱和脂肪酸的含量。美国是世界上食品标签法规最严格的国家，对所有的包装食品实行强制性标签，对有机食品实行标签制度，特别是要求食品必须加贴营养标签，内容复杂而烦琐。所有食品进入美国市场的食品，必须经FDA按照相关法规进行检验，要检验是否贴上所需要的特殊标志或标签，是否符合政府其他有关部门法律条例规定的特殊要求。在包装上，美国要求所有来自中国的木质包装和木质铺垫材料须附有中国出入境检验检疫机关出具的证书。

2.1.2 绿色技术标准

绿色贸易壁垒的技术标准包括：通过专门认可的机构来实现重复使用以减少浪费的目标，使用非强制性文件，使用特定产品，相关加工方法，以及生产方法等。在农产品遭遇技术标准的过程当中，不仅有对产品和包装标准的规定，也有对产品的营养内容、对有毒、有害物质及其性质等的限制。其中要特别提到的是，技术标准有严格的农药残留最大限量，该标准的制定是以毒理试验和农药田间试验为基础，而不同国家生态环境不同，农药的生产、使用水平不同，日常饮食结构不同，所以各国制定的残留限量标准差异较大，从而形成贸易壁垒。随着发达国家的农产品生产和检测技术水平的不断提高，美、日、欧等国家对进口农产品中农药残留限量标准也不断提高。如，日本的《肯定列表制度》对农产品残留限量的规定可以说是世界上最为严厉的制度，特别是其中的"一律标准"将未制定出明确限量的农业化学品最大残留限量一律采用 0.01 mg/kg 的标准，这一标准可以说极为苛刻。而美国对农产品的药残限量标准大部分都要高于 WTO 制定的标准。

2.1.3 绿色卫生检疫制度

绿色卫生检疫制度是指政府的有关部门为了确保人类及动植物免受污染物、毒素、微生物、添加剂等的影响，对产品进行严格检查，防止超标产品进入本国市场。这种绿色卫生检疫制度一般是由各国政府机构颁布各种法令，制定严格的限量性标准，并授权检验机构依法检验管理，即法定检验。所谓法定检验是指一国商品检验检疫机构按照本国的法律法规，对指定的重要进出口商品 检验事项实施强制性的检验，非经检验合格，不准出口或者进口销售、使用。例如，日本对进口的农产品分为命令检查、监控检查和免检三种，将某些易于有残留有害物质或易于沾染有害物质的食品确定为命令检查，检查率达百分之百。进口食品如在监控检查中出现两次违反食品安全法的事例，则对该产品实行命令检查，如果产品多次被启动命令检查，则将这些企业列入黑名单，禁止其向日本出口食品及农产品。又如，若要向韩国出口农产品，至少要经过四道认证手续。

2.1.4 绿色补贴

绿色补贴又称环境补贴，是指为了保护环境和自然资源，各国政府采取干预政策将环境成本内在化，对本国企业在治理环境、改善产品加工工艺的投入进行补贴，以提高本国产品竞争力的一种产业政策。

发达国家利用发展中国家低的环境标准将严重污染环境的产业转移到发展中国家，以降低环境成本，而发展中国家的环境成本却因此提高。但是不幸的是，发展中国家绝大部分企业本身无力承担治理环境污染的费用，政府为此有时给予一定的环境补贴，以达到保护国内产业、协调发展与环境目标的关系。但是发达国家却认为发展中国家的"补贴"违反 WTO 的《补贴与反补贴措施协议》，从而限制发展中国家产品的出口。例如，美国就以环境保护补贴为由，对来自巴西的人造橡胶和来自加拿大的速冻猪肉提出了反补贴起诉。

2.1.5 绿色关税和市场准入

绿色关税是发达国家保护环境、限制进口最早采用的手段，它指一些国家以保护环境和维护人类健康为由，对某些影响生态环境的他国进口产品征进口附加税，即除征收一般正常关税外加征额外的环境附加税，或者限制、禁止其进口，甚至实行贸易制裁。这些是进口国为限制因污染和危害人类健康而获得外国产品而采取的措施，绿色关税和市场准入的作用，一定程度上增加了发展中国家的产品成本，削弱了我国农产品在国际市场中的竞争力，达到了限制和禁止从新兴市场发展中国家向发达国家出口产品的目的。

2.2 绿色贸易壁垒对我国农产品出口的影响情况

2.2.1 影响总体情况

近年来，发达国家不断有新的法规出台，各种贸易保护壁垒不断增多，形式也不断更新，这在很大程度上抬高了我国农产品的出口门槛。例如，美国制定了以《以消费品安全改进法》为代表的五部法规；日本制定了有关有害物质管理和绿色消费及环保的法律法规。从中国技术性贸易措施网（www.tbtsps.cn）公布的调查数据来看（见表 2-1），2019 年我国共收集到来自美国、日本、欧盟、韩国、加拿大相关机构扣留、召回我国出口不合格农食产品 1 542 批次，其中美国食品和药品管理局扣留我国不合格农食产品类最多（见表 2-2），达 526 批次；其次为韩国农林国立兽医科学检疫院，扣留 387 批次；欧盟食品和饲料委员会召回 249 批次；韩国食药厅扣留 231 批次；日本厚生劳动省扣留 147 批次；欧盟健康消费者保护总司 2 批次。

表 2-1　我国农食产品出口受阻批次情况

年份	2015	2016	2017	2018	2019
批次	1 842	1 619	1 581	1 982	1 542

表 2-2　2019 年我国出口农食产品类被扣留、召回情况

发布国家/组织	发布机构	被扣留/召回批次	比例/%
美国	美国食品和药品管理局	526	34.11
韩国	韩国农林部国立兽医科学检疫院	387	25.10
欧盟	欧盟食品和饲料委员会	231	14.98
欧盟	欧盟健康消费者保护总司	249	16.15
日本	日本厚生劳动省	147	9.53

2.2.2 影响类别情况

从产品类别来看，肉类产品 284 批产次，占总批次的 18.42%；蔬菜及制品类 221 批次，占总批次的 14.33%；水产及制品类 218 批次，占总批次的 14.14%；相关详细情况见表 2-3。

表 2-3 2019 年我国出口农食产品类被扣留/召回产品种类

产品种类	批次	比例/%	具体产品种类	批次	比例/%
糕点饼干	51	3.31	糕点饼干	51	3.31
植物产品	47	3.05	水果	36	2.33
			植物类其他	8	0.52
			豆	1	0.06
			活植物	1	0.06
			粮谷类	1	0.06
油脂及油料类	40	2.59	油籽	25	1.62
			食用动物油（脂）	12	0.78
			初榨植物性油	3	0.19
中药材类	38	2.46	植物性中药材	36	2.33
			动物性中药材	2	0.13
糖类	34	2.20	糖与糖果，巧克力和可可制品	34	2.20
蛋及制品类	31	2.01	非种用鲜蛋	24	1.56
			蛋制品	7	0.45
动物产品	30	1.95	骨	15	0.97
			活动物	9	0.58
			皮张	3	0.19
			羽绒类	1	0.06
			动物类其他	1	0.06
			毛类	1	0.06
饮料类	26	1.69	饮料	26	1.69
调味品类	25	1.62	调味品	25	1.62
茶叶类	24	1.56	茶叶	24	1.56
乳制品类	21	1.36	乳及乳制品	21	1.36
罐头类	16	1.04	水果罐头	7	0.45
			蔬菜罐头	5	0.32
			肉禽罐头	2	0.13
			水产罐头	2	0.13
其他动物源性食品类	9	0.58	其他动物源性食品	9	0.58
其他植物源性食品类	5	0.32	其他植物源性食品	5	0.32
蜂产品类	4	0.26	蜂产品	4	0.26
卷烟类	2	0.13	卷烟	2	0.13
酒类	1	0.06	酒类	1	0.06
蜜饯类	1	0.06	蜜饯	1	0.06

2.2.3 影响原因情况

从 2019 年 1 542 批次扣留/召回原因来看，位列前三位的是：不符合动物检疫规定 218 批次，占总批次的 14.14%；品质不合格 210 批次，占总批次的 13.62%；证书不合格 200 批次，占总批次的 13.97%。详细原因见表 2-4。

表 2-4 2019 年我国出口农食产品类被扣留/召回原因

扣留/召回原因	批次	比例/%	具体扣留/召回原因	批次	比例/%
不符合动物检疫规定	218	14.14	禁止进境动物产品	218	14.14
品质	210	13.62	品质检测不合格	204	13.23
			感官检验不合格	6	0.39
证书不合格	200	12.97	没有提供产品相关资料	165	10.70
			生产厂家没有按定注册	16	1.04
			证书不合格	15	0.97
			没有卫生证书或不合格	4	0.26
农兽残	190	12.32	农残不合格	139	9.01
			兽残不合格	51	3.31
非食用添加物	159	10.31	非食用添加物	159	10.31
微生物	152	9.86	细菌	149	9.66
			病毒	3	0.19
标签不合格	146	9.47	标签不合格	146	9.47
食品添加剂超标	76	4.93	食品添加剂超标	76	4.93
污染物	70	4.93	有机污染物	42	2.72
			重金属超标	28	1.82
生物毒素	68	4.28	生物毒素	68	4.28
转基因成分	14	0.91	转基因成分	14	0.91
不符合储运规定	9	0.58	储运温度控制不当	6	0.39
			储藏环境不合规定	3	0.19
非法进口	7	0.45	非法进口	7	0.45
可迁移元素	6	0.39	可迁移元素	6	0.39
要类受到危害	5	0.32	窒息	4	0.26
			健康伤害	1	0.06
包装不合格	5	0.32	包装不合格	5	0.32
辐照	4	0.26	辐照	4	0.26
非法过境	2	0.13	非法过境	2	0.13
有害生物	2	0.12	寄生虫	1	0.06
			害虫	1	0.06
致敏源	1	0.06	致敏源	1	0.06

2019 年通过对出口不合格农食产品类被扣留/召回原因来看，肉类被扣留/召回的

主要原因是不符合动物检疫规定；蔬菜及制品类被扣留/召回的主要原因是农残超标。其他类别原因详细见表2-5。

表2-5　2019年我国农食产品被扣留/召回原因

产品种类	扣留/召回原因	具体扣留/召回原因	批次	比例/%
肉类	不符合动物检疫规定	禁止进境动物产品	151	9.79
	证书不合格	没有提供产品相关资料	101	6.55
		没有卫生证书或不合格	2	0.13
		证书不合格	1	0.06
	微生物	细菌	12	0.78
	农兽残	兽残不合格	9	0.58
	品质	品质检测不合格	4	0.26
	非法贸易	非法过境	2	0.13
	包装不合格	包装不合格	1	0.06
	不符合储运规定	储藏环境不合规定	1	0.06
	汇总		284	18.42
蔬菜及制品类	农兽残	农残不合格	72	4.67
	品质	品质检测不合格	57	3.70
		感官检验不合格	2	0.13
	微生物	细菌	43	2.79
	非食用添加物	非食用添加物	11	0.71
	食品添加剂超标	食品添加剂超标	10	0.65
	标签不合格	标签不合格	8	0.52
	污染物	重金属超标	7	0.45
	证书不合格	生产厂家没有按规定注册	5	0.32
		没有提供产品相关资料	2	0.13
	辐照	辐照	2	0.13
	化学性能方面	可迁移元素	1	0.06
	生物毒素污染	生物毒素	1	0.06
	汇总		221	13.76
水产及制品类	品质	品质检测不合格	57	3.70
		感官检验不合格	4	0.26
	微生物	细菌	48	3.11
		病毒	2	0.13
	农兽残	兽残不合格	36	2.33
		农残不合格	3	0.19
	污染物	有机污染物	12	0.78
		重金属超标	5	0.32
	标签不合格	标签不合格	14	0.91

表2-5(续)

产品种类	扣留/召回原因	具体扣留/召回原因	批次	比例/%
	食品添加剂超标	食品添加剂超标	12	0.78
	证书不合格	证书不合格	4	0.26
		没有提供产品相关资料	2	0.13
		没有卫生证书或不合格	1	0.06
	非食用添加物	非食用添加物	6	0.39
	不符合储运规定	储运温度控制不当	5	0.32
	化学性能方面	可迁移元素	2	0.13
	有害生物	寄生虫	1	0.06
	生物毒素污染	生物毒素	1	0.06
	转基因成分	转基因成分	1	0.06
	包装不合格	包装不合格	1	0.06
	其他不合格项目	非法进口	1	0.06
	汇总		218	13.76
其他加工食品类	非食用添加物	非食用添加物	40	2.59
	污染物	有机污染物	21	1.36
		重金属超标	1	0.06
	食品添加剂超标	食品添加剂超标	20	1.30
	品质	品质检测不合格	19	1.23
	标签不合格	标签不合格	14	0.91
	微生物	细菌	10	0.65
		病毒	1	0.06
	农兽残	农残不合格	7	0.45
		兽残不合格	1	0.06
	人类受到危害	窒息	3	0.19
	化学性能方面	可迁移元素	2	0.13
	致敏源	致敏源	1	0.06
	辐照	辐照	1	0.06
	包装不合格	包装不合格	1	0.06
	转基因成分	转基因成分	1	0.06
	其他不合格项目	非法进口	1	0.06
	汇总		144	9.34

表2-5（续）

产品种类	扣留/召回原因	具体扣留/召回原因	批次	比例/%
干坚果类	生物毒素污染	生物毒素	36	2.33
	标签不合格	标签不合格	17	1.10
	品质	品质检测不合格	15	0.97
	非食用添加物	非食用添加物	7	0.45
	农兽残	农残不合格	2	0.13
	证书不合格	证书不合格	2	0.13
	食品添加剂超标	食品添加剂超标	2	0.13
	微生物	细菌	1	0.06
	污染物	有机污染物	1	0.06
	汇总		83	5.38
粮谷及制品类	标签不合格	标签不合格	24	1.56
	非食用添加物	非食用添加物	15	0.97
	品质	品质检测不合格	15	0.97
	转基因成分	转基因成分	8	0.52
	证书不合格	证书不合格	3	0.19
		生产厂家没有按规定注册	2	0.13
		没有卫生证书或不合格	1	0.06
	食品添加剂超标	食品添加剂超标	5	0.32
	农兽残	农残不合格	3	0.19
	微生物	细菌	3	0.19
	生物毒素污染	生物毒素	1	0.06
	包装不合格	包装不合格	1	0.06
	汇总		81	5.25
植物性调料类	品质	品质检测不合格	18	1.17
	微生物	细菌	10	0.65
	非食用添加物	非食用添加物	7	0.45
	污染物	重金属超标	4	0.26
		有机污染物	1	0.06
	食品添加剂超标	食品添加剂超标	5	0.32
	生物毒素污染	生物毒素	4	0.26
	农兽残	农残不合格	3	0.19
	辐照	辐照	1	0.06
	汇总		53	3.44

表2-5（续）

产品种类	扣留/召回原因	具体扣留/召回原因	批次	比例/%
饲料类	证书不合格	没有提供产品相关资料	20	1.30
	不符合动物检疫规定	禁止进境动物产品	16	1.04
	微生物	细菌	11	0.71
	生物毒素污染	生物毒素	1	0.06
	非食用添加物	非食用添加物	1	0.06
	化学性能方面	可迁移元素	1	0.06
	转基因成分	转基因成分	1	0.06
	品质	品质检测不合格	1	0.06
	其他不合格项目	非法进口	1	0.06
	汇总		53	3.44
糕点饼干类	非食用添加物	非食用添加物	27	1.75
	标签不合格	标签不合格	15	0.97
	证书不合格	证书不合格	3	0.19
	转基因成分	转基因成分	3	0.19
	品质	品质检测不合格	3	0.19
	汇总		51	3.31
植物产品	标签不合格	标签不合格	14	0.91
	农兽残	农残不合格	12	0.78
	非食用添加物	非食用添加物	9	0.58
	食品添加剂超标	食品添加剂超标	4	0.26
	污染物	重金属超标	2	0.13
		有机污染物	2	0.13
	品质	品质检测不合格	3	0.19
	包装不合格	包装不合格	1	0.06
	汇总		47	3.05
油脂及油料类	生物毒素污染	生物毒素	18	1.17
	不符合动物检疫规定	禁止进境动物产品	7	0.45
	微生物	细菌	6	0.39
	证书不合格	没有提供产品相关资料	5	0.32
	污染物	重金属超标	1	0.06
		有机污染物	1	0.06
	非食用添加物	非食用添加物	1	0.06
	食品添加剂超标	食品添加剂超标	1	0.06
	汇总		40	2.59

表2-5(续)

产品种类	扣留/召回原因	具体扣留/召回原因	批次	比例/%
中药材类	农兽残	农残不合格	21	1.36
		兽残不合格	1	0.06
	食品添加剂超标	食品添加剂超标	6	0.39
	污染物	重金属超标	3	0.19
	证书不合格	没有提供产品相关资料	2	0.13
	品质	品质检测不合格	2	0.13
	微生物	细菌	1	0.06
	非食用添加物	非食用添加物	1	0.06
	不符合动物检疫规定	禁止进境动物产品	1	0.06
	汇总		38	2.46
糖类	标签不合格	标签不合格	13	0.84
	非食用添加物	非食用添加物	12	0.78
	生物毒素污染	生物毒素	3	0.19
	污染物	重金属超标	1	0.06
		有机污染物	1	0.06
	人类受到危害	窒息	1	0.06
		健康伤害	1	0.06
	有害生物	害虫	1	0.06
	品质	品质检测不合格	1	0.06
	汇总		34	2.20
蛋及制品类	不符合动物检疫规定	禁止进境动物产品	19	1.235
	证书不合格	没有提供产品相关资料	6	0.39
		证书不合格	1	0.06
	其他不合格项目	非法进口	3	0.19
	标签不合格	标签不合格	1	0.06
	食品添加剂超标	食品添加剂超标	1	0.06
	汇总		31	2.01
动物产品	不符合动物检疫规定	禁止进境动物产品	22	1.43
	证书不合格	没有提供产品相关资料	6	0.39
	不符合储运规定	储运温度控制不当	1	0.06
	农兽残	兽残不合格	1	0.06
	汇总		30	1.95

表2-5(续)

国际商务
案例集

产品种类	扣留/召回原因	具体扣留/召回原因	批次	比例/%
饮料类	非食用添加物	非食用添加物	10	0.65
	标签不合格	标签不合格	7	0.45
	食品添加剂超标	食品添加剂超标	3	0.19
	不符合储运规定	储藏环境不合规定	2	0.13
	证书不合格	生产厂家没有按规定注册	1	0.06
		没有提供产品相关资料	1	0.06
	污染物	有机污染物	2	0.13
	汇总		26	1.69
调味品类	标签不合格	标签不合格	13	0.84
	证书不合格	生产厂家没有按规定注册	2	0.13
	食品添加剂超标	食品添加剂超标	2	0.13
	非食用添加物	非食用添加物	2	0.13
	品质	品质检测不合格	2	0.13
	生物毒素污染	生物毒素	1	0.06
	微生物	细菌	1	0.06
	农兽残	农残不合格	1	0.06
	其他不合格项目	非法进口	1	0.06
	汇总		25	1.62
茶叶类	农兽残	农残不合格	14	0.91
		兽残不合格	2	0.13
	非食用添加物	非食用添加物	6	0.39
	证书不合格	生产厂家没有按规定注册	1	0.06
	标签不合格	标签不合格	1	0.06
	汇总		24	1.56
乳制品类	证书不合格	没有提供产品相关资料	12	0.78
		生产厂家没有按规定注册	4	0.265
	不符合动物检疫规定	禁止进境动物产品	2	0.13
	非食用添加物	非食用添加物	2	0.13
	品质	品质检测不合格	1	0.06
	汇总		21	1.36

表2-5（续）

产品种类	扣留/召回原因	具体扣留/召回原因	批次	比例/%
罐头类	品质	品质检测不合格	5	0.32
	污染物	重金属超标	3	0.19
	微生物	细菌	3	0.19
	证书不合格	生产厂家没有按规定注册	1	0.06
		没有提供产品相关资料	1	0.06
	标签不合格	标签不合格	2	0.13
	非食用添加物	非食用添加物	1	0.06
	汇总		16	1.045
其他动物源性食品类	证书不合格	没有提供产品相关资料	7	0.455
	农兽残	兽残不合格	1	0.06
	品质	品质检测不合格	1	0.06
	汇总		9	0.58
其他植物源性食品类	食品添加剂超标	食品添加剂超标	3	0.19
	标签不合格	标签不合格	1	0.06
	非食用添加物	非食用添加物	1	0.06
	汇总		5	0.32
蜂产品类	食品添加剂超标	食品添加剂超标	2	0.13
	污染物	有机污染物	1	0.06
	农兽残	农残不合格	1	0.06
	汇总		4	0.26
卷烟类	标签不合格	标签不合格	2	0.13
	汇总		2	0.13
酒类	证书不合格	证书不合格	1	0.06
	汇总		1	0.06
蜜饯类	污染物	重金属超标	1	0.06
	汇总		1	0.06

综合来看，在我国出口农产品中，蔬菜及制品、水产品及制品和水果类在出口中的占比较大，同时也是出口受阻频率较高的品类，原因主要反映在农残不合格、品质检测不合格及细菌上。

3. 我国农产品出口遭受绿色贸易壁垒的原因

3.1 外部原因

3.1.1 国际贸易保护主义

农业自古以来就是一个弱质产业，农业生产始终面临自然与市场的双重风险，在全球快速的工业化进程中，农业经营比较收益不断下降。与发达国家相比，我国依赖劳动力成本暂时性的优势在劳动密集型农产品生产及出口上表现出一定的竞争力，这主要表现在我国的蔬菜、水果、水产品等在农产品总出口额中比重较高。竞争弱势进口国为了保护其国内农业或减轻对其国内产业的冲击威胁，必然会选择采取相应的贸易保护措施限制我国农产品进口，而绿色贸易壁垒已经成为当中最主要的手段。世界各国普遍通过设置质量、检验检疫等标准对本国市场进行干预，实现保护本国农产品贸易的目的。

3.1.2 国际社会对生态环境和食品安全的关注

国际社会对保护生态环境和食品安全的关注与日俱增，促使各国政府出台更高更严的安全卫生标准，发达国家更是以此为借口不断提升绿色技术标准，使其他国家尤其是广大发展中国家在短时间内无法达到新的要求。例如，我国出口到日本的家禽，其卫生标准要求高出国际卫生标准五百倍；我国出口到日本的大米从原来的 56 项检疫标准增加到了 123 项；欧盟在茶叶中禁止使用的农药从旧标准的 29 种增加到了 62 种，部分农药残留标准比原标准提高一百倍以上；美国、加拿大、英国等国家相继对我国出口的货物木质包装实施新的植物检疫标准。以上种种，给我国农产品出口带来巨大阻碍，发达国家利用其自身的科学技术发展迅速的优势不断提高壁垒的强度，让发展中国家措手不及。

3.1.3 国际条约或协定中有关条款的缺陷

如《1994 年关税及贸易总协定》中第二十条"一般例外"中规定，只有不对情况相同的各成员构成武断的或不合理的差别待遇或构成对国际贸易的变相限制，各成员方可以为保护人类、动植物的生命健康实施必要的措施。但其中的"情况相同""武断的""不合理的""必要的措施"都难以界定。这里存在的不确定性使得绿色贸易壁垒被滥用。又如，在《SPS 协议》中甚至允许成员国在没有科学根据的情况下临时采取高于国际标准的措施，这样的条款对各国制定自己的环保措施和标准未形成实质性约束，也未对发达国家和发展中国家区别对待，这对那些掌握高科技又有经济实力的发达国家非常有利。再如，在《技术性贸易壁垒协议》中规定，每个成员都有权出于国家安全要求，以及保护人类和动植物健康安全的要求，制定并维护其认为合适的技术法规和标准，并采取必要的措施来保证这些保护目标的实现。至于各国采取怎样的环保措施，保护哪方面的环境，保护哪一类生命，则因环保条款的弹性大，而十分抽象、笼统和模糊，造成了理解上的歧义和实践中为有些成员滥用绿色贸易壁垒打开了方便之门。还有更为复杂的《农业协定》中的"非贸易关注"问题等，都使绿色贸易壁垒成为发达国家采取的最主要的贸易限制措施。

3.2 内部原因

3.2.1 农业生态环境日益恶化

优质安全农产品的生产有赖于无污染的优质农业生态环境。农业生态环境的日益恶化，使农产品品质保证失去了自然基础，从而导致农产品质量下降，甚至会对人类健康安全造成威胁，同时也使农产品质量在国际绿色技术标准严格的检测体系中处于被动的地位。我国当前农业生态环境的主要问题是森林资源减少、土地荒漠化、耕地质量下降，有工业农用化学品污染等。同时，我国农业自身污染风险较大。另外，我国飞速发展的工业产生的"三废"污染以及生活垃圾污染都对农业生态环境构成威胁，对我国农产品的出口产生不利影响。

3.2.2 农产品质量标准体系建设滞后

与发达国家相比，我国农产品质量标准体系建设还有诸多不足，具体体现在两个方面。一是标准低且少。我国现行标准多为农产品质量标准，缺少有关农产品质量安全方面的农产品生产过程、种源、产地环境条件等方面的标准。如在农药使用上我国仅制订了137种农药限量标准，而日本新的肯定列表制度仅"暂定限量标准"规定的农药就有734种。前面提到的日本"一律限量标准"0.01 ppm的农药内，我国有74种超出了该标准的上百倍。而这些严于我国国内标准限制的恰恰是我国输日大宗农产品和食品。二是标准修订不及时。现行标准没能及时根据农产品生产与产业发展趋势做出增补或修订。国内标准的制定不能有效地与国际接轨，在国际标准制定中缺少话语权，进一步造成产品出口处于颓势。

3.2.3 农业经营组织落后和农业劳动者素质偏低

当前我国农业的经营模式还是以传统的分散经营为主，没有形成规模，也没有统一的管理模式，各地区生产的农产品质量参差不齐，这方面与西方发达国家相比，存在一定的差距。国内的农业生产者仍以乡村农民为主，他们的教育水平相对偏低，只能付出体力劳动，很难提升农产品的产量和品质。另外，低教育素质还可能导致农民在农产品生产过程中乱用农药，破坏土壤环境，从而造成农产品不合格。而且产品加工过程中，有些企业还会为了一时利益，滥用添加剂，最终导致农产品的出口受到严格限制。

3.2.4 农产品质量安全管理存在问题

我国在农产品质量安全管理方面还存在不足。首先产品的质量检测不能只从高层面进行，我国在地方层面的质量检测也有待完善，从而保证农产品源头的质量安全。而且我国的质量检测标准跟国际上很多发达国家之间还是存在一定差距，很多检测标准还达不到进口国的认可，因此，国内还需要对农产品的质量安全管理进行完善，最大程度上降低农产品出口受阻的可能性。

3.2.5 我国农产品出口市场集中度较高

我国农产品的主要出口市场过于集中，主要分布在亚洲、欧美等发达国家和地区，但是这些国家往往存在很高的绿色贸易壁垒的限制。我国的农产品品质很难达到要求的标准，常常面临被退回的困境。由于这些国家与我国存在密切的贸易联系，而且也是我国农产品主要的需求国家，我国很难放弃这些出口市场，所以，只能选择其他方式来应对。

案例使用说明

一、教学目的与用途

1. 教学目的

通过对本案例的学习和研讨，使学生了解绿色贸易壁垒的相关概念及相关的贸易保护理论，了解我国农产品出口贸易的现状及受绿色贸易壁垒影响的现状，培养学生运用课程专业理论知识分析和解决国际贸易中实际问题的能力。在案例的研讨过程中，通过具体问题的设计引导与研讨环节培养学生的自主学习能力和思维能力。

2. 教学用途

本案例主要适用于国际经济与贸易专业的国际贸易学课程。

二、启发性思考题

1. 什么是绿色贸易壁垒？其表现形式有哪些？

2. 我国农产品出口日本和美国市场受绿色贸易壁垒影响的差异性如何？

3. 当前有关的贸易协定条款中，还有哪些条款存在约定的不确定性？（讨论举例）

4. 绿色贸易壁垒未来发展趋势如何？如何加以应对？

三、背景信息

长期以来，农产品对外贸易在我国农业发展中占据着重要地位。农产品出口对带动农村就业、增加农民收入、优化产业结构、提高农产品国际竞争力、促进"三农"问题的解决发挥着积极作用。入世至今的二十余年，我国农产品贸易持续快速增长，已成为我国对外贸易的重要组成部分，我国已成为全球第四大农产品贸易国。但是在国际化进程中，我国农产品对外贸易也面临着严峻的挑战，特别是在出口上，面临的障碍越来越多，从反倾销、保障措施，到检验检疫、技术标准、认证程序、进口配额管理制度等贸易壁垒，农产品贸易摩擦涉农产品范围在不断扩大。当前以保护本国生态环境、人类及动植物生命健康和安全为名，直接或间接采取的限制或禁止外国农产品进入本国的法律法规、政策措施、复杂的技术标准以及烦琐的检验检疫和审批程序等贸易壁垒大行其道。特别是欧美等发达地区凭借其在科技和环保方面的优势，设置的以绿色技术标准、绿色检验检疫制度、绿色包装和标签等为主要内容的绿色贸易壁垒给我国农产品的出口带来极大的阻碍。

四、案例分析思路及要点

1. 案例分析思路

根据案例主题收集有关绿色贸易壁垒资料，包括当前全球主要市场在农产品进口中有关的绿色贸易壁垒的法律法规及制度安排；对收集资料进行阅读、整理，并通过自己的理解进行分类比较和分析；通过分析探索我国农产品应对绿色壁垒的具体措施，并作分类归纳总结。

2. 需要学生识别的关键问题

绿色贸易壁垒概念及主要表现形式；绿色贸易壁垒在 WTO 规则及多边环境协议中的体现。

3. 案例教学中的关键知识点、能力点

绿色贸易壁垒内外部因素分析，我国农产品出口市场与特点分析，我国农产品出口受绿色壁垒影响的表现分析。

五、理论依据与分析

（一）相关概念

绿色贸易壁垒是指进口国以保护自然资源、生态环境，保护人类和动植物生命健康和安全为由而制定的一系列限制或禁止进口的贸易措施。由于进口国家采取的这些措施复杂而严格，且在国家间存在差异，进口国往往都是主观故意实施，出口国家产品因不能完全达到要求而不得不退出该国市场，这就形成出口的贸易壁垒。

（二）绿色贸易壁垒相关理论

1. 贸易保护理论

（1）传统贸易保护理论。

该理论包括重商主义、保护幼稚工业学说及对外贸易乘数理论。早期重商主义强调金银的进口，把增加国内货币的积累，防止货币外流视为对外贸易政策的指导原则，禁止进口，鼓励出口。晚期重商主义又被称为"贸易差额论"，提出"货币产生贸易，贸易增多货币"，反对政府对货币输出采取强行限制的做法，认为只要保持贸易顺差就必然有更多的货币流回本国，从而增加本国财富，把促进进出口贸易顺差，增加货币流入量作为对外贸易政策的指导原则。保护幼稚工业学说由美国的汉密尔顿和德国的李斯特提出。汉密尔顿认为，为了防止外来竞争、加速尚处于幼稚阶段的制造业发展，政府必须加强对经济的干预，用关税壁垒保护新兴制造业。李斯特在他 1841 年出版的《政治经济学的国民体系》中系统地提出用关税来保护本国幼稚工业的发展。对外贸易乘数理论以凯恩斯为代表，认为贸易顺差对一国的国民收入水平的提高和就业的增加有若干倍的放大作用，表现出乘数放大效应。他提出政府应主动积极干预，加强进口管制，通过制定和实施有关对外贸易法规来干预贸易活动从而达到保护和促进国内生产并实现国内充分就业的目的。

（2）新贸易保护理论。

该理论包括战略性贸易理论、普雷维什的贸易保护论、保护公平竞争论及环境优先发展理论等。战略性贸易理论以克鲁格曼、赫尔普曼等为代表，提出适当运用关税、补贴等战略性贸易政策措施，将有助于提高一国贸易福利。普雷维什的贸易保护论的核心是"中心—外围论"和"贸易条件恶化论"，据此提出必须实行贸易保护政策，保护的政策措施既包括关税手段，也包括外汇管制、进口配额等非关税手段，以实现对本国工业和市场的保护。保护公平竞争论，认为一些国家实施的"奖出限入"政策，采取出口补贴、低价倾销等措施造成了不公平竞争，提出对这类竞争应实施反补贴税、反倾销税或其他惩罚性关税、进口限额、贸易制裁等加以限制。环境优先发展理论以保护世界环境和人类健康为名，以限制某些国外产品的进口来保护本国产业，认为国际贸易应优先考虑保护环境，任何国家都有权采取关税和非关税措施控制甚至禁止污染环境的产品的进口。

2. 可持续发展理论

1987年联合国世界环境与发展委员会在《我们共同的未来》中正式提出"可持续发展"的概念和模式。该理论认为可持续发展是既满足当代人的需求又不危害后代，还能满足其需求的发展，核心是实现环境与发展间的协调和谐，是全新的发展模式，但该理论也成了发达国家绿色贸易保护的有效理论工具的保护伞。发达国据此以严重危害生态环境为名对国际贸易进行限制与干预，形成新的贸易壁垒。

3. 消费者保护理论

随着全球保护消费者权利运动的兴起，为了在迅速发展的国际贸易中保护本国消费者，发达国家率先对进口产品制定了技术标准、农药残留限量标准、标签标识管理等措施为国内消费者提供有效保护，导致绿色贸易壁垒盛行。

4. 外部性理论

该理论认为一国的生产和消费的决策可能对另一国经济个体造成可以评估的损害，使其不能充分统一达成这样的决议。进口国政府通过制定市场准入的技术标准、检验检疫措施、风险评估等制度安排，以避免和减轻与贸易流动相关的负外部性的输入及其对本国的危害。WTO的谈判使关税措施和传统的非关税措施的使用受到抑制，而绿色技术标准、绿色卫生检验检疫措施等的使用却受到WTO条约的许可，因此在非农产品国际贸易中，采用绿色贸易壁垒干预市场失灵成为发达国家政府的首选。

六、教学组织方式

1. 素材导入

课前先把案例素材发给学生并简要地对有关案例背景进行导入性说明，结合课程教学内容提出思考问题，提醒学生课外自主学习的注意点。

2. 预习定标

以问题为导向，要求学生课外自主地对相关知识点进行学习，达到对相关理论知识的预习和提前了解。

3. 合作达标

对课外自主学习过程中存在的不能自我解决的疑问，通过课堂研讨交流和学生自主发言的方式展开探索，达到共同提升及加强理解。

4. 互动展示

学生可根据教师的分工，把小组合作研究的问题利用各种方式向全班展示，教师随时进行引导、点拨、强调、提升，以拓宽学生的知识面，加深学生对案例的理解和运用。在此过程中，及时对学生及小组的表现加以点评，增强学生的学习信心。

5. 小结强化

教师用简短的语言案例知识进行概括总结，形成知识框架，强化学习目标。

6. 反馈矫正

教师针对当堂所学内容和目标设置巩固性练习题，由学生独立完成，然后采取小组成员互评、教师抽评等方式，将竞赛机制应用其中，并尽量做到当堂完成，当堂反馈。

七、案例的后续进展

本案例可不断收集农产品贸易新数据进行跟踪考察与研讨，让学生通过对资料的梳理分析，发现有关绿色贸易壁垒发展的新态势与新特点，进一步加深其对此问题的理解与思考，并据此进一步提炼问题解决的新思路与新方向。

八、其他教学支持材料

一是计算机支持。可列出支持这一案例的计算机程序和软件包，它们的可得性，以及如何在教学中使用它们的建议或说明。二是视听辅助手段支持。可收集能与案例一起使用的电影、录像带、幻灯片、剪报、样品和其他材料。三是 Excel 计算表格。在做数据统计等工作时可使用该软件。

攀枝花国际贸易现状与未来之路

攀枝花学院经济与管理学院

钟新周

摘要：国际贸易能够加快经济发展，这主要体现在国际贸易不仅可以增加就业，而且可以促进文化交流，提高社会的文明水平。作为中国第一个特区，攀枝花的发展充满了时代的烙印，在国家经济建设中充当着重要的战略角色，但社会经济发展模式比较僵化，强调投资驱动，忽视了消费和出口的作用。本案例分析了2002—2021年攀枝花的国际贸易数据，呈现企业集中度与产品集中度太高、发展裹足不前、外贸依存度低、外贸逆差成为常态、出口产品科技含量低以及贸易伙伴限于发展中国家的特点。为了促进国际贸易的发展，攀枝花需要确定外向型经济发展战略、强化科技创新、发展钒钛终端产品、重点发展国际康养产业、扶持一批骨干国际贸易企业以及加大国际市场推广。相信这些措施能够为攀枝花国际贸易的发展提供借鉴，让国际贸易成为攀枝花经济发展的新引擎。

关键词：攀枝花；国际贸易；现状；未来之路

近二十年，中国对外贸易快速增长，货物进出口规模创历史同期新高，贸易结构持续优化，增长新动能加快积聚，高质量发展稳步推进，对国民经济的贡献进一步增强，为全球经济复苏做出重要贡献。2021年度，中国外贸进出口总值超过39.1亿元，同比增长21.4%。其中，2020年出口规模达21.73万亿元，同比增长21.2%；进口规模17.37万亿元，同比增长21.5%，均实现了较快增长。以美元计算，2020年中国外贸额首次突破6.05万亿美元，外贸增长1.4万亿美元，贸易顺差达到6 764.3亿美元。然而，近二十年，攀枝花的国际贸易没有实质突破，仍在原地踏步，外贸依存度太低，对经济发展贡献有限，错失了中国经济发展的三个红利：改革开放、城市化与入世，经济故步自封，城市发展没有突破，出口产品单一，这对攀枝花的未来发展提出了严峻课题，如何拓展攀枝花国际贸易的发展空间和未来之路。

1. 攀枝花外贸的开端

攀枝花外贸起步于 1975 年，当年 1 月，攀枝花成立渡口市外贸采购站，主营农副产品出口与茶叶内销，贯彻四川省对外贸易局的出口商品收购计划，这可认为是攀枝花外贸活动的开始。1978 年 4 月，渡口市外贸采购站更名为渡口市对外贸易公司。党的十一届三中全会以后，产品出口结构从以土畜产品为主向以工矿产品为主的结构转变。1978 年钢材出口试销成功，1980 年钢材（坯）、钒渣等工矿产品开始批量出口。1980 年 9 月 23 日，渡口市对外贸易公司更名为渡口市对外贸易局，主要业务是土特产品、畜产品、粮油食品、医药保健品、工艺品、五金矿产、机械、化工、轻工、纺织等产品的出口收购和茶叶的收购与内销。1983 年 6 月 29 日，恢复渡口市对外经济贸易公司的名称，直到 2003 年一直继续履行对外贸易职责。

在 2001 年的 12 月 11 日，中国正式加入了世界贸易组织（WTO），大大加速了中国的对外经济发展。自中国加入 WTO 后，国家鼓励企业申报进出口经营权，申办的手续日益简化而开放，但对企业的规模、生产能力和人员配备等仍有相当要求。拥有了独立的进出口权后，不仅可以自己进行整个外贸全套业务，而且对外的合同等票据也都可以以自己的名义出具，对企业形象和树立品牌非常有益。

2. 攀枝花外贸的发展

2.1 实现突破的 2011 年和 2012 年

2011 年，攀枝花进口额 9 037 万美元，其中攀钢国贸和攀钢梅塞尔气体有限公司法人拉动了攀枝花进口的增长。新增外贸备案企业 11 户，进出口实绩企业 23 户，其中新增出口实绩企业 1 户，新增进口实绩企业 5 户。四川长矶金属工业有限公司出口 5 887 万美元，是攀枝花市首个出口突破 5 000 万美元的外商投资企业，也是 2011 年攀枝花出口的第一大户。攀枝花市白云铸造有限责任公司出口机电产品 714 万美元，同比增长 130.29%，实现历史性突破。攀枝花市农产品首次以自主报检方式出口新加坡，"盐边县出口芒果生产基地"成为首批被认定的"四川省出口农产品生产基地"。2011年，攀枝花钒钛产业园区全年进出口总额达到 10 043 万美元，同比增长 31.95%，实现历史性突破。

2012 年，攀枝花出口 22 007 万美元，同比增长 25%，这是 2008 年国际金融危机以来攀枝花出口额再次突破 2 亿美元。攀钢国贸、攀钢钛业等企业出口大幅度增长，钢轨、钒钛铸件等产品出口强劲，十九冶实现千万美元出口，钒钛产品出口企业达到 10家，攀枝花外贸平稳增长。

2.2 寻找东盟外贸机遇的 2013 年

2013 年攀枝花对东盟实现出口 2 890 万美元，同比增长 8%，占攀枝花出口比重达到 23.5%，东盟成为攀枝花最大出口市场。受需求疲弱的影响，澳大利亚、美国、拉丁美洲、中东等传统市场大幅下滑,攀枝花外贸从东盟市场寻求突围,[①] 组织攀钢、天成丝绸、白云铸造、锐华农业等30余家企业参加昆交会和中国-东盟博览会,为攀枝花企业进军东盟市场搭建平台。支持钛海科技、新中钛科技等钛白公司参加印尼涂料展、越南涂料展和亚太涂料展,鼓励拓展东盟市场。出口东盟钢轨1 641万美元,占攀枝花钢轨出口总额的66%。

2.3 民营企业外贸发展萎缩的2014—2016年

2014年,攀枝花对外贸易182 715万元,同比增长57.1%。其中出口102 136万元,同比增长33.7%。此时的企业以国有企业进出口为主,占比近8成,私营企业占比迅速下降,外商投资企业外贸急剧萎缩。出口市场除美国、欧盟外,新增了巴西、泰国、东盟等。进口市场主要有加拿大、澳大利亚、芬兰、毛里塔尼亚、美国。外贸实绩企业19家,其中进口过亿元的有两家。

2015年,攀枝花市外贸总额25 666万美元,同比下降14.8%;鞍钢国贸攀枝花公司出口16 463万美元,同比增长41.66%,占攀枝花外贸出口的75.1%;中小民营企业出口下滑严重。钢轨、钛白粉出口增长,铸件出口下滑。对巴西出口7 945万美元,同比增长17.79%;对东盟出口7 264万美元,同比增长56.86%;对美国出口1 377万美元,同比下降4.79%。

2016年,攀枝花外贸总额21 010万美元,居四川省第10位,主要进出口铁矿砂、机器设备和机械铸件等。8月25日,锐华农业公司将价值2.6万美元,重14.4吨的芒果出口新加坡,这是攀枝花本土企业首次自主报关出口芒果,创造了攀枝花外贸三个第一:第一次以"攀枝花芒果"的品牌进入国际市场、第一次实现农产品出口属地申报、第一次采用关检合作"三个一"货物通关模式。东方钛业、中瑞商贸、攀钢钛业、天伦化工、海峰鑫化工和鼎星钛业等企业出口钛白粉超过3万吨,价值5 057万美元,同比增长15.82%。长期以来,鞍钢国贸攀枝花公司"一企独大",支撑攀枝花外贸的局面没有改变,该公司的进出口占攀枝花的80%。2016年1—11月,该公司实现进出口额12 806万美元,同比减少6 358万美元。这一缺口,攀枝花无任何企业可以弥补。同时,攀枝花的外贸企业17户,除鞍钢国贸、东方钛业和钛海外,外贸上百万美元的企业仅有攀钢钛业、攀钢钒业、红宇白云和四川长矾,其他均在50万美元以下,外贸民营企业量少质不优,发展基础薄弱,后劲不足。

2.4 从2017年开始,外贸顺差变逆差

2017年,攀枝花外贸出口产品依然是钛白粉、钢轨和金属硅。出口钛白粉6.6亿元,同比增长97.3%;出口钢轨2.02亿元,同比下降50.4%。东方钛业公司出口4.21亿元,超越鞍钢国贸攀枝花公司成为攀枝花最大出口企业。东方钛业公司R-5566钛白粉在伊朗、叙利亚等国家是名牌产品;四川长矾公司高纯硅成功打开日本与美国市场,是日本信越株式会社和美国道康宁公司的供货商。南非、东盟和澳大利亚是攀枝花主

---

① 数据来源:攀枝花市人民政府官网。

要贸易伙伴，分别占攀枝花外贸总额的 23%、14% 和 12.8%。除了 2005 年短暂的外贸逆差，2017 年攀枝花外贸又一次由顺差变逆差，并一直延续至今。

2018 年上半年，攀枝花市外贸总额 16.42 亿元，规模居四川省第 7 位。出口 7.1 亿元，同比增长 31.1%；进口 9.32 亿元，同比下降 2.5%，依然是逆差，且钛白粉与硅出口增长，钢轨出口下降。国有企业依然占据外贸的主力地位，民营外贸企业增多。鞍钢国贸攀枝花公司、东方钛业和十九冶集团等企业实现外贸总额 14.31 亿元，占攀枝花进出口总额的 87.15%。新增飞黄商贸、红宇新材料科技、凯若农业和万圣欣工贸等 4 户民营外贸企业，但外贸金额均较低。

2.5 "一带一路" 倡议下的 2019—2020 年

2019 年 1—9 月，大宗散货仍是攀枝花外贸的主要产品。出口钛白粉 5.30 亿元，出口钢轨 2.64 亿元；进口铁矿 7.16 亿元，进口炼焦煤 2.59 亿元，进口铬铁 2.20 亿元；与 "一带一路" 国家的贸易额增长显著，贸易额为 8 亿元，占进出口总额的 34.46%，同比增长 14.3%。国有企业仍是外贸主力军，鞍钢国贸攀枝花有限公司外贸额为 16.72 亿元，占攀枝花外贸总额的 72%。

2020 年 1—8 月，攀枝花共进口铁矿 5.8 亿元、炼焦煤 3.1 亿元；二者占攀枝花外贸进口的 74.6%。出口钛白粉 4.6 亿元，占攀枝花外贸的 53.9%；出口钢轨 1.7 亿元，占出总值 22.7%。南非为最大贸易伙伴，贸易额为 5.1 亿元。贸易伙伴共 74 个，第二至第五位贸易伙伴分别是澳大利亚、哈萨克斯坦、马来西亚、土耳其，贸易额分别为 4.7 亿元、1.6 亿元、9 827 万元及 6 208 万元。

2.6 挖掘新增长点的 2021 年

2021 年攀枝花外贸进口主要以铁矿、铬铁和铬矿为主，出口钛白粉 11.9 亿元，占比 69.6%；出口钢轨 2 亿元，占比 11.7%；出口其他硅 9 201 万元，占比 5.4%。与 "一带一路" 国家贸易额达 13.3 亿元，同比增长 46.2%。2021 年 3 月 17 日，米易的 500 千克枇杷顺利发往泰国，打破了以往通过外地贸易企业代理出口的形式，这是攀枝花枇杷首次自营出口，能够直接接触国外客户，掌握销售话语权，推动攀枝花外贸发展。2021 年 3 月，盐边县渔门镇的鲜桑葚，正式启程发往日本，这是攀枝花市首次桑葚鲜果出口。3 月 24 日上午拿到了攀枝花海关开具的植物检疫证书，这也是攀枝花开出的第一份桑葚鲜果植物检疫证书。2021 年 10 月 27 日，能缘化工有限公司生产的 4 000 袋、200 吨工业萘通过检验鉴定，在蛇口港装箱完毕，通过海运出口埃及。这是攀枝花首次出口该类产品，也是四川首次。攀枝花东区高新技术产业园区被四川省商务厅认定为 2021 年四川省外贸转型升级基地（新型材料），成为四川省新认定 15 个外贸基地之一。

国际贸易是唯一利用外部资源和外部市场发展经济的手段。虽然发展经济要立足国内市场，自力更生、艰苦奋斗，但合理利用国际市场和资源，能促进经济发展更加快捷有效。

3. 攀枝花国际贸易现状分析

2002—2021年攀枝花国际贸易数据见表3-1。

表3-1 攀枝花2002年到2021年国际贸易数据

时间/年	GDP/亿元	实际增速/%	国际贸易/亿美元	国际贸易/亿元	国际贸易增速/%	出口/亿美元	出口/亿元	出口占国际贸易比重/%	国际贸易依存度/%	计算汇率
2002	138.09	11.3	1.53	12.70	-4.4	0.86	7.14	56.21	9.20	8.3
2003	163.82	18.6	2.49	20.67	62.76	1.29	10.71	51.81	12.62	8.3
2004	200.83	22.6	3.37	27.97	35.32	1.78	14.77	52.82	13.93	8.3
2005	248.01	23.5	3.02	25.07	-10.37	1.34	11.12	44.37	10.11	8.3
2006	290.07	17	2.21	17.68	-29.48	1.39	11.12	62.90	6.10	8
2007	345.59	19.1	2.75	21.45	21.32	1.9	14.82	69.09	6.21	7.8
2008	427.61	23.7	3.91	28.54	33.05	2.58	18.83	65.98	6.68	7.3
2009	424.08	-0.8	1.62	11.02	-61.39	0.96	6.53	59.26	2.60	6.8
2010	523.99	23.6	2.49	16.93	53.63	1.83	12.44	73.49	3.23	6.8
2011	645.66	23.2	2.66	17.56	3.72	1.75	11.55	65.79	2.72	6.6
2012	740.03	14.6	2.63	16.57	-5.64	2.2	13.86	83.65	2.24	6.3
2013	800.88	8.2	1.87	11.78	-28.91	1.23	7.75	65.78	1.47	6.3
2014	870.85	8.7	3.01	18.36	55.86	1.7	10.37	56.48	2.11	6.1
2015	925.18	6.2	2.57	15.93	-13.24	2.19	13.58	85.21	1.72	6.2
2016	1 014.68	9.7	2.1	13.86	-12.99	1.38	9.11	65.71	1.37	6.6
2017	1 144.25	12.8		26.24	89.32		11.21	42.72	2.29	6.7
2018	1 173.52	2.6		30.6	16.62		12.6	41.18	2.61	6.6
2019	1 010.13	-13.9		31.7	3.59		13.4	42.27	3.14	6.9
2020	1 040.82	3		30.43	-4.01		11.91	39.14	2.92	6.9
2021	1 133.95	8.9		41.5	36.4		17.1	41.2	3.66	6.4

3.1 国际贸易的发展裹足不前

由图3-1可知，2002—2021年攀枝花的生产总值从138.09亿元增加到1 133.95亿元，增长了7.2倍；攀枝花国际贸易从12.7亿元增加到41.5亿元，增长了2.27倍；与攀枝花的生产总值增速相比，攀枝花国际贸易的发展严重滞后。由图3-2可以看出，攀枝花国际①贸易发展波动大，最低2009年，最高是2021年，增长率变动更大，像过山车一样，忽高忽低，缺乏稳定性与可持续性。

---

① 数据来源：攀枝花市人民政府官网。

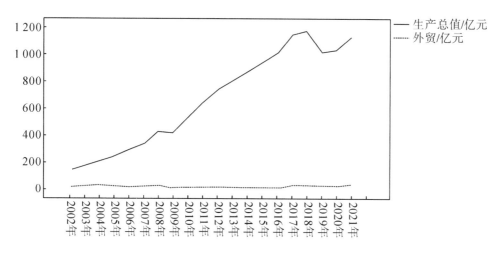

图 3-1　攀枝花生产总值与国际贸易发展比较

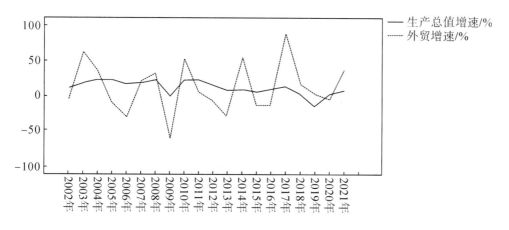

图 3-2　攀枝花生产总值与国际贸易增长率比较

3.2 外贸依存度太低，外贸逆差成为常态

由图 3-3 可知，2021 年攀枝花的外贸依存度为 3.66%，同年中国的外贸依存度为 34.2%，四川为 17.7%，只有约中国的九分之一，约四川省的五分之一。中国 2001 年加入 WTO，攀枝花的外贸依存度不增反降，没有利用改革开放和全球化的红利，没有充分利用国外市场和外部资源，错失了大好的发展机会，属于封闭型经济。2017 年以前，攀枝花国际贸易顺差，2017 年及以后，攀枝花国际贸易表现为逆差，出口堪忧，市场竞争力不强。

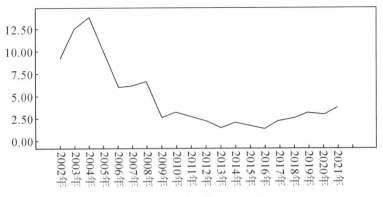

图 3-3　攀枝花外贸依存度

3.3 企业集中度高

2015 年，鞍钢国贸攀枝花公司出口 16 463 万美元，占攀枝花总出口额的 75.1%；2017 年 1—9 月，鞍钢国贸攀枝花公司、攀钢钛业、东方钛业和十九冶集团等企业实现国际贸易总额 17.87 亿元，占攀枝花国际贸易总额的 88.47%。其中，鞍钢国贸攀枝花公司占攀枝花国际贸易的 69%。攀枝花国际贸易企业集中度太高，民营企业的国际贸易业务比重太低，发展风险偏大。

3.4 出口产品集中度高、科技含量低

2016 年攀枝花主要国际贸易商品为铁矿砂、机器设备、机械铸件等。同年，芒果自营实现零突破出口。2020 年 1—8 月，攀枝花主要出口钛白粉和钢轨，分别占出口总值的 53.9% 和 22.7%，总和为 76.6%。2021 年的国际贸易出口产品，增加了枇杷、桑葚和工业萘。攀枝花国际贸易出口包含了约 15 种产品和服务，包含钛钢轨、钛白粉、钒钛铸件、十九冶集团境外工程、钒钛产品、金属硅、工业萘和水果等种类。2021 年出口钛白粉 11.9 亿元，占攀枝花出口总值的 69.6%；出口钢轨 2 亿元，占出口总值 11.7%；二者合计占 81.3%，出口产品集中度太高；除了钢轨有高科技含量，其他出口产品乏善可陈，没有市场定价权，容易造成国际贸易的大起大落，无法实现持续、协调的发展，风险也相对偏大。

3.5 发展中国家是主要贸易伙伴

2020 年 1—8 月，攀枝花共有 74 个贸易伙伴。其中，南非是攀枝花最大的贸易伙伴，贸易额为 5.1 亿元。第二到第五位分别为澳大利亚、哈萨克斯坦、马来西亚和土耳其，贸易额分别为 4.7 亿元、1.6 亿元、9 827 万元与 6 208 万元。大洋洲、亚洲和非洲是攀枝花主要的贸易地区，2020 年与三者的贸易额分别为 9.46 亿元、9.23 亿元和 7.93 亿元，分别占攀枝花国际贸易比重为 31.08%、30.33% 和 26.06%，合计达到 87.44%。除了澳大利亚之外，其他主要贸易伙伴都是发展中国家，交易风险相对较大。

3.6 缺乏外贸服务平台的整合

截至 2020 年，攀枝花尚未成立外贸协会，可见攀枝花的外贸组织过于弱化。攀枝

花处在南方丝绸之路要道上，发展与东南亚、南亚的外贸，有先天优势。目前，攀枝花有了新的城市定位，即四川的南方门户。攀枝花已经建立了钒钛、钢铁、机械制造、芒果等协会，但尚未实现系统国际化市场化运作，作用发挥有限。因此，利用全球资源和市场，为攀枝花赢得外贸发展机遇，建立攀枝花外贸协会迫在眉睫。发展外贸需要外贸协会牵头，带领企业"走出去"，这样做才能针对性更强、效果更好。

4. 攀枝花国际贸易的未来之路

4.1 发展外向型经济战略

攀枝花需要转换经济发展思路，由封闭型经济发展模式转换为开放型经济发展模式。根据国际市场需求，攀枝花应利用资源优势，开发有核心竞争力的产品融入国际经济大循环，再进口需要的技术和资源，迅速发展攀枝花经济。第一，立足攀枝花的特色资源状况，特别是钒钛资源、康养资源、特色农业资源、南方丝绸之路等，发展外向经济。第二，结合攀枝花的经济结构与产业政策。攀枝花的经济结构是以钒钛钢铁为主的重化工经济结构，产业政策与之配套支持，攀枝花的外向经济应立足以往的经济发展结构，进行不断优化，如对数字化和智能化赋能与创新，利用国际市场和外部资本，实现产业升级与外向发展。第三，对标国家和四川的产业政策，积极参加国际分工，促进攀枝花国际贸易的发展。第四、加快承接外向型产业，积极与"长三角"与"珠三角"建立战略合作，加快产业承接，扩大攀枝花外贸规模。

4.2 强化科技创新

强化技术创新，发展知识经济，掌握核心科技，赢得定价主动权，以质量与品牌取胜。

4.2.1 强化创新体系建设

科技是第一生产力，创新是引领发展的第一动力。紧跟科技革命步伐，用好"科技红利"，把科技转化为竞争优势。强化企业的创新主体地位，重视创新投入，多方筹措资金；合理利用国家政策，充分利用政府创新基金、财政补助和税收优惠等政策，充实创新资金池。打造宽松的科研环境，完善经费管理制度，赋予科研人员自主选择权和经费使用权，真正为创新活动服务。

4.2.2 鼓励企业科技创新

制定明确、细致的规划，对标国际先进节能减排前沿技术，增强企业的责任感和使命感。把科技差距形成任务目标，并分解到企业的战略目标中。明确企业中长期创新目标，勾勒未来的创新愿景。对创新目标进行分解，做到企业有创新战略、个人有创新目标。

4.2.3 创新人才管理战略

结合攀枝花特点，建立创新人才管理规划。针对科研岗位的工作特点，制定创新人才个性化培养方案。建立创新人才库和后备人才梯队，明确人才的选拔标准，制定公平、公正的人才选拔制度，建立完善的竞聘上岗机制。建立科学合理的晋升机制，员工根据自身特点、优势决定自己的发展方向，促进企业创新和员工事业发展的双赢。完善人员激励政策，鼓励原始创新，自由探索、厚积薄发，提升基础研究人员待遇。

4.3 发展钒钛终端产品战略

投资、消费与国际贸易是拉动经济增长的三驾马车。其中，投资是中间需求，最终是为了满足消费需求，终端消费品是保证国际贸易稳定增长的源泉。加快发展钒钛终端产品，需要坚持以下原则：一是加大创新力度，打造钒钛消费品核心竞争力，在国际市场有竞争优势。二是加大政策支持力度，为钒钛消费品的研发与生产营造良好的环境。三是对钒钛终端产品的市场定位，进行科学的市场调查，基于国际市场的消费者特点、竞争对手与终端条件，来满足消费者需求，赢得消费者的满意与忠诚。四是坚持差异化原则，有个性、有差异的产品与品牌才能赢得市场竞争。

4.4 重点发展国际康养产业

康养产业是攀枝花的名片，与北戴河构成了国家南北康养样板城市。康养产业的发展不能仅限于国内市场，也要看看"诗和远方"，把目光投向国际市场。攀枝花具有"无风无云大太阳，蓝天绿树暖洋洋"的气候特点，具有发展国际康养的先天资源优势，这些恰恰是俄罗斯、蒙古国、韩国和日本所欠缺的。

4.4.1 配备国际康养专业人才

目前，康养服务人员文化水平较低、年龄偏大、专业水准不高，影响了康养服务质量。从现实角度来看，康养职业工作强度大、认可度低、职业发展空间狭窄、工资低，很难吸引高素质人才从事康养职业。国际化康养专业人才，不仅需要专业技能，也需要相关外语水平、跨文化交流沟通能力和国际营销能力，专业素质要求高、缺口大。因此，攀枝花政府应大力宣传康养产业的社会责任，加强社会对康养产业的认可，让康养工作者感受到社会的尊重；制定特殊津贴制度、法定工作时间、最低工资与强制带薪休假制度等制度；加强康养人才的培训和教育投入，鼓励康养人才的创新培养模式。

4.4.2 塑造康养国际品牌形象

发展国际康养业务，赢得海外市场，塑造康养国际品牌形象是关键。首先要设计好攀枝花康养品牌形象，凝练康养文化的内容，讲好攀枝花故事，找好国际市场推广的形象代言人；其次要选好国际市场推广的媒体，央视四套是不错的选择，也可利用推特或者 Facebook，以及自媒体进行市场推广。再次，俄罗斯、韩国和日本应当成为攀枝花康养产业主要国际客户，不仅因为它们的冬天天气寒冷，也因为我国与这些国家关系相对融洽。最后，一定要注意跨文化沟通的艺术，尊重他国的文化习俗，塑造攀枝花兼容并包的国际市场形象。

4.5 扶持一批骨干国际贸易企业

攀枝花应为企业提供精细化、高质量服务，帮助企业解决现实问题；聚焦钒钛优势产业和康养产业领域，持续组建与扶持国际贸易骨干企业集群。优先扶持具有发展潜力、核心竞争力和技术含量的企业，解放思想、大胆创新，制定切实扶持政策，让骨干企业快速发展。实施便捷的通关模式，建立跨部门联动机制，进一步提高通关效率。加快引进出口项目，重点推动并扩大出口。发展有潜力的出口企业，使骨干企业成为国际贸易的重要支撑。优化出口产品结构，扶持高附加值、高科技、高利润的产品出口。鼓励企业进口先进技术和稀缺资源。引导外资投向高端制造、康养产业、新能源和节能环保产业。积极实施国际市场战略，充分利用国际国内"两种资源"与"两个市场"，不断壮大攀枝花经济。

4.6 加大国际市场推广

4.6.1 国际市场调研

对国际市场的法律法规、文化风俗、风土人情、宗教、消费习惯、淡旺季分布等做深入研究，判断未来的市场潜力。只有充分了解当地的消费心理和行为，品牌和产品才能融入当地市场。

4.6.2 市场推广方式

国际市场推广方式主要有线下和线上两种。选择线下推广方式要谨慎，应当充分了解当地传统媒体，推广费用、营销效果都是需要考虑的问题。线上则以 Facebook、谷歌、YouTube、Instagram 为主。一般建议使用线上推广，实时掌控，快捷有效。

4.6.3 利用展览会推广

组织企业参加博览会、进博会与广交会，实施市场推广。除了传统看样成交外，还有网上交易会。同时，应以出口贸易为主，兼做进口生意，开展各种经济技术合作与交流，包括商检、运输、保险、广告、咨询等国际贸易辅助活动。利用各种博览会平台，可以有效市场推广国际贸易业务。

4.6.4 规避国际贸易风险

接单时要保持平和心态，对客户的要求，要综合各方面考虑，不可盲目接受，要学会拒绝客户不合理的要求。在合同中，应清楚说明商品运输、定价、付款等内容，对产品品质和交货期的表述应做到清晰、明确，避免产生分歧。证据留存十分重要，沟通过程要记录且进行存档，对生产、包装及运输等各环节进行拍照。要对出口国家的贸易政策有一定了解，对产品的所有信息都要真实申报，避免海关验货时不符合要求而造成损失。仔细制作单据，避免单证不符，造成客户拒付货款。收款是国际贸易最大的风险，一定要慎重选择付款方式。

4.7 建立攀枝花外贸协会

为了促进攀枝花外贸的发展，建立攀枝花外贸协会刻不容缓。外贸协会作为半官方的机构，成员来自攀枝花外贸企业、外贸服务中介、高校、政府部门、外国经销商和顾客。建立外贸协会，可以促进外贸投资；促进攀枝花外贸发展，繁荣攀枝花经济；对外贸企业、社会团体和研究机构提供数据，加快攀枝花外贸的系统化研究；促进外贸推广，推动国际经济合作，成为外贸企业与政府沟通的纽带，加强与外贸伙伴的沟通和联系，成为外贸企业与境外合作的桥梁，成为外贸企业相互交流的平台；维护攀枝花进出口企业权益，规范进出口企业行为，提升进出口企业经营素质；提高贸易便利水平，积极扩大进出口。健全贸易摩擦预警和法律服务平台，组织翻译对外贸易救济法律法规与应诉指南。加强外贸制度创新，搭建行业平台，培育外贸服务载体。优化外贸环境，科技、商务、经信、检验检疫、海关、税务、外汇、金融与各类商会协会建立合作机制，加强协作共事，落实对外贸易便利化措施。

通过分析2002—2021年攀枝花的国际贸易数据，总结出攀枝花的国际贸易呈现企业集中度与产品集中度太高、发展裹足不前、外贸依存度低、外贸逆差成为常态、出口产品科技含量低以及贸易伙伴限于发展中国家的特点。但只要攀枝花确定外向型经济发展战略、强化科技创新、发展钒钛终端产品、重点发展国际康养产业、扶持一批骨干国际贸易企业以及加大国际市场推广，攀枝花国际贸易未来之路就仍然比较乐观，攀枝花经济发展就有了新的解决方案。

案例使用说明

一、教学目的与用途

1. 教学目的

通过本案例的学习和研讨，让学生了解攀枝花国际贸易发展的历史，深入理解攀枝花国际贸易现状，对相关问题提出解决方案，提升学生分析问题与解决问题的能力，提高国际贸易决策水平；增强国际贸易的全面认识，推进启发式教学，提高教学质量；从学习理论知识转向训练国际贸易技能，强化实践训练，实现国际贸易综合能力的培养。

2. 教学用途

本案例主要适用于国际经济与贸易专业的国际贸易课程。

二、启发性思考题

1. 攀枝花如何发展开放型经济？

2. 通过攀枝花外贸的发展历史，分析攀枝花外贸发展的亮点和弊端。

3. 你认为应该如何布局攀枝花未来的外贸发展？

三、背景信息

攀枝花外贸的发展，离不开中国加入世贸组织 20 多年的外贸发展环境。2001 年 12 月 11 日，中国正式加入 WTO，目前已经 22 年了。2002—2020 年，世界平均贸易增长率为 6.38%，中国年均出口增长率为 13.67%，年均进口增长率为 13.01%。自从加入 WTO 后，中国的国际贸易一直保持顺差。

2001 年，中国刚刚加入世贸组织，加工出口贸易在出口中的比重是 55.45%；从 2002 年到 2007 年，加工出口贸易的平均比重降到 53.07%。从 2009 年开始，加工出口贸易的占比快速下降。到了 2020 年，加工出口仅占全部出口的 27.14%，其他贸易在外贸中的比重不断上升。

中国贸易伙伴也日趋多元化，从传统的美欧日到全球各地的市场。中国刚加入 WTO 的时候，非常依赖美欧日市场。2002 年，中国与美欧日三大传统市场的外贸占比为 46.05%，这取决于中国与发达国家的经济结构的互补性，即中国出口贸易对象只能是更高消费能力的美日欧等发达经济体，而中国进口贸易产品只能是先进生产力的发达经济体产品。"一带一路"倡议于 2013 年提出，中国与"一带一路"合作伙伴的国际贸易比重不断上升，无论是陆地丝绸之路还是海上丝绸之路，外贸活动日趋活跃，外贸伙伴变得更加多元。东盟是陆地丝绸之路与海上丝绸之路的汇集点，目前已成为中国第一大贸易伙伴，与东盟贸易额占中国外贸的比重，从 2002 年的 8.82% 上升到 2022 年的 15.5%，而与美欧日国际贸易额占比下降到 31.1%，与 2002 年相比下降了 14.95 个百分点。

加入 WTO 对中国产生了深远和系统的影响，加速了中国国际贸易的快速发展。世界各国抓住了中国的发展机会，中国则利用了世贸组织的红利，促进了经济结构的转型，倒逼中国全方位的改革，促使中国全面发展。加入 WTO 并不是单纯的降关税和加入国际组织那么简单，其产生的综合效应让中国维持了两位数的外贸增长，而且持续20年实属不易。中国加入 WTO 之后，又有21个成员加入，但只有中国中外贸发展最引人瞩目，经济转型取得成功，实现了工业化的梦想。究其原因，除了 WTO 的原因，与中国改革开放政策的准备和实施，有密不可分的关系。

四、案例分析思路及要点

1. 案例分析思路

依据教学大纲要求和案例分析目的，将攀枝花国际贸易的发展作为研究对象，收集中国加入 WTO 以来攀枝花国际贸易的相关资料和数据，包括政府统计数据和网站新闻数据。依据案例分析和研究目的，指导学生对攀枝花外贸历史中各种变量（出口额、进口额与地区生产总值的比率等）进行逐项分析研究，探索攀枝花国际贸易发展的内在规律，正确认识攀枝花国际贸易的发展规律。

2. 需要学生识别的关键问题

攀枝花国际贸易的关键节点；攀枝花国际贸易的发展与中国国际贸易的发展节奏差距；提升攀枝花国际贸易依存度。

3. 案例教学中的关键知识点、能力点

攀枝花国际贸易发展的 SWOT 分析，解决攀枝花外贸依存度低的思路，"一带一路"对攀枝花外贸的影响。

五、理论依据与分析

（一）理论背景

1. 封闭经济与开放经济理论

封闭经济是指没有和外部发生联系的经济，即一国在经济活动中没有与国外的经济往来，仅存在国内的经济活动。开放经济是指一国与国外有经济往来，本国经济与外国经济之间存在着密切的关系。开放经济有三个层次，即产品市场开放、资本市场开放与要素市场开放。其中，要素市场开放的国家比较少，特别是发达国家，会为保护本国国民的就业而禁止这一市场。

2. 外贸依存度

外贸依存度是一国的经济依赖于国际贸易的程度，是一国进出口贸易总额与其国内生产总值之比。外贸依存度不仅反映了一国经济依赖于对外贸易的程度，也反映了该国的经济发展水平以及参与国际经济的程度。

（二）行业背景

2021年，中国对外贸易快速增长，货物进出口规模创历史同期新高，贸易结构持续优化，增长新动能加快积聚，高质量发展稳步推进，对国民经济的贡献进一步增强，为全球"抗疫"和经贸复苏做出重要贡献。当时，全球疫情起伏反复，经济复苏分化加剧，大宗商品价格高企、能源紧缺、运力紧张及发达经济体政策调整外溢等风险交织叠加。但是，我国经济长期向好的趋势没有改变，外贸企业韧性和活力不断增强，新业态新模式加快发展，有信心实现外贸稳定发展。

（三）制度背景

对外贸易制度是一国或地区对外贸易管理和经营所采取的管理机构、管理权限分配、管理方式以及经营组织形式，是一国国民经济体制的重要组成部分。经过多年的改革与完善，我国已经形成了一套具有"中国特色"的、有针对性的、不断变化的对外贸易制度。当然，中国对外贸易制度也存在一些问题，如法律制度建设进程缓慢、产权制度不健全、技术创新制度缺乏、自由贸易试验区制度不完善、行政管理制度不明晰以及利用外资制度不合理等，这些问题制约了中国外贸的进一步发展。

六、教学组织方式

1. 课前预习

在开始本案例教学之前，学生应先对本案例内容进行预习了解，在课前下载、阅读攀枝花近20年国际贸易数据，并进行分析，为课堂案例分析讨论打下基础。

2. 课堂讲解

由老师对案例的知识进行讲解，再结合国际贸易相关理论和数据分析，阐述攀枝花国际贸易的发展历史和现状，并分析相关问题，为攀枝花国贸的未来发展提供理论和数据支撑。

3. 小组讨论

告知学生发言应该主要包括三方面内容：第一，根据案例情景对问题的理解；第二，根据案例资料进行案例分析；第三，案例分析的结果是否验证了自己的猜测。时长控制在课堂时间的一半左右。

4. 课堂提问和解答

针对学生的不同意见和见解，老师应该给学生提供不同的方案和建议，不要一味否定学生的思想方法，可以通过引导和讨论，提出相关解决思路。

5. 课后计划

可根据课堂的讨论，要求学员进行角色换位展开联想和思考，也可要求学员对攀枝花国际贸易的未来发展做出预测。此外，还可要求学生关注攀枝花国际贸易的进展，并与自己的分析与预测相比较，以加深对案例分析的理解和修正。

七、案例的后续进展

本案例可以不断升级更新，持续跟进攀枝花国际贸易的发展状况，与统计局、攀钢、钒钛科技城进行互动沟通，获取最新数据，丰富研究参数，不断完善案例。

八、其他教学支持材料

一是计算机支持。可列出支持这一案例的计算机程序和软件包，它们的可得性，以及如何在教学中使用它们的建议或说明。二是视听辅助手段支持。可收集能与案例一起使用的电影、录像带、幻灯片、剪报、样品和其他材料。三是Excel计算表格。在做数据统计等工作时可使用该软件。

攀枝花市 ABC 果园芒果营销策略案例

攀枝花学院经济与管理学院

王敏

摘要：本案例描述了攀枝花市 ABC 果园的基本情况和其在国内国际市场销售的现状。虽然公司建立的时间不长，发展态势却还不错，特别是其芒果，取得了较好的销售业绩。但近年来也出现了销售回落的情况，在"一带一路"背景下，公司开始在东亚地区销售布局，以期寻找更多的市场机会。如何认清营销环境、锚定市场需求，实现长期可持续发展，是公司发展面临的问题。

关键词：市场需求；营销环境；销售困境；影响因素

攀枝花市位于四川省最南端，是四川通往南亚、东南亚的最近点，也是四川省唯一的亚热带水果生产基地。攀枝花市属于南亚热带干热河谷气候，具有"南方热量，北方光照"的优越条件，其地貌类型复杂多样，以山地为主，盛产芒果、枇杷、莲雾、石榴、草莓、樱桃等特色水果。攀枝花市芒果种类多、味道美、知名度高、销量大，此案例专门以攀枝花市 ABC 果园芒果为研究对象，探索企业在经营道路上的营销策略问题。

1. 攀枝花市芒果市场概况

1.1 攀枝花市芒果产量及产值情况

攀枝花市地处北纬 26°，是中国西南川滇结合部，这样的海拔与地势有利于芒果吸收光热，山地种植的通风透光条件也有利于传粉坐果。此外，攀枝花市还具有芒果花期无梅雨，果期无台风的优势。攀枝花市光照强、热量足、相对干旱，十分有利于芒果生长、开花、结果，且芒果果形美，外观漂亮；昼夜温差大，有利于果实中淀粉的积累和糖分的转化，种植出的芒果具有甜大鲜的特点，可溶性固形物含量高、口感好，品质上乘。

2009 年，"攀枝花"牌商标成功申请国际注册，获得 GAP 认证，取得欧洲市场准入证。2010年3月25日，中华人民共和国农业部（现农业农村部）批准对"攀枝花芒果"实施农产品地理标志登记保护。2011年，攀枝花芒果品牌获得"消费者最喜爱的中国农产品区域公用品牌"；2016年，获得全国名优果品区域公用品牌，同年获得国家质检总局（现国家市场监督管理总局）国家级出口食品农产品（芒果）质量安全示范区。2017年9月，攀枝花芒果品牌发布推介会先后在北京、成都、上海等地召开。

攀枝花市不仅是全国第二大芒果种植基地，同时也是全国最大的晚熟芒果基地和全世界纬度最北的芒果产区。攀枝花市芒果的成熟期主要在7月下旬至9月下旬，上市时间为7—10月，比其他地区晚2—3个月。全市芒果总面积的75%都是凯特芒果，900米左右的低海拔区6月初就能上市，而1700米左右的高海拔区到12月底还在采摘，恰好与热带产区错开上市时间，也不会形成激烈的竞争关系。对比海南三亚、广西百色、四川攀枝花三大芒果主产区，攀枝花市芒果纬度最北、海拔最高、成熟最晚，却以纤维少、甜度高、质地腻滑获得好评。攀枝花市芒果主要产量及产值情况见表1-1。

表1-1 攀枝花市芒果产量及产值情况①

经营主体	数量/个	比例/%	年平均产量/吨	产量比重/%	年平均产值/万元	产值比重/%
小农户	3 328	98.11	24 960	13.65	28 953.6	13.65
家庭农场	12	0.35	6 806	3.72	7 896	3.72
合作社	41	1.21	57 316	31.35	66 486	31.35
企业	11	0.33	93 758	51.28	108 759	51.28
总计	3 392	1	182 840	1	212 094.6	1

攀枝花市芒果产量主要来源于小农户、家庭农场、合作社、企业等经营主体，其中产量最低的是家庭农场，年平均产量6 806吨；小农户虽然产量也不算高，年平均产量24 960吨，但其数量多，达到了3 328个；相较来说，合作社年平均产量较高，有57 316吨，最高的是企业，年平均产量达到93 758吨，但数量较少，仅11家。从产值看，贡献最大的仍然是企业，其产值达到总产值的51.28%，其次是合作社，产值占比31.35%，然后是小农户，产值比重为13.65%，最低的是家庭农户，产值比重仅为3.72%。可以看出，攀枝花市芒果产量的主力军是企业，仍需要大力发展企业投入到芒果生产经营中。

1.2 攀枝花芒果主要销售模式

攀枝花芒果采取了多种方式对外销售，但最主要的有以下6种：

1.2.1 种植户自销

为了保障芒果的质量，种植户在每天凌晨四时之前便开始在自家芒果园区采摘，然后在天明之前将芒果运送至早市或者水果市场进行销售，以便售完当天采摘的芒果。

① 肖卫东."公司+农户"经营模式研究［D］.成都：西南财经大学，2020.

这种种植户自销的方式占整个芒果销售量的62.3%。

1.2.2 收购

收购可以节省种植户散卖的时间成本，是攀枝花市芒果销售的主要方式之一，也是最方便和快捷的方式之一。一般来说，收购分为合作社收购和经销商上门收购等。当地的合作社为了帮助周边的农户销售芒果，会雇用合作社的社员对芒果进行收购，然后进行统一质量检验和统一包装销售等。同时，由于攀枝花市芒果种植面积大、芒果质量较好、品种丰富，吸引了大量外地芒果经销商来收购，并且形成长期的合作销售关系，通过这种收购的方式销售芒果占比达到21.3%。

1.2.3 节会销售

攀枝花每年都会在8—9月举办芒果节，让外来旅客体验芒果种植的乐趣和农家生活，这种休闲农业旅游方式不仅有利于吸引客流从而促进攀枝花芒果销售，而且有利于进一步提高攀枝花市芒果知名度和品牌度。这种销售方式占据整个芒果销售方式的10%左右。

1.2.4 电话预定

电话预定的销售模式是近年来兴起的一种销售模式。基于预定主体的不同，该种模式主要可分为两类，一类是长期合作的超市，可以直接进行电话预定，省掉超市销售人员去芒果种植区进行预定的麻烦。另一类是普通的消费者在芒果旅游节上了解，或者通过朋友介绍，出于对某芒果种植户的品质和农户的信赖等，然后通过电话的方式预定某芒果种植，这种销售方式占据攀枝花整个销售量的5%左右。

1.2.5 果树认养

果树认养相当于一种微型家庭农场，目前仅在攀枝花市的个别种植户中进行尝试。截止到2018年年底，整个攀枝花市一共有大约2 000棵芒果树被300位消费者认领。认领了芒果树的消费者可以不定期到芒果种植园来体验种植芒果的乐趣，比如给芒果浇水施肥、疏花、疏果，成熟后进行采摘等。通过这种认领方式，每棵树都能获得约5千克的芒果。这种芒果树认领的方式销售占据整个芒果销售量的0.2%左右。

1.2.6 网络销售

网络销售主要是利用淘宝等网络平台进行销售，政府鼓励种植户利用天猫、京东生鲜等电商平台和攀枝花建设的芒果生鲜网等进行水果销售。因此，政府部门出台了专门的电商销售扶持计划，对采取电商销售模式的农户进行技术培训和资金奖励。目前网络销售的模式已经初步产生成效，并且取得了较大的网络销售量，这种销售方式占据整个攀枝花芒果销售量的1.2%左右。

上述多元化的芒果销售方式，为攀枝花市芒果种植农户和种植合作社种植出来的芒果的销售提供了多种渠道（见图1-1），为芒果的及时入市销售提供了保障，同时也保障了果农的种植收益。但值得注意的是，当前攀枝花芒果销售仍以散户售卖和收购为主，其他几种方式销量占比还比较低，这也为未来进一步优化销售渠道，提升销售能力提供了改进空间。

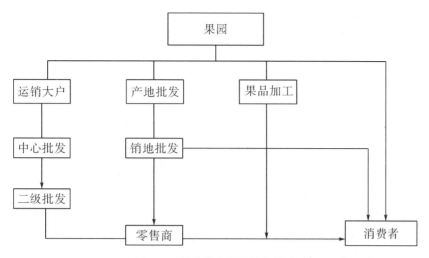

图 1-1 攀枝花市芒果销售渠道

除了在国内市场发力，攀枝花市芒果也在努力开拓外贸市场。攀枝花市芒果主要出口到俄罗斯、德国、加拿大、哈萨克斯坦、马来西亚、新加坡等国家和地区。2016年，攀枝花市芒果出口 1.5 万吨，创汇 3 000 万美元。2017 年，攀枝花 14.4 吨芒果自主报关销往新加坡，还搭乘"蓉欧快铁"销往荷兰。除去疫情影响的几年，攀枝花市芒果外销总体呈增长趋势，但增量不高，低于预期。近年，攀枝花市邮政公司与莫斯科 4 家超市签订了芒果供货合同，计划通过蓉欧班列每周发一个专列，年销售 3 万吨以上。但由于俄乌局势不稳定，影响了铁路的货物运输，即使冷藏运输也有很大的损坏风险。其间，攀枝花销往莫斯科的芒果没有发铁路，而集装箱货车的运费比铁路高出 5 倍多，但可销售的客户范围小了很多，因此外销增长不如预期。但从整体上看，来自"海拔最高、纬度最北、成熟最晚"的攀枝花市芒果已飘香全国，走向世界。

1.3 攀枝花市芒果价格概况

从价格上看，攀枝花市芒果在全国价格最高。主要原因是攀枝花市芒果最晚成熟，每年 11—12 月的芒果收购价可达到 16 元/千克，市场零售价在 24～26 元/千克。而 6 月份刚上市的时候，收购价只有 4 元/千克的样子。由于季节不同，外销价格差异较大。成熟越晚售价越贵，最贵可以达到 30 元/千克。2022 年攀枝花市芒果全年综合产值约 36 亿元，比 2021 年高出 10% 左右。价格上升主要是因为去年春季全国多数芒果产区遇到低温，许多产区减产，而攀枝花比较暖和，受灾区域少、程度轻。

2. 攀枝花市 ABC 果园情况

2.1 基本情况

攀枝花市 ABC 果园创立于 2014 年，注册资本为 2 000 万元，公司类型为有限责任公司（自然人投资或控股），现有员工 34 余人（管理人员 4 名，财务人员 3 名，销售团队固定员工 11 人，果园固定工人 16 人），包装场地 2 000 余平方米，高峰日量产 30

余吨商超商品果、50 余吨渠道果。攀枝花市 ABC 果园与永辉四川大区、厦门元初、众屹实业、鞍钢生活公司、四川知食供应链、湖南交通频道、国安社区等多个销售渠道合作，2021 年完成国内销售 4 000 余万元，通过与新疆福禄可得出口 40 余吨，销售额达 100 多万元。

北纬 26 度是地球上优美风景的代名词。北纬 26 度上有浪漫的夏威夷、秀丽的迈阿密、绚烂的冲绳等。同在风景线上的攀枝花，因其得天独厚的地理地质优势，孕育着许多优质水果，其中以芒果、石榴、枇杷、脐橙、苹果等闻名，"攀枝花市 ABC 果园"也因此得名。公司依托攀枝花特色水果资源，孜孜追求"绿色、生态、健康"品质，经过多年打造，已成为国内首个以芒果为主题的、集第一、第三产业于一体的农业龙头企业。

攀枝花市 ABC 果园目前已与 20 多个专业农业合作社合作，直供优质水果，并100%保证新鲜。公司旗下有千亩（1 亩 ≈ 666.67 平方米）核心果园，其中出口备案果园 300 公顷，公司为实施品牌战略，以"好生态更放心"为核心价值理念，实施乡村振兴战略，推动第一、第三产业融合发展。

第一产业：与以色列、中国热科院合作建立了千亩芒果示范果园，定期邀请农业专家下乡培训，提供种植、培养等技术支持。同时，公司通过 21 个"三农"服务站开发建设了 10 万余亩芒果合作基地；2022 年在太平红岩村建成基地 5 000 亩，并完成出口备案；打造了物联网、水肥一体化智能示范果园，并与中国热作院、农科院合作，成立芒果培训学校，从源头提升果品质量。

在第三产业上：在四川攀枝花建设中国芒果地标，打造芒果博览园，汇聚国内所有芒果品种，形成集采摘体验、科普教育、休闲娱乐、康养度假于一体的综合业态。

攀枝花市 ABC 果园芒果农场是全国最具代表性的以芒果为主题的集休闲、娱乐、观光、农事体验、阳光康养、水果采摘、科普教育于一体的一、三产业融合发展的田园综合体之一。该项目占地 1 002 亩，总投资 2 000 万元，园内实行种养循环、远程监控、全程溯源，且园内芒果处于盛果期，共有 12 个品种，涵盖了国内主要的芒果品种。项目规划建设芒果博物馆、芒果餐厅、芒果游乐场、芒果广场、芒果 DIY 加工厂、芒果露营基地、芒果民宿等以芒果为主题的休闲娱乐、科普教育设施，让产区变景区，果园变花园，产品变商品。

在第一产业上，全园完成水肥一体化物联网建设，与热科院合作芒果筛选、杂交育种等试验园 20 亩，完成与中国科学院合作林下种植示范园 20 亩。在第三产业上，全国完成接待中心 1 处、观光长廊 1 座、遮阳棚 3 座、道路造型廊架 3 座、卫生间1 座。在 2018 年 12 月完成全园的车道 3 千米、人行步道 4 千米、护坡 3 000 平方米、沟渠 1 000 米以及芒果主题公园建设。

2.2 基地建设

公司旗下有千亩核心基地，其重点打造的 26 度庄园实施有机种植，是国内少有的远程监控种养循环芒果种植基地。园内视频监控全覆盖，每棵果树都有专属二维码，每个果子都可品质溯源，山羊与果树共生，空山鸟语，四季花香，羊群呢喃。

公司累计投资 5 000 万元，建成集休闲体验、康养度假、科普教育于一体的芒果主题农庄，力争建成国家级标准化芒果种植区，成为攀枝花市一二三产业融合发展的典范和农业供给侧结构性改革的先导。

公司与果农共建了万亩标准化基地，组建基地专员，采取统一管理、统一培训、统一溯源、统一使用有机肥、统一补助标准、统一销售标准、统一品牌打造，对 7 个统一进行基地建设，从源头把控品质。

2.3 销售渠道布局

攀枝花市 ABC 果园以电商、活动推介、营销策划、品牌打造等为主要内容，推进创新发展。公司不仅有京东特色馆、天猫旗舰店等十余个电商平台，还有微信自营商城、微信公众号。公司在线下有多处实体店，与 40 余家水果专业合作社签订了直供协议，基地年产水果 5 000 多吨。公司已成为攀枝花最大的生鲜电商，在芒果、石榴、枇杷上市的季节，其网销常居全国第一。公司在上海浦东新区沪南路建立了攀枝花水果批发中心，并在黄浦区黄家阙路开设了"26 度"水果体验店，在成都春熙路、大石西路和双流机场航站楼，开设了多家水果体验店，在西南水果集散地蒙阳建立了仓储分选包装中心和攀西水果批发中心，打造攀枝花水果出川中转站。

2.4 品牌建设

公司线上线下并重，一产三产融合，扎根土地，深耕品牌，顺应中央、省市农业绿色可持续发展战略，以"绿色生态"为发展方向，以"创新+实干"为发展动能，倾力打造中国知名水果品牌。

为做强攀枝花市 ABC 果园品牌影响力，公司邀请明星等知名人士代言，在攀枝花市中心广场、成都春熙路等地连续举办多种多样的品牌活动进行宣传。邀请省级部门领导以及市级领导等共同出席活动，吸引了人民网、新华网、中新网、光明网、香港经视、四川日报等数十家媒体。活动持续时间长、规模大、影响深远，是攀枝花历史上在外地举办的最大的品牌营销活动，攀枝花市 ABC 果园品牌在成都迅速被接纳。同时，中央电视台中文国际频道在《走遍中国》——《盛开的攀枝花》节目中也详细介绍了攀枝花市发展特色水果的漫长道路。节目重点介绍了攀枝花市 ABC 果园通过改善土壤、规范种植标准、创意创新包装，引领攀枝花电商发展，将攀枝花特色水果提档升级，推向全国。经过多年品牌打造，攀枝花市 ABC 果园在攀枝花已家喻户晓，不仅在四川有很高知名度，而且在全国也有了一定的知名度。

3. 攀枝花市 ABC 果园水果销售状况

攀枝花市 ABC 果园销售包括线上和线下两个部分。线上主要走亲民简装路线，已拥有官网、天猫店、淘宝店、京东店等电商平台，并与京东、中通、圆通、顺丰等物流达成战略合作，保证了产品运输时效性。同时，线上还构建了攀枝花市 ABC 果园、芒果树认养、认养芒果树自媒体矩阵，有效传播品牌信息及活动。线下则依托品牌强大的影响力，将价格与品牌相配套，定位中高端消费群体。一方面，攀枝花市 ABC 果园与百果园等生鲜企业合作，入驻各大生鲜超市及专卖店；另一方面，开设攀枝花市 ABC 果园直营店，并直供攀枝花市 ABC 果园水果、文创、DIY 等产品。同时，攀枝花市 ABC 果园还与政府、各行业企业达成合作，成为指定的直采品牌。此外，其线上和线下还制定了产品售后损坏 100% 包赔制度，并遵循"七个统一"，即统一标准、统一技术、统一培训、统一使用有机肥、统一品牌、统一销售、统一溯源。攀枝花市 ABC 果园以优质的品质、服务、品牌，占据了当地中高端市场 50% 的份额。

3.1 近年整体销售量

近年来，攀枝花市 ABC 果园水果的销售渠道主要有节会销售、门店销售、电话预定、果树认养、网络销售等。各个不同渠道销售状况有所不同，部分渠道销售较为稳定，部分渠道受疫情等原因影响销量下降尚未恢复，部分渠道受疫情影响作用正逐步减少，销售量开始回升。具体见表 3-1。

表 3-1　2017—2021 年攀枝花市 ABC 果园水果销售量统计　　　　单位：吨

渠道	2021 年	2020 年	2019 年	2018 年	2017 年
节会销售	20	50	100	200	400
门店销售（批发）	2 500	2 000	1 700	1 000	1 200
电话预订	120	100	100	150	100
果树认养	20	20	50	150	30
网络销售	200	150	300	2 400	3 000
境外销售	40	300	200	50	40
其他	100	80	50	50	30
合计	3 000	2 700	2 500	4 000	4 800

从表 3-1 可以看出这五年不同销售渠道销量的变化情况。

从 2017 年开始，境外销售逐年有所增加，但是受疫情影响，2021 年急速下降。外贸各项标准要求高，也影响着水果出口量。

攀枝花市 ABC 果园的外贸业务一般从每年七月底开始，主要出口到东亚五国。由于东亚五国市场需求主要是符合标准的芒果，但芒果的季节性较强，公司实际能出口的农产品只能做两个月，量也不是很大。

公司外贸除 2021 年疫情影响外，虽然销量不大，但逐年呈递增趋势，发展态势较好。通过分析，笔者认为公司销量上不去的主要原因有以下三点：

第一，政策要求。例如，相关政策出口农产品必须是在海关备过案的，且备案果园需集中连片至少 100 亩以上，但目前果园面积有限难以形成规模效应，满足条件的备案果园很少。

第二，市场需求不同。例如，中亚五国市场只要个头比较小的黄颜色芒果，在此要求下，符合标准的芒果数量更少。

第三，相关配套。公司面临物流运输网络不成熟、出口贸易风险（汇兑风险、销售时间风险）。

3.2 攀枝花市 ABC 果园面向的主要城市

攀枝花市 ABC 果园成立初期的主要销售区域为攀枝花市，经过企业的努力，得到了攀枝花市人民的认可，也一步步走出市、省，走进全国，走向世界。但从整体上看其主体销售还是在成都，销售面向的主要城市集中在国内部分城市，攀枝花市 ABC 果园销售区域还比较有限，未来发展之路还任重道远。2017—2021 年攀枝花市 ABC 果园产销量的详细情况见表 3-2。

表 3-2　2017—2021 年攀枝花市 ABC 果园产销量汇总

年份/年	产量/吨	销量/吨	平均售价/元	主要销售区域或城市（前 5 个）
2021	1 200	3 000	5 000	成都、北京、深圳、厦门、上海
2020	1 000	2 700	6 200	成都、北京、深圳、厦门、俄罗斯
2019	900	2 500	6 200	成都、北京、深圳、东莞、武汉
2018	1 000	4 000	6 000	成都、北京、深圳、广州、中亚
2017	700	4 800	5 400	成都、北京、武汉、东莞、深圳

3.3 攀枝花市 ABC 果园的发展之路

3.3.1 传统销售不放松

传统销售模式指通过市场实体店、摊贩、超市等进行水果销售。传统的销售渠道呈金字塔式的体制，因其广大的辐射能力，对产品占领市场发挥出了巨大的作用。攀枝花市 ABC 果园一直进行着传统销售渠道建设，布局了多个批发中心、水果体验店和山姆会员店，其中攀枝花、成都均设有直营水果体验店。水果属于应季产品，到了成熟期将大量上市，需要短期内快速销售，所以传统销售模式整体销售体量不大，因此，公司采取批零结合，并增加电话订购等方式促进销售。

3.3.2 利用"互联网"促销售

"互联网"销售是指借助互联网络、计算机通信和数字交互式媒体的功能来实现营销目标的一种方式，其实质是以互联网为工具进行销售。"互联网"销售主要包括 B2B 模式销售、搜索引擎广告销售、App 销售等。此种销售模式成本相对较低，且更吻合当前年轻客户群体的购物习惯。此销售模式的关键是对运输和服务的保障，以及水果运输到目的地后对品质的保障。由此，公司应加大对线上销售的力度，重点关注运输、服务两条主线，以提升客户满意度，促进公司水果销售提升。

3.3.3 加强水果外贸

中国是水果生产大国，近年来水果出口一直呈上升趋势，公司也紧抓市场机会，推动水果外贸发展。公司水果外贸从 2017 年的 40 吨到 2020 年 300 吨，逐年递增，销售态势良好，但 2021 年受疫情影响只销售了 40 吨，2022 年虽有增长，但出口占生产量的比重仍然比较低。公司进行深入调研后，发现 2022 年销售增量不大的主要原因在于出口果园备案制度的影响较大。针对出口水果的瓶颈问题，公司加大了出口果园备案力度，加强与海关的沟通联系，申请基地化合作，并与农户签订合同，将农户的果园交给公司托管，这样可以使得几户农户的果园面积连成片，以符合海关对备案果园面积需连片到 100 亩以上的要求。同时，公司还开展技术培训服务，力争提高果园果子的产量和品质。

3.3.4 打造优势品牌

随着人民生活水平的提高，消费者对水果的需求有了从重量到重质的变化。而当前果农品牌意识仍相对淡薄，更注重眼前效益，使得长期利益与短期利益之间出现矛盾。公司在向往大力推广、建设优质品牌的同时，也对果农进行品牌上的大力宣传，提升果农的品牌意识，加强与果农的合作，借助"攀枝花芒果"品牌效应，打造本公司产品品牌，使得公司与果农都能长期获得品牌带来的利益。

3.3.5 外引内培销售和技术人才

销售人才能够深入市场，为企业创造良好的外部环境，是成功营销的一个关键因素。一方面，公司从国内、国际引进或聘请技术专家致力于提升水果的产量和品质；另一方面，公司长期招聘和引进优秀销售人员，促进销售，并带动果农利用互联网技术为自己服务。

3.3.6 多元化经营，促进企业发展

公司以芒果带动石榴、樱桃、桑葚、枇杷等其他水果的销售，保护品牌效应，维护高品质形象。倾力打造 26 度农业公园：山坡、平地，一层层、一片片的花海让人心驰神往；土鸡、土鹅、巴马香猪等，可喂、可吃，让你享受原生态的美食；天空之境、蒸汽火车等芒果营地系列是好玩的网红打卡点，不仅拉动了公司产品的销售，还让顾客成为免费宣传员。顾客那一张张有趣、有料的照片，一个个生动的短视频，在互联网的加持下，扩大了公司的知名度和美誉度。另外，各类亲子活动、烹饪大赛、泼水活动、鲜果采摘等，也能让消费者深入体验，感受快乐。

请同学们收集相关资料并进行分析，帮助攀枝花市 ABC 果园寻找制约其发展的各类营销问题，并提出解决这些问题的方案，助力攀枝花市 ABC 果园发展，为攀枝花乡村振兴贡献自己的力量。

案例使用说明

一、教学目的与用途

1. 教学目的

通过对本案例的学习和研讨，使学生了解市场营销的基本概念和理论，培养学生分析企业面临的现实问题的能力，以及针对问题寻找解决办法的能力。在案例的研讨过程中，通过各个环节逐步培养学生的思维能力和自学能力，并注重培养学生理论与实践相结合、综合解决问题的能力。

2. 教学用途

本案例主要适用于工商管理类专业的"国际市场营销"课程，也适用于"国际投资"课程。

二、启发性思考题

1. 应如何分析企业经营中面临的营销问题？
2. 攀枝花市 ABC 果园的营销环境如何？
3. 当前环境下，攀枝花市 ABC 果园在国内的销售业务情况如何？应如何改进？
4. 攀枝花市 ABC 果园现在的跨境业务如何？应怎样拓展？

三、背景信息

近年来，在现代农业产业基地和特色效益农业大发展的背景下，我国水果产业得到快速发展：区域布局更加优化，优势产业更加突出，产业效益更加明显。目前，水果产业已成为推动农业结构调整、区域经济发展和农民脱贫增收的重要产业，并成为继粮食、蔬菜之后的第三大农业种植产业，果园总面积和水果总产量常年稳居全球首位。根据国家统计局数据，2017 年，全国果园面积为 1 113.6 万公顷，同比减少14.22%；2018 年果园面积约为 1 116.8 万公顷，同比增长 0.29%，其中瓜类播种面积约 300.1 万公顷，同比增长 1.3%。产量方面，2017 年，全国水果总产量约为 2.52 亿吨，占全球总产量的 31.40%，继续维持全球第一大水果生产国的地位。2018 年，全国总产量约 2.61 亿吨，同比增长 3.4%，其中园林水果产量约 1.91 亿吨。

从长远来看，无论是国内市场还是国际市场，我国水果行业发展前景依旧广阔。

从国内市场来看，一方面，一二线城市水果市场已呈现饱和趋势，但是在三四线城市和县城，随着居民收入水平的提高，他们对水果的消费将持续攀升。三四线城市则有望成为水果行业新的发展引擎，进一步拓宽市场空间。另一方面，相关统计显示，我国用于精深加工的水果不足 10%，目前国内人均果汁消费量仅为世界平均水平的1/10，发达国家的 1/40，具有极大的消费增长空间。水果深加工将成为迎合消费升级、解决水果滞销难题的重要途径。而随着水果深加工产业的发展，会产生大量的水果原料需求。

从国际市场看，随着"一带一路"倡议的持续深入，攀枝花市作为南向门户与沿线各国的农产品贸易机遇加大。攀枝花市地处四川和云南的边缘交界处，连接着四川西南部、云南西北部，同时也与老挝、缅甸、越南等部分东南亚国家相邻，有利于发展南向进出口贸易，是四川省连接东南亚、南亚等国家重要的交通口岸。

四、案例分析思路及要点

1. 案例分析思路

依据分析目的，将攀枝花市 ABC 果园产品销售问题作为分析研究对象；全面收集有关攀枝花市 ABC 果园的相关资料，包括国内市场销售资料和国际市场销售资料等。将收集到的资料进行系统的整理加工，并对相关项目和内容进行数据分析，寻找研究对象当前面临的最主要的问题及其原因，认真分析并提出切合实际的解决方案。

2. 需要学生识别的关键问题

研究对象面临的国内、国际水果市场环境，影响研究对象销售的因素，以及背后的动因。

3. 案例教学中的关键知识点、能力点：东亚地区水果市场环境分析，攀枝花市 ABC 果园贸易的未来发展空间、需要注意的问题以及目前应该做的工作。

五、理论依据与分析

（一）相关概念

1. 市场需求

市场需求是指一定的顾客在一定的地理区域、一定的时间、一定的市场营销环境和一定的市场营销方案下能够购买的某种商品或服务愿意的总量。市场需求一般会在产品价格、产品改进、促销和分销等方面表现出某种程度的弹性。

2. 营销环境

在营销管理中，营销环境是相对于组织的市场营销活动而言的，是指影响营销管理效率和效果的所有因素。一般而言，营销环境是指影响企业营销活动及其目标实现的各种因素和动向，可以分为组织内部营销环境、外部微观营销环境和外部宏观营销环境。其中，外部微观营销环境包括供应商、市场营销中介、顾客、竞争者、替代者和公众等与企业营销密切相关的组织和个人；外部宏观营销环境包括人口、经济、自然、技术、政治和文化等影响外部微观营销环境和组织内部营销环境的社会力量。一般而言，组织内部营销环境和外部微观营销环境会受到外部宏观营销环境的制约，而前两者也会在一定程度上对外部宏观营销环境产生影响。另外，从组织内部营销环境、外部微观营销环境再到外部宏观营销环境，组织的可控程度越来越低，发生改变的可能性也越来越小。任何环境因素的变化都可能给组织带来成功营销的机会，也可能给组织的营销管理带来一定程度的损害。所以全面认识和研究营销环境，主动提高组织适应环境的能力，对组织营销活动的成功具有十分重要的意义。

3. 目标市场

目标市场是指在市场细分的基础上，企业想要进入的最佳细分市场，它不仅是企业营销活动要满足的市场，而且是企业为实现预期目标想努力进入的市场。目标市场选择是指企业在评估不同细分市场之后，决定选择哪些细分市场和选择多少细分市场的过程。在确定目标市场涵盖战略时，有无差异营销、差异营销和集中营销三种选择。在面对这三种战略选择时候，要考虑五个方面的影响因素：企业资源、产品同质性、市场同质性、产品所处的生命周期阶段、竞争对手的目标市场涵盖战略。

4. 营销策略

营销策略是企业以顾客需要为出发点，根据经验获得顾客需求量以及购买力的信息、商业界的期望值，有计划地组织各项经营活动。营销策略是针对一定的目标市场采用的一系列可测量、可控制的旨在提高销售及厂商声誉为目的的活动，是多种营销方法，例如产品、价格、渠道、促销的综合。产品策略包括产品组合策略、产品生命周期、新产品开发、品牌策略等；定价策略包括定价的影响因素、定价方法、定价具体策略、企业针对价格的对策等；分销策略包括分销渠道职能、具体策略、物流供应链设计等；促销策略包括广告策略、推销策略、销售促进策略、公共关系策略及其组合。

（二）关于市场营销的理论

1. 购买行为理论

1967 年，约翰·霍华德等人提出了购买行为理论。该理论指出，消费者受刺激物和以往购买经验的影响，开始接受信息并产生各种动机，对可选择产品产生一系列反应，形成一系列购买决策的中介因素，如选择评价标准、意向等，在动机、购买方案和中介因素的相互作用下，便产生某种倾向和态度。

2. 品牌资产理论

品牌资产是 20 世纪 80 年代在营销研究和实践领域新出现的一个重要概念。1989 年，大卫·艾克提出构筑品牌资产的五大元素为品牌忠诚、品牌知名度、心目中的品质、品牌联想和其他独有资产。作为公司的无形资产，品牌资产往往又构成公司最有价值的资产。大卫·艾克还提出了品牌资产测量工具——艾克模型，该模型将品牌的贡献分为十个要素：品牌区分、品牌满意度或忠诚度、被感知的质量、品牌领导力或流行度、被感知的价值、品牌个性、组织联系、品牌意识及市场份额、市场价格和品牌覆盖率。这十个要素又被归纳为品牌忠诚度、被消费者感知的质量、组织联系、市场意识和市场表现五组维度，其中前四组代表消费者对品牌的认知，第五组是两种市场状况，代表来自市场的信息。

3. 顾客让渡价值

顾客让渡价值是指顾客总价值与顾客总成本之间的差额。1994 年菲利普·科特勒提出顾客在选购产品时，往往会从价值与成本两个方面进行比较分析，并选出价值最高、成本最低，即"顾客让渡价值"最大的产品作为优先选购对象。顾客总价值是指顾客购买某一产品与服务所期望获得的一组利益，包括产品价值、服务价值、人员价值、形象价值等。顾客总成本是指顾客为购买某一产品所耗费的时间、精力、体力以及所支付的货币资金等。企业必须向顾客提供比竞争对手具有更多"顾客让渡价值"的产品，才能让自己的产品被消费者注意，进而购买本企业的产品。

4. 关系营销

关系营销是从"大市场营销"概念衍生、发展而来的。1985 年，巴巴拉·杰克逊）指出与关键成员（顾客、供应商、分销商）建立长期满意的关系，以保持长期的业务和绩效的活动过程，即关系营销。

5. 4Ps 理论

1960 年，麦卡锡提出 4Ps 理论。该理论认为企业营销活动的实质是一个利用内部可控因素适应外部环境的过程，即通过对产品、价格、分销、促销的计划和实施，对外部不可控因素做出的积极动态的反应，从而促成交易的实现和满足个人与组织的目标。所以市场营销活动的核心就在于制定并实施有效的市场营销组合。

（三）分析方法

1. PEST 分析法

PEST 分析法是战略外部环境分析的基本工具，它通过政治的（politics）、经济的（economic）、社会的（society）和技术的（technology）角度或四个方面的因素分析，从总体上把握宏观环境，并评价这些因素对企业战略目标和战略制定的影响（见表 1）。

表 1　四大方面的影响因素

政治环境（political）	经济环境（economic）
关键指标： 政治体制、经济体制、政局稳定性、 财政政策、税收政策、产业政策、 投资政策、国际关系、 地区关系、政府补贴、 行业相关法规等	关键指标： GDP 及其增长率、居民消费倾向、 居民储蓄倾向、利率汇率、CPI、 居民可支配收入、消费偏好、PMI、 失业率、通胀率、PPI、 产业结构等
社会文化环境（social）	技术环境（technological）
关键指标： 人口规模、出生/死亡率、 性别比、年龄结构、种族、 生活方式、工作态度、教育状况、 消费观念、宗教信仰、风俗习惯、 价值观、社会责任、审美观等	关键指标： 技术更新与传播速度、 国家研发费用、国家重点支持项目、 该领域技术动态、研发费用及专利、 技术、商品化速度、新技术发明、 该领域技术保护情况

2. SWOT 分析法

SWOT 分析是基于内外部竞争环境和竞争条件下的态势分析，就是分析与研究对象密切相关的各种主要内部优势、劣势和外部的机会、威胁等。其中，S（strengths）、W（weaknesses）是内部因素，O（opportunities）、T（threats）是外部因素。按照企业竞争战略的完整概念，战略应是一个企业"能够做的"（组织的强项和弱项）和"可能做的"（环境的机会和威胁）之间的有机组合。通过调查将各种组合列举出来，并依照矩阵形式排列（见图 1），然后用系统分析的思想，把各种因素相互匹配起来加以分析，从中得出一系列相应的结论，而结论通常带有一定的决策性。

运用这种方法，可以对研究对象所处的情景进行全面、系统、准确的研究，从而根据研究结果制定相应的发展战略、计划以及对策等。

SO:	WO:
增长型战略	扭转型战略
ST:	WT:
多种经营战略	防御型战略

图 1   SWOT 矩形分析

六、教学组织方式

1. 素材导入

教师积极创设情境，提前发放视频、新闻、论文、书籍等教学素材，并提出问题，激发和调动学生自主学习的情绪。

2. 预习定标

在教师创设的情境目标的指引下，学生课下自主学习，确定学习目标，较复杂的课程则可由教师和学生共同确认目标。

3. 合作达标

在学生自主学习、独立思考的基础上，尚不能自行解决的问题，可通过"生生互动、师生互动、组组互动"的方式促进相互合作、相互交流、共同研讨、共同提高。

4. 互动展示

学生可根据教师的分工，利用各种方式向全班展示小组合作研究的问题，教师可随时进行引导、点拨、强调、提升，以拓宽学生的知识面，加深学生对案例的理解从而达到灵活运用的目的。在此过程中，教师应及时对学生及小组的表现加以肯定，增强学生的学习信心。

5. 小结强化

教师用简短的语言对当堂课所学的知识进行概括总结，形成知识框架，强化学习目标。

6. 反馈矫正

教师针对当堂所学内容和目标设置巩固性练习题，由学生独立完成，然后采取小组成员互评、教师抽评等方式，将竞赛机制应用其中，并尽量做到当堂完成，当堂反馈。

七、案例的后续进展

本案例可持续更新，跟踪攀枝花市 ABC 果园的市场销售和经营动态，验证前期案例分析的正确性。同时，也可继续寻找该企业经营过程中存在的问题或不足，由学生应用所学理论知识帮助企业找到解决问题的办法，进一步丰富和完善案例，提升学生综合能力。

八、其他教学支持材料

一是计算机支持。可列出支持这一案例的计算机程序和软件包，它们的可得性，以及如何在教学中使用它们的建议或说明。二是视听辅助手段支持。可收集能与案例一起使用的电影、录像带、幻灯片、剪报、样品和其他材料。三是 Excel 计算表格。在做数据统计等工作时可使用该软件。

四川省内陆开放型贸易：
内涵释义、机理辨析与路径构创案例

攀枝花学院经济与管理学院

毛运意、李博

摘要： 本案例通过以四川内陆开放型经济建设为宏观背景，以具有"内需主导、互供互保、安全韧性"等特征的内陆型贸易为研究对象，构建了"内涵释义—机理识别—路径设计"的分析范式。该范式认为坚持以"防风险、促增长"为前提，以"调结构、促升级"为核心，以"优模式、促融合"为重点，以"畅循环、促开放"为抓手，将以"出口导向、分工深化"为特征的内陆外向型贸易模式，转变为以"内需主导、安全韧性"为特征的内需开放型贸易模式，有利于同步获取国内价值链的内贸红利与全球价值链的外贸红利。这一转变既是国内要素禀赋升级、产业赶超发展、需求结构转换的内在要求，也是缓解资源赤字、破解链主压制、平衡生态逆差的重要途径。

关键词： 国内价值链；内陆开放型贸易；贸易红利

一直以来，四川都坚定地走"贸易强省"的道路。特别是2008年世界金融危机爆发以后，四川省抢抓"东部产业向中西部地区转移、沿海加工贸易向内陆加工贸易转变"的历史性机遇，凭借要素成本优势、大力吸收FDI、积极参与国际分工体系与全球价值链。这种以"来料加工、两头在外、大进大出"为特征的外向型加工贸易模式，放松了内陆腹地开放程度偏低、外贸体制机制僵化、产业发展内卷化、市场容量不足等不利约束，为内陆腹地经济发展注入了强劲的开放动力，使四川成为经济全球化、贸易自由化的重要参与者与受益者之一。我们把由此获得的增长和福利，称为四川所获得的第一波基于"全球价值链的贸易红利"。

近年来，在世界主要经济体贸易摩擦加剧，以及2019—2021年新冠病毒感染的影响下，经济全球化与贸易自由化遭遇了更多逆风，我国外贸环境更趋复杂。例如，我国进出口贸易开始与发达国家在资本、技术密集型产品领域竞争，与发展中国家在资源、劳动密集型产品领域竞争加剧，互补性贸易逐渐向竞争性贸易转变，要素成本优势不断削弱、产业梯度逐步收窄、市场容量渐趋饱和，原来的"中国制造、欧美消费"模式遭受巨大冲击，四川所获得的第一波的"基于全球价值链的贸易红利"也明显不可持续。世界主要经济体出现了重构生产、市场互动关系的再平衡过程：一方面，欧美发达国家借助"再工业化"战略引导"产业回流"，推动重塑内外供给渠道，重视从供给侧寻求国产替代；另一方面，中国通过双循环战略刺激扩大内需、优化内外需求结构，强调从需求端强化内需主导。国内外因素的不断叠加、交织渗透，无疑对四川内陆开放型经济建设产生了巨大影响，一方面形成了全球分工体系、全球价值链的断链冲击与脱钩风险，另一方面衍生出了对国内板块分工、省际贸易的替代性需求与国内价值链的构创性机遇。基于此，四川转变贸易发展方式、推动贸易高质量发展的核心内容和重要表现之一，就是要把以"出口导向、分工深化"为特征的内陆外向型贸易模式转变为以"内需主导、安全韧性"为特征的内需开放型贸易模式，以达到同步获取全球价值链的外贸红利与国内价值链的内贸红利的目的。

1. 内陆开放型贸易的内涵释义：基于全球价值链与国内价值链辨析 ├──

1.1 内陆开放型贸易的宏观背景

国内价值链的内需型贸易模式并不反全球化，更不会和参与经济全球化的行动相冲突。从某种意义上而言，以"生产与市场空间分离、生产要素全球配置、产业链垂直分工、链主主导价值分配"为特征的外向型贸易模式，在稳定环境下有利于充分发挥各区域、各环节的比较优势，具有节约成本、深化分工、扩张规模、提升产品附加值的重要意义，而在波动环境下则面临着要素断供、生产脱节、市场限入等多重风险与挑战，迫切需要拓展多元化供应渠道与闭环供应能力，从而规避"国际分工陷阱"与"脱钩断链"危机。事实上，在国际外贸环境持续恶化、国内经济下行压力不断加大的宏观背景下，四川开放型经济统筹全球价值链与国内价值链，将以"出口导向、分工深化、顺差累积"为特征的外向型贸易模式，转变为以"内需主导、互供互保、安全韧性"为特征的内需型贸易模式，既是国内要素禀赋升级、产业赶超发展、需求结构转换的内在要求，也是缓解资源赤字、破解链主压制、平衡生态逆差的重要途径。

1.2 内陆开放型贸易的基本内涵

具体而言，内需型贸易模式的基本内涵与现实意义可以概括为"四个坚持与四个实现"：一是坚持以"防风险、促增长"为前提，协同发展与发达经济体的南北贸易、与新兴经济体的南南贸易，推动进口来源地与出口市场多元化，在稳健环境下重视发挥进出口对区域经济发展的资源补偿作用与需求拉动效应，在波动环境下注重发挥国内需求的支撑作用与母体效应，推进内外贸一体化抑制脱钩风险与断链冲击，实现协同发展与安全发展；二是坚持以"调结构、促升级"为核心，推动发展优势由要素成本优势向产品质效优势转变、发展动能由要素驱动向创新驱动转变、增值路径由规模扩张向附加值提升转变，实现转型发展与创新发展；三是坚持以"优模式、促融合"为重点，着力提升四川贸易品技术先进度与生产清洁度，推动内陆贸易模式与绿色贸易、数字贸易等新型贸易业态融合，实现绿色发展与融合发展；四是坚持以"畅循环、促开放"为抓手，以"一带一路"倡议和西部大开发、长江经济带等重大发展战略为契机，优化"一干多支、五区协同"经济地理空间布局，推动四川地理区位从内陆腹地向开放高地转变，实现开放发展与跨越式发展。

2. 内陆开放型贸易的机理分析：基于"资源—产业—市场"范式

总体来看，我们必须深刻认识到，"第二波"基于国内价值链的内需型贸易模式，与"第一波"基于全球价值链的外向型贸易模式之间存在以下几个方面的根本差异，这是我们做好紧抓新一轮全球化机遇必要的认识前提。

2.1 战略实施的宏观背景不同

第一波基于全球价值链的外向型贸易模式，其形成的主要前提是经济全球化、贸易自由化进程加快推进，世界分工体系与全球价值链整体上处于平稳扩张态势。此外，我国与欧美国家之间存在着明显的要素禀赋差异、技术梯度差距与产业互补性优势，国内要素供给存在相对过剩、要素利用效率偏低的现实情况，而充足的要素供应与低廉的要素价格具有强大的国际竞争力，采用"以市场换技术"的FDI引资战略与产业转移具有显著的分工深化、技术溢出与贸易创造效应，有利于促进国内要素充分就业与潜在产能优势释放。而第二波基于国内价值链的内需型贸易模式，其形成的主要前提是在中美贸易摩擦加剧、经济全球化遭遇更多逆风。如今，我国与欧美国家产业结构不断趋同，来自发达国家的FDI具有强烈的环境寻求动机，其产业转移所形成的资源枯竭、低端锁定、链主压制、污染转移等问题已不容忽视。

2.2 战略实施的主要目的不同

第一波以"出口导向"为特征的外向型贸易模式遵循"产业间贸易—产业内贸易—产品内贸易"的演进轨迹，重视将进出口贸易与分工深化、技术引进、产业赶超相结合，通过凭借要素成本优势顺梯度切入全球价值链，通过产业结构升级实现向价值链中高端攀升。这种战略的特征是坚持"科技兴贸、产业赶超"，其目的可以概括为"发挥进出口贸易资源补偿、需求拉动作用，借助进出口'干中学'的技术溢出效应加快产业结构顺梯度升级，推动省域经济跨越式发展"。第二波"内需主导"的贸易模式则更加重视打造安全韧性的闭环供应链，注重从统筹发展与安全的高度来优化经济地理空间布局，注重发挥国内产业结构对外贸结构的支撑作用与母体效应，其目的可以概括为"发挥东中西部互补优势，深化板块分工、互济开放与贸易合作，用好国内东部地区的高级生产要素加速发展四川的创新经济，实现产业转型与协同发展"。

2.3 战略实施的核心内容不同

外向型贸易模式的核心内容在于凭借要素成本优势吸收FDI扩大出口，通过以低端要素的成本优势切入全球价值链、并通过产业结构高级化向全球价值链中高端环节逐步攀升。然而，在资源供应拐点与生态承载上限的双重约束下，原来低技术含量、低附加值的低端产业和高投入、高消耗、高污染的"三高"粗放型模式正不断丧失竞争力，贸易顺差持续累积不能以资源赤字与生态逆差为代价，省域经济发展方式迫切需要从"资源换增长"向"生态促发展"转变，资源节约、环境友好型绿色经济逐步成为新的增长点。基于此，新一轮的内需型贸易模式的核心内容是在扩大内需的前提下更加重视国内产业链供应链韧性与安全，更加强调省域经济层面数字贸易、绿色贸易等新型贸易形态发展壮大，注重提升国内价值链对新要素、新技术、新产业、新模式吸纳能力与配置能力，加速发展内需主导型绿色经济。

2.4 战略实施的主要路径不同

凭借要素价格优势切入全球价值链，以招商引资促产业承接、以分工深化促效率提升、以技术升级促进出口商品结构向价值链中高端攀升，是第一波以出口导向为特征的外向型贸易模式的基本路径。而基于内需的贸易模式的基本路径则是主动构创、积极利用与深度融入国内价值链，将省际贸易作为扩大内需与供给侧结构性改革的重要结合点，将板块分工作为优化产业结构与经济地理空间布局的重要着力点，将互济开放作为提升互供互保能力与安全韧性水平的重要途径，推动国内价值链在全国范围内进行空间延伸、领域拓展与功能升级，并针对价值链上下游薄弱环节开展资源寻求型、市场开拓型对外直接投资，以实现稳链强链补链目的。显然，与东中部地区构建互为资源、互为市场、互供互保的区域合作关系，深化板块分工、互济开放与省际贸易，将省域经济融入国内价值链的构创、利用与治理等全过程，是"第二波贸易红利"的主要获取路径。

2.5 战略实施的基本方式不同

原来的外向型贸易模式在战略实施方式上，重视开展全球性招商引资、产业链垂直分工与价值链高端攀升，即通过把国外技术和产业"引进来"，让域内产品"走出去"，在经济全球化、贸易自由化进程中重视出口创汇与贸易顺差累积；同时，在与东部地区的互动过程中，主要是通过"西电东送""西气东输"等跨区域工程进行要素输出，助推内陆资源的有效开发与高效利用。在基于内需的贸易模式中，一方面，通过融入"一带一路"倡议，协同发展与发达经济体的南北贸易、与新兴经济体的南南贸易，尤其注重借助区位优势发展扩大与东南亚地区的沿边开放、南南合作；另一方面，通过融入长江经济带建设将"西部大开发"与"东部率先发展""中部崛起"等区域发展战略有机结合起来，深化沿江开放与互济合作，变内陆腹地为开放高地，变要素输出为产业内迁，联合构建具有区位、要素、技术、市场等综合优势的国内价值链，并在产业链供应链的稳链强链、链主配置、全链治理等方面发挥重要作用，助推形成开放引领、创新驱动、要素生产率提升的良好发展格局。

2.6 战略所依托产业不同

"第一波贸易红利"依托的主要是内陆加工贸易与组装经济，得以快速成长的产业是可供出口的加工型产业，优势领域主要集中在劳动密集型产业与技术密集型产业的劳动密集型环节。在依靠内需的"第二波贸易红利"中，四川内陆开放型经济依托腹地纵深优势、清洁能源优势、高级创新要素形成以低碳经济与数字经济为主导的现代产业体系，形成"绿色低碳、数字赋能、链主配置、安全韧性"贸易模式，其竞争优势主要包括三个方面：一是水能、风能、光能"大力开发、多能互补"，绿色贸易的清洁能源优势不断凸显；二是"东数西算"工程深入实施、数字经济快速发展，数字贸易等新型业态持续涌现；三是国内统一大市场不断深化，内外贸一体化发展格局初步形成，内外贸互济关联效应不断释放，国内大循环稳健运行。由此可见，第二波贸易红利主要是凭借区位、能源、产业、市场、政策等构筑综合竞争优势，提升全要素的整体质效和综合生产率，而不是仅凭要素成本低廉的比较优势。

3. 优化贸易模式、提升贸易红利的可行路径

基于以上分析，笔者认为，四川"第二波贸易红利"的提升路径主要包括以下三个方面。

3.1 深化"外引内聚"的开放型经济体制改革

形成与"内需主导、互供互保、安全韧性"相适应的"内需开放型贸易"理念和为其服务的配套政策。一方面，建立健全"外引内聚"开放型经济体制机制，统筹内外、化危为机，着力构建内需导向、承东启西、闭合运行的国内价值链，破除内外贸一体化发展的机制障碍与政策藩篱；另一方面，强化完善"内通外联"省域交通网络体系，进一步变"天府之国"为"天府之域"，并以此吸引全球创新要素流入、东部产业内迁与统一大市场融合。

3.2 加快构建资源节约型、环境友好型产业体系

坚持"四化同步、破立并举"发展导向，大力发展绿色经济与低碳经济，加快构建资源节约型、环境友好型产业体系。立足发展需要与产业基础。一方面，大力发展新能源、新材料、信息技术、绿色环保等战略性新兴产业，坚持供给创新，培育新业态、新模式，构筑贸易竞争新优势、释放贸易发展新动能；另一方面，加强传统优势产业改造升级，加快淘汰污染型落后产能，提升煤炭能源利用效率、加快清洁能源替代、加速低碳技术推广应用、推动市场需求绿色升级等，为绿色贸易发展提供坚实的产业基础。

3.3 优化"成渝联动、五区共兴"经济地理空间布局

以成渝地区双城经济圈建设为契机，转变省域贸易发展方式，大力发展都市圈贸易、城市群贸易与经济区贸易，重视通过贸易创造效应发挥相同发展能级城市的组团优势，重视通过贸易转移方式推动中心城市非核心功能疏散、周边城市梯次承接，充分发挥区际贸易在缩小区域之间技术落差、产业梯度与市场容量等方面的调节作用与辐射效应，规避"贸易拥挤问题"，从而全方位优化经济地理空间布局。

案例使用说明

一、教学目的与用途

1. 教学目的

通过对本案例的学习和研讨，使学生了解内陆开放型贸易的基本概念和空间范畴，了解内陆贸易模式转换的内在形成机理与影响效应，培养学生发现理论问题、分析现实问题的能力并形成经济地理的空间思维。在案例的研讨过程中，通过各个环节逐步培养学生的思维能力和自学能力，并注重培养学生学以致用、解决实际经济问题能力。

2. 教学用途

本案例主要适用于国际经济与贸易专业的"国际贸易学"课程，也适用于"文献检索与论文写作"课程。

二、启发性思考题

1. 内陆开放型贸易模式分析主要应该从哪些方面开展？

2. 内陆开放型贸易模式转变的机理与效应是什么？

3. 四川在内陆开放型贸易发展方面的注意事项有哪些？

4. 成渝地区双城经济圈、五区共兴建设进程如何影响与推动四川内陆开放型贸易发展？

三、背景信息

目前，由于世界主要经济体贸易摩擦加剧，经济全球化与贸易自由化遭遇了更多逆风，我国发展的国内国际环境继续发生深刻而复杂的变化。在此背景下，推动内陆型贸易转型发展，一方面有利于形成优势互补、高质量发展的区域经济布局，另一方面有利于拓展市场空间、优化和稳定产业链供应链，这一转型发展也成为构建以国内大循环为主体、国内国际双循环相互促进的新发展格局的一项重大战略举措。

事实上，随着东部地区劳动力、土地、能源等要素价格上涨与中西部地区基础设施不断完善，东部地区资源、劳动密集型产业大量或者内迁至中西部或者外迁至东南亚地区，四川要素成本优势不断削弱、产业梯度逐步缩小、区域性市场渐趋饱和，传统以内部要素输出、外部需求拉动的"外需型贸易"已明显乏力。同时，周边省份基础禀赋差异大、与东部地区产业梯度差距小、产业承接能力强的综合优势，通过双循环战略刺激扩大内需、优化内外需求结构，强调从需求端强化内需主导，推动四川将传统的以内部要素输出、外部需求拉动为特征的"内需型贸易"战略，转变为以外来产业承接、东西互济开放为特征的"内需发展"模式，有利于打造内陆经济增长极、实现区域协调发展。

四、案例分析思路及要点

1. 案例分析思路

按照"现状扫描—机理识别—路径构创"的基本思路，依据案例分析的主要目的，将内陆型贸易作为分析研究对象；全面收集成渝地区双城经济圈建设、四川内陆开放型经济、四川进出口贸易、成都都市经济圈、三大省域经济副中心、五区共兴等相关资料，包括一手的数据资料和间接的文献资料。根据"理论—数据—方法—政策—措施"的归类要求，对收集到的资料进行系统整理，依据分析研究的主要目标和核心内容进行针对性解读分析；对所要求分析的具体方面（背景、现状、机理、效应、路径等）进行逐项分析与探究；对各项分析结果进行综合比较，探求内陆开放型贸易发展的规律性认识。

2. 需要学生识别的关键问题

国际国内宏观外贸形势变化基本趋势，国内双循环战略实施情况、四川南北贸易与南南贸易发展情况、四川内陆贸易模式转换的主要动因、内在机理与影响效应，进而明晰四川内陆开放型贸易模式提升贸易红利的基本途径。

3. 案例教学中的关键知识点、能力点

内陆开放型贸易的基本内涵与的重要现实意义，东西部地区双向互济开放的基本趋势与突出意义，四川内陆开放型经济与内陆型贸易的耦合特征、互促机理与优化途径。

五、教学方法分析

坚持"教师主导、学生主体、双向互动"。摒弃传统"以教师为中心""以教材为中心""以课堂为中心"等理念，突出学生的主体性地位，创新教学管理方式，提升学生课上课下的整体性学习效果。

首先，从教师端而言，教师需要构建"原理教学—事理教育—心理教导"内容体系，将概念原理、知识要点与社会事理有机结合起来，实现寓教于乐、寓理于事。通过案例资源开发，广泛收集案例素材与实施方法。在原有的课程教学方式基础之上，探索提供漫画、故事、话题、专题、习题五种案例教学法，以漫画教学方便记忆，以故事教学方便理解，以话题教学方便讨论，以专题教学方便复习，以习题教学方便考试。其次，结合互联网先进教学工具与"翻转课堂""慕课"先进授课模式，善用微信群、QQ群等通信工具，统筹课程难度、学生态度、知识广度、思维深度、讨论参与度、案例完成度，创新教学管理方式，突出学生的主体性地位，打造学生"课前分组预习—课堂集中学习—课后自主复习"学习链条，提升学生课上课外的案例学习效果。

从学生端而言，教师要引导学生成为沉浸式学习的自主学习者，引导学生主动提前完成教师布置的预习目标与复习任务，认真阅读案例推荐的案例视频、阅读材料、研讨案例等，在案例教学之前自主开展相关的资料与知识准备工作。要引导学生成为组织协调者，在资料收集、案例研讨、项目探究中发挥团队精神共同完成学习任务，打造研讨学习共同体与闭环学习链。要引导学生学会敢于提问、勤于思考、善于总结

的思考者，能够通过自主学习，提出富有价值的目标问题，通过案例交流探究，制订相应的解决方案。还要引导学生力争做到"从理论中来、到现实中去、学以致用"，运用国际贸易的基本理论来分析现实贸易问题，提出可行办法和优化建议，并在不断的理论与现实之间的矛盾中实现理论的知识积累与思维训练。

就情感态度而言，教师应通过案例分析、课堂讨论、实际研究等手段帮助学生寻找知识要点与社会热点的契合点，善于运用简洁明了的理论模型解释复杂的真实世界，在不断的提出问题、解决问题的过程中实现能力的提升。教师应坚持"融通本土理论、融合中国实践"，要求学生能够对相关理论观点立场与倾向进行甄别，并从有利于中国特色社会主义经济发展的角度加以吸收与学习，坚定中国特色社会主义市场经济的道路自信、理论自信、制度自信、文化自信。

六、教学组织方式

1. 素材导入

教师通过素材收集积极创设导入情境，通过趣味视频、热点新闻、专题论文、相关书籍等教学素材，提前提出问题、合理创设情境、引导学生思考，调动、激发、强化学生自主探索、亲自发现的兴趣爱好与知识追求。

2. 目标确立

在提前创设的情境与目标的双重指引下，学生通过提前的课下自主学习，确定自主学习目标，形成案例学习的双重动力与路径。

3. 团队组建

对于个体无法自行解决的难点问题，在学生自主收集资料、自主学习思考的基础上，通过"师生互动、生生互助、探讨互促"，推动打造师生共同体与教研学共同体。

4. 交流展示

根据分组分工与团队研讨，将小组合作研究的重点问题、难点问题、趣味问题向全班集中展示，并自主阐述情境、内容与方法，通过集体研讨方式凝心聚力集智，从而加深对案例的理解和运用。在此环节，应该对学生的创新点给予充分肯定与高度评价，以进一步提升学生自主思考的主动性、积极性与探索性。

5. 总结优化

结合学生独立思考、分组合作、集体研讨环节，教师用简短语言对案例所学知识进行概括总结，对学生表现进行点评，形成整体性的知识框架与思维线索，打造研讨闭合学习链条。

6. 方法反思

教师应针对案例研讨目标、内容、方法设置巩固性练习题，由学生独立自主完成，并以小组成员互评、教师抽评等方式进行评价。同时，可引入竞赛机制，采用课前有准备抽答、课中随机问答、课后微信群有奖竞答等方法实现分类提高，对于底子薄弱但有学习意愿的学生，就案例研讨知识点，实行课前抽答方式，帮助这类学生激活思维，深化理解。对于注意力经常游离到研讨之外的同学，教师可就知识点采用课中现场问答方式，帮助这类学生强化认识，引导其将注意力回归案例。而对于长期喜欢玩手机的学生，可将"喜闻乐见"的话题做成案例，在班级微信群、QQ群中实行有奖竞答方式，提高学生学习知识的积极性。

七、案例的后续进展

本案例可根据四川外贸发展状况持续更新，通过收集成渝地区双城经济圈建设、四川内陆开放型经济、成都都市圈、内陆加工贸易的最新进展和发展状况，或者由学生根据贸易理论政策的最新研究进展，进一步丰富和完善本案例。

八、其他教学支持材料

一是计算机支持。可列出支持这一案例的计算机程序和软件包，它们的可得性，以及如何在教学中使用它们的建议或说明。二是视听辅助手段支持。可收集能与案例一起使用的电影、录像带、幻灯片、剪报、样品和其他材料。三是 Excel 计算表格。在做数据统计等工作时可使用该软件。

四川省加工贸易转型发展案例

攀枝花学院经济与管理学院

周斌

摘要： 本案例描述了四川省加工贸易转型发展问题。四川省地处我国中西部，加工贸易是其对外贸易的主要方式之一，加工贸易额占全省对外贸易额的半壁江山，加工贸易的发展对省域经济的发展、区域就业的带动及产业升级的促进具有重要影响。但受国内劳动力成本上升及 2019—2022 年全球疫情冲击影响，四川省加工贸易发展面临的制约因素不断增加，在新的低碳背景下展开对此问题的讨论具有重要意义。本案例通过数据分析了四川省加工贸易发展的基本态势，对其发展中面临的困境及转型发展具备的条件与面临的机遇进行了分析。本案例讨论的根本目标在于为四川省加工转型发展的路径选择指明方向。

关键词： 四川省；加工贸易；转型发展

根据《中华人民共和国海关对加工贸易货物监管办法》的规定，加工贸易是指经营企业进口全部或部分原辅材料、零部件、元器件、包装物料，经加工或者装配后，将制成品复出口的经营活动，包括来料加工、进料加工、装配业务和协作生产四大类。本案例中对四川省加工贸易的数据的统计以此为标准。

1. 加工贸易迅速发展的国际背景

加工贸易之所以能在世界范围内得到迅速发展，有其深刻的时代必然性和内外部原因。总结起来，主要有以下几个方面的因素。

1.1 科技进步与组织管理创新

20 世纪 80 年代以来，产品生产过程的细分是生产技术变革中最引人注目的特征之一，可以说，生产过程的细分引发了生产组织方式的一次革命。在传统的生产过程中，可以将企业看成一个黑箱，一边进去的是原材料和生产要素，另一边产出的是最终产品，生产的中间过程都是在一个企业内完成的。然而，技术进步可以使原来混为一体的生产线被分解成不同的生产环节，这些生产环节相互独立，且每个生产环节都成为一个更小的生产单位，只要提供所需的原材料或中间产品，就可以不依赖其他环节单独存在并进行生产。此外，随着运输手段的进步，运输成本大幅下降；同时，组织创新和通信技术的发展也使企业可以在全球范围内组织生产。因此，这些生产环节可以跨越地区的界限，在世界范围内选择最有比较优势的生产场所。以计算机生产为例，美国生产 CPU，日本和韩国生产内存，中国台湾和马来西亚生产硬盘，中国大陆生产键盘和其他配件并进行整机组装。这充分反映了产品生产环节的细分以及按照比较优势进行的区位安排。

1.2 贸易和投资的自由化

近半个世纪以来，全球的贸易和投资环境总体上得到不断改善，阻碍自由贸易和资本流动的壁垒已逐渐消除，这在客观上为国际贸易和跨国投资的扩大创造了条件。GATT 和 WTO 的设立标志着全球贸易体系的建立，其一系列多边协定在世界范围内推动了贸易和投资的自由化。在 GATT 与 WTO 的协调下，各成员进行了卓有成效的多边贸易谈判，在消减关税和非关税壁垒、推进贸易和投资自由化以及建立多边贸易体系等领域都取得了重大进展。消减关税的努力在 1950—1980 年取得了巨大成功，世界范围内的关税水平大幅度降低，尤其是发达国家的关税税率基本都降低到 1 位数的水平，从而推动了国际贸易的大幅度增长。同时，全球在减少非关税壁垒，如技术标准、行政法规的限制等上也取得了巨大成效。

1.3 跨国公司的推动

跨国公司一直是国际贸易和跨国投资的主力军，对推动全球贸易和投资的自由化、促进世界经济一体化等方面发挥了重要作用。跨国公司主要通过两种方式在全球范围内安排产品的生产环节。一是业务外包的形式。业务外包在 20 世纪 70 年代就已经出现，跨国公司通过外包合同的方式将不具有比较优势的生产环节委托给外国企业，再将经外国企业加工后的中间产品或半成品重新出口，完成后继的价值增值过程。二是公司内的垂直一体化生产，即跨国公司根据产品生产过程中各个环节的特征以及各国的比较优势为不同的生产环节选择生产区位，在生产成本最低的地区建立子公司，并在各个子公司间进行专业化分工，由它们分别负责一个或几个生产环节。

1.4 发展中国家的出口导向战略

外向型的出口导向战略在二战后被许多东亚国家选择，通过引进技术创建出口加工区，为出口企业提供税收优惠和低息贷款等多种措施，积极鼓励出口。出口导向战略充分发挥了劳动力丰裕的比较优势，实现了资源的有效配置。东亚国家的出口导向战略为经济起飞找到了一条行之有效的途径，实现了长期的持续经济高速增长，在此示范作用下，发展中国家纷纷对以往的发展战略进行调整，放弃内向型的进口替代战略，转而采取出口导向战略。此后，充分利用发展中国家非熟练劳动力资源丰富的比较优势，大力发展加工贸易，建立出口加工区成为必然选择，从而大大推动了加工贸易的发展。

1.5 世界经济的持续增长

世界经济在战后的几十年间，年均增长率达到4%，进入了发展的黄金期，在20世纪50年代中期到70年代前期的二十年间，发达国家的年均经济增长达到5.3%。20世纪90年代以来的信息技术革命为世界经济进入快速增长的"新经济"时代带来了发展契机。世界经济的持续增长促进了全球加工贸易的快速发展。

2. 四川省加工贸易转型发展状况

四川省的加工贸易在国家对外开放的政策下，实现了从落后到发展壮大的飞跃。截至2021年，全省已有18个市（州）有加工贸易，泸州、德阳、自贡、资阳、绵阳、眉山、宜宾等市（州）具备完善的基础条件。在2020年，四川省已经有十个市州加工贸易进出口总额在1亿元以上。"三来一补"① 是其加工贸易主要方式在过去几年，四川省加工贸易出口的70%以上都是采用进料加工，加工贸易大部分产品都是两头在外，大进大出，但是总体是出口大于进口。入世之前，四川省加工贸易出口主要集中在几个规模较大的企业上；入世后，四川小加工贸易通过外资的引进和政策扶持，得到了快速的发展，虽然经历了2008年突发金融危机与汶川大地震、2009年爆发欧债危机及2018年出现中美贸易战等各种事件，但四川省加工贸易总体依然保持了持续发展的水平。

2.1 四川省加工贸易进出口总量情况

四川加工贸易进出口总量变化见表2-1。最近十年来，四川省加工贸易大致向上，但是从十多年之前的2008年8月份开始，四川省的加工贸易总额便出现下降趋势，且这种下降趋势逐渐变大，一直到2009年1月份跌幅达到峰值，其中加工贸易出口的跌幅要明显小于进口的跌幅。造成进口降幅较大的主要原因在于四川省加工贸易以进料加工为主，许多原材料都是从沿海地区转口进入四川省。之后进出口总量虽然逐渐上升，但是在2012年到2016年间受欧债危机以及2015年国家对于外资的管控影响，其上涨幅度不断收窄，甚至出现衰退。2016年后便继续快速上涨，到2021年，加工贸易进出口总额达到791.1亿美元。

表2-1　加工贸易进出口总量变化　　　　　单位：亿美元

年份/年	加工贸易	一般贸易	外贸总量
2011	210	220.66	477.8
2012	287	238.1	591.2
2013	271.6	272.4	645.9
2014	284.8	276	702
2015	236.1	211.1	511.9

---

① "三来一补"是来件装配、来料加工、来样加工和补偿贸易的统称。

表2-1(续)

年份/年	加工贸易	一般贸易	外贸总量
2016	273.2	163.7	493.4
2017	382.8	210.8	681
2018	506	274.5	899.3
2019	596.1	270.7	980.5
2020	741.7	254.4	1 168
2021	791.1	366.3	1 473.2

2.2 四川省加工贸易进出口增速情况

四川省加工贸易经历了两个高速增长的时间段，可以分为从无到有以及从有到优的发展历程。1990—2005 年可以说是四川省加工贸易野蛮生长的时代，虽然有沿海地区加工贸易作为前车之鉴，但是仍然走了不少偏路，可以将此时看作从无到有的历程，十五年内加工贸易年均增长率达到了 28.7%。在 2006 年之后，加工贸易逐渐优化，通过发展加工贸易主体、做大做强已有加工贸易企业、打造四川特色加工贸易、着力打造四川加工贸易基地、减少加工贸易运行的成本、增加对加工贸易的政策支持力度、培育人才为加工贸易壮大提供保障，为之后十多年的发展打下了坚实的基础。从 2006 年到 2020 年，这十五年的加工贸易平均年增长近 200%，虽然在 2011 年之后，增长速度不及之前五年的，但十年内年均增长为 35%，仍保持了较高的增长速度。四川省主要贸易方式增长速度（2016—2021 年）见表 2-2。

表 2-2　四川省主要贸易方式增长速度（2016—2021 年）　　　　单位:%

年份/年	加工	一般
2016	17.10	21.30
2017	43.50	28.80
2018	29.50	30.20
2019	22.70	-1.40
2020	24.80	-6
2021	-0.40	40.60

2.3 四川省加工贸易占外贸比例情况

如表 2-3 所示，加工贸易在十年来占四川省对外贸易总量一直保持在 40% 以上，在 2016 年之后，稳定占据进出口总量 50% 以上。后因疫情冲击使 2021 年加工贸易占四川省对外贸易总量出现了降低，虽然总量与 2020 年相差不大，但是 2021 年四川省整体外贸进出口总量增幅较大，使得 2021 年加工贸易占外贸总量减少近十个百分点，同时也是因为东南亚国家加工贸易与四川省加工贸易结构较为相似，使得四川省加工贸易订单被东南亚抢走，增长速度减缓，甚至下降，但是加工贸易仍然占据着四川省进出口贸易的半壁江山。

表 2-3　四川省主要贸易方式占外贸比例　　　　　　单位:%

年份/年	加工贸易	一般贸易
2011	42.40	48.50
2012	48.50	40.30
2013	42.10	42.20
2014	40.50	39.30
2015	45.30	40.50
2016	55.40	33.20
2017	56.20	30.30
2018	56.30	30.60
2019	60.80	26.50
2020	63.50	20.80
2021	53.70	24.90

3. 四川省加工贸易转型发展的必要性及条件分析

3.1 转型发展的必要性

3.1.1 劳动力成本逐渐提高

根据国家统计局发布的《2021 年农民工监测调查报告》，西部地区半数以上外出农民工都是省内流动，且农民工的平均年龄持续提高，达到 41.7 岁。同时，大部分农民工仍然从事第三产业，但是比例较 2020 年有所下降，在农民工从事行业中（见表 3-1），制造业是比重最大的，其次是建筑业；从行业分布上升比例看，建筑业上升最多，高达 0.7 个百分点，而制造业则下降 0.2 个百分点。农民工使用成本逐渐上升，2021 年农民工月均收入 4 432 元，增长幅度高达 8.8%，其中外出农民工收入增长速度高于本地农民工 3.7 个百分点；从地区上看，东部地区农民工收入增长最快，而西部地区农民工收入增长速度也较为可观，达到 7.1 个百分点；从行业看，从事制造业的农民工工资收入增长速度最快，而从事建筑业的农民工收入最高。一方面这些数据反映了我国发展过程当中产业变化，第二产业出现衰退迹象，而第三产业则发展迅速，仅在疫情出现之后稍微有所改变；另一方面也是与当前产业发展相匹配，疫情暴发之后，诸多中小企业生产经营困难，而制造业则在加速从低级产品转向高端技术产品发展，对于劳动者的技术水平不断提高，也就导致农民工从事制造业的数量连年下降，向一些低技术水平要求行业转移。这也暴露了我国虽然培养了许多大学生，但是主要从事制造业的仍然以农民工为主要群体，主要劳动力技术水平仍然较低，无法满足高新技术产业发展需求。我国农民工规模及月均收入见表 3-2。

表 3-1　农民工从事的主要行业分布　　　　　　单位:%

类别	2015 年	2016 年	2017 年	2018 年	2019 年	2020 年	2021 年
制造业	31.3	30.5	29.9	27.9	27.4	27.3	27.1
建筑业	22.3	19.7	18.9	18.6	18.7	18.3	19
批发和零售业	11.4	12.3	12.3	12.1	12	12.2	12.1
交通运输仓储和邮政业	6.5	6.4	6.6	6.6	6.9	6.9	6.9
住宿餐饮业	6	5.9	6.2	6.7	6.9	6.5	6.4
居民服务修理和其他服务业	10.2	11.1	11.3	12.2	12.3	12.4	11.8

表 3-2　我国农民工规模及月均收入

年份	农民工规模 /万人	本地农民工 规模/万人	外出农民工 规模/万人	跨省流动农民工 规模/万人	农民工月均 收入/元
2021 年	29 251	12 079	17 172	7 130	4 432
2020 年	28 560	11 601	16 959	7 052	4 072
2019 年	29 077	11 652	17 425	7 508	3 962
2018 年	28 836	11 570	17 266	7 594	3 721
2017 年	28 652	11 467	17 185	7 675	3 485
2016 年	28 171	11 237	16 934	7 666	3 275
2015 年	27 747	10 863	16 884	7 745	3 072
2014 年	27 395	10 574	16 821	7 867	2 864
2013 年	26 894	10 284	16 610	7 739	2 609

从表 3-3 我国各年龄人口分布和表 3-4 我国各年龄段抚养比可以看出,人口老龄化问题逐渐凸显,叠加劳动力成本不断上升,过去的比较优势正在渐渐消失。在 2013 年的时候 15~64 岁的劳动人口达到峰值,随后逐年下降;劳动力在 2015 年达到峰值 80 091 万人,随后不断减少,到 2020 年劳动力为 78 392 万人,五年时间减少 1 699 万劳动力。同时,逐年上升的人口抚养比与逐年下降的出生率,会导致未来劳动人口进一步减少与劳动成本逐渐提高。

表 3-3　我国各年龄人口分布

年份	年末总人口	0~14 岁人口	15~64 岁人口	65 岁及以上人口
2021 年	141 260	24 678	96 526	20 056
2020 年	141 212	25 277	96 871	19 064
2019 年	141 008	23 689	99 552	17 767
2018 年	140 541	23 751	100 065	16 724
2017 年	140 011	23 522	100 528	15 961
2016 年	139 232	23 252	100 943	15 037
2015 年	138 326	22 824	100 978	14 524
2014 年	137 646	22 712	101 032	13 902

表 3-4　我国各年龄段抚养比　　　　　　　　单位:%

指标	总抚养比	少儿抚养比	老年抚养比
2021 年	46.3	25.6	20.8
2020 年	45.9	26.2	19.7
2019 年	41.5	23.8	17.8
2018 年	40.4	23.7	16.8
2017 年	39.3	23.4	15.9
2016 年	37.9	22.9	15
2015 年	37	22.6	14.3
2014 年	36.2	22.5	13.7

2014 年之后，四川省转移就业农民工数量常年保持在 2 500 万左右，其至在 2020 年疫情影响之下，全国农民工数量减少，而四川省农民工数量仍逆势增加，全年转移就业农民工数量高达 2 573.4 万人，较 2019 年增加 91 万人。从省内省外转移看，自 2012 年之后，四川省农民工省内转移就业常年大于省外，2019 年数据显示，四川省省外转移农民工工资平均水平比全国高 80 元，达到 4 042 元。

3.1.2 加工贸易竞争力较弱

根据波特五力模型，有五种力量影响着产业的吸引力以及现有企业是竞争策略，它们分别是上游供应商的议价能力、潜在者的进入能力、竞争者的竞争能力、替代品与同行业的替代能力、下游购买者的议价能力。从加工贸易企业的角度来说，这五种力量则对应着上游的研发与设计企业、生产成本更低的地区或国家、其他贸易方式和其他相似加工贸易企业、下游的销售与售后企业。

首先，在加工贸易企业面对上游供应商即研发与设计企业时，加工贸易主要有两种类型，分别是进料加工与来料加工，但是定价的话语权都被外商把控，加工环节也被独立出来并规模化生产，导致同一个产品在不同的生产环节当中被独立出来，交由不同的加工贸易企业进行分工生产。这些加工环节之所以被上游供应商剥离交由加工贸易企业生产，是因为这些环节处于价值链底端，具备的附加值非常低，带来的经济效益极少，相对于研发、设计、销售、售后等环节，对发达国家不具备吸引力，而发展中国家非常需要这些利润解决国内就业，提升国家税收、增强自身实力。可见，四川省加工贸易企业目前在面对上游供应商时议价能力不足，没有定价权。

其次，在川内加工贸易企业面对劳动力成本更低的潜在进入者时，对于承接东部沿海产业并没有太多的优势，诸如东南亚、非洲等"一带一路"共建国家，在"一带一路"政策的带动下，企业的管理水平、工人的劳动效率、基础设施等都有较大的提升，对于技术含量低的生产环节，许多加工贸易产业都在转向这些国家。如三星、丰田、苹果等跨国公司向东南亚国家转移。2022 年一季度，仅越南 FDI 资金高达 44.2 亿美元，其他 77.8% 都是对制造业和加工贸易行业进行投资的，投资额排名前五的国家和地区分别是：丹麦、新加坡、中国、中国台湾、中国香港。

再次，同行业加工贸易企业竞争当中，低技术加工环节所依赖的是我国廉价的劳动力,加上我国劳动力在全国范围内是完全流动的,因此对于加工贸易的市场是接近完全竞争的,从而导致加工贸易行业利润率较低,企业与企业之间的差异性较低,互相的竞争容易变味成为价格战,使得整个加工贸易行业内卷,过于激烈的竞争也就导致整个加工贸易行业竞争力减弱。

从次,对于替代品威胁,从 2021 年开始,一般贸易占四川省进出口总额比例不断攀升,加工贸易不断下降,尤其是 2022 年以来,一般贸易前四个月增长速度高达79.3%,而加工贸易则下降 6.1%,一增一减,使得 2022 年前四个月加工贸易占四川省进出口总额仅为 47.5%,较 2021 年下降十四个百分点。

最后,省内加工贸易企业在面对各类经销商的时候,主要是参加博览会,由四川省商务厅组织带队,比如川商贸发〔2020〕27 号《四川省商务厅关于组织参加第十二届中国加工贸易产品博览会的通知》,四川省商务厅组团参加展会,进行加工贸易梯度转移对接会、产品购销对接活动、海外对接交流洽谈会等进行商品的展示、结交其他的加工贸易企业、寻找贸易合作伙伴、进行经济贸易的对接以及商品的采购。但是加工贸易企业并不能直接面对消费者,将销售环节剥离交给专业的企业去完成,可以使得整个社会效率变高,但也使得加工贸易企业失去了渠道方面话语权以及面向下游消费者的定价权。

利用波特五力模型对加工贸易进行分析,发现加工贸易产业整体上不具备较强的竞争力,面对上下游的时候议价能力较弱,加上产业内恶性竞争严重,使得产业利润率微薄,同时有着许多潜在竞争者正在发力,所以四川省加工贸易转型发展非常重要且紧迫。

3.2 转型发展条件分析

3.2.1 劳动资源充裕

第七次全国人口普查的数据显示,四川省 2020 年常住人口 8 367.5 万人,其中劳动人口占比 66.97%,低于全国平均 68.6%,造成这种情况的主要原因是四川省是一个劳务输出大省,常年在外务工人员上千万,并且外出务工人员以青壮年为主。但是随着我省经济的发展、诸多企业在四川省落户,这些外出务工人员不断回流,使得户籍人口数与常住人口差额减少到 710.6 万人,在这当中,吸引人口的主要城市便是成都,从 2010 年到 2020 年,成都市人口增加 581.9 万人,经济发展好的地方,吸引的人口更多。

一个国家的劳动年龄人口占总人口比重大于 50% 则可以称为具备"劳动红利",而四川省劳动人口占比达到 66.97%,仍然处于劳动红利期,对于企业发展是有利条件,并且随着营商环境不断改善,省内工人薪资不断提升,上千万的外出务工人员会不断的回到省内务工,同时他们还是具备一定技术的熟练工人,具备更高的生产效率。

3.2.2 自然资源丰富

四川省能源丰富,特别是在清洁能源方面,2020 年四川省清洁能源生产电力3 654.6 亿千瓦时,而四川省消费量为 2 880.2 亿千瓦时;在一次性消费能源当中,省内生产量为 20 433.1 万吨标准煤,省外调入量为 8 889.7 万吨标准煤。清洁能源当中,四川省西南地区水能储量位居全国之首，仅水电总装机截至 2021 年便高达 8 947 万千瓦时，位居全国第一，加上四川省丰富的风能、光能、核能，在四川省加工贸易转型过程当中，可以提供足够的能源，并促使四川省更快实现碳中和。丰富的自然资源可以促使四川省加工贸易转型过程当中，可以有效减少运输成本，加上四川省电力供给充沛，可以使得加工贸易企业尽快的发展，不必如同沿海地区，部分时间会存在限电。

3.2.3 基础工业齐全

在抗日战争时期，沿海地区被日本侵略，使得大量企业迁到四川省，为四川省打下一些工业基础；随后在 20 世纪 60 年代，三线建设时期，大量企业进入四川省广元、绵阳、江油一带；近几十年，西部大开发又为四川省工业建设带来大量企业与投资。现在，四川省已经形成电子信息、装备制造、食品饮料、能源化工、先进材料五大万亿级支柱产业。坚实的工业基础可以使得四川省加工贸易转型发展当中有足够的转型基础、发展基础，同时也是转型发展的部分主体，基础工业不断融合创新技术，提供生产力，成为新时代基础工业。

4. 四川省加工贸易转型发展面临困境分析

4.1 四川省加工贸易发展存在的困境

4.1.1 外部面临的风险

东南亚同质化竞争，由于 2018 年中美贸易战争的爆发，加速了第四次产业转移，使得东南亚国家以及劳动力成本较低的发展中国家，成为中美贸易战当中最大的赢家。再加上东南亚许多国家在 2021 年的时候逐渐放开了疫情防控，在 2022 年第二季度初，他们的订单就已经排到了第三季度，而国内则面临着毁单的风险。东南亚许多国家处在工业化初始阶段，使得他们的监管是非常宽松的，对于国内正在转向高质量发展，全国范围内的监管都在变得较为严格，使得东南亚国家在招商引资方面更具优势，并且美国要加速重构全球的生产体系，借此使得中国不再是唯一的选项。比如说马来西亚和越南生产电子产品；泰国生产汽车和包装食品；印度尼西亚生产机械和石化产品；新加坡生产半导体和生物制药，将中国的高低端产品进行多维度，多层次的直接分散，不具备技术禀赋的中西部加工贸易，则更容易受到打击。并且 RCEP 协议已经签订，使得我国与东盟之间的税率下降、资本流动更加频繁，加上东盟目前人口以青壮年为主，近 70% 的人口都在 40 岁以下，使得东盟劳动力成本处于较低水平，对于国内加工贸易产业而言，将面临部分产业因此转移的挑战。由于各个成员国拥有优势产品差异性，在关税降低之后，这些成员国的产品将大量进入我国国内市场，与四川省的电子产品，农产品形成激烈竞争，可能会导致加工贸易企业利润降低。并且由于 RCEP 协议签订之后，投资限制进一步放开，将吸引一批外商进行投资建厂，但是在沿海地区，各地的配套基础设施作为成熟，拥有更加先进的技术，具备更加坚实的产业基础，并且各地也会出台关于 RCEP 配套的相关政策，这些将对四川省招商引资产生巨大的竞争压力。

金融方面，2015 年 8 月 11 日人民币汇改实现了提高人民币汇率中间价，形成市场化程度和中间价的代表性两个目标，随后人民币在 2016 年 10 月 1 日正式加入 SDR（特别提款权）。人民币汇率受疫情影响在年 5 月达到低点，随后一路升值，在 2020 年 2 月俄乌冲突爆发后几日达到峰值，随后在 4 月中旬到 5 月中旬期间急速下跌，在 5 月中旬开始回暖，汇率表现出极大的波动。四川省大部分加工贸易企业对于人民币升值的可承受幅度较低，人民币升值已经成为四川省出口贸易增长的一大不确定性因素，单边的变动可以通过掉期赎回，远期等方式进行风险规避，而双向的波动则会有更多的不确定性，加剧汇率波动的风险。

4.1.2 自身面临的问题

四川省加工贸易出口产品虽然 80% 以上都是高新技术品，但是省内加工环节大多处于低技术环节，并且在 2021 年当中已经开始展现颓势，整年加工贸易进出口总额出现负增长，并且这种颓势延续到 2022 年上半年，在 2022 年前四个月份，以加工贸易方式进出口 1 536.1 亿元，下降 6.1%，占同期四川外贸进出口总值的 47.5%，较上年同期下降 14 个百分点。资本密集型产品增长率出现小幅度下降，而劳动密集型产品增长率展现出强大的韧性，保持了两倍的增长速度，其中，含棉服装及衣着附件、箱包及类似容器、家具及其零件出口分别增长 9.4 倍、4 倍和 3.3 倍。但是随着"一带一路"共建国家的生产率上升，在劳动密集型产品的生产上，势必与四川省产生强大竞争，加上这些产品技术含量低，对资源的消耗大，不是可以持续发展的方向。省内成都、宜宾等市交通已经畅通火车、高铁、飞机，但是仍有许多市州基础交通设施存在建设滞后、关键交通节点连接不畅通、相邻而未连接等问题，依旧没有形成交通物流的核心枢纽。加上现在各种原因导致的交通不便，交通成本与时间成本同步上升，使得四川省面对沿海地区的集群化优势，将不再拥有明显的比较优势，并且短时间看，加工贸易向中西部地区转移或将减缓速度。

4.2 四川省加工贸易转型面临的困境

4.2.1 对于外资依赖程度较高

2020 年四川省外商投资企业占加工贸易进出口总额达到 70% 以上，其中外商独资企业占外商进出口总额比重高达 96.29%，加上绝大部分四川省加工贸易开展的方式都是进料加工，两头在外、大进大出，使得四川省加工贸易深度依赖外资，导致外商掌握了绝大部分话语权，对于加工贸易企业提升产品附加值、参与国际分工处于不利地位。

4.2.2 中小企业融资存在较大困难

这与全国范围内中小企业在进行融资的时候面临融资难是一致的。加上疫情冲击导致大量中小企业出现物流通道不畅、供应链断链、经贸活动停止等困难，加上这些加工贸易企业大部分管理水平低下、利润微薄、信誉不足以贷款，使得较多的中小加工贸易生产艰难，虽然靠着我国率先复工复产，短时间内获得大量的订单，但是随着国外疫情修复以及部分国家不防疫，叠加国内疫情反复，大量的订单流向东南亚地区，而国内加工贸易企业则面临毁单风险，导致加工贸易产业链在省内出现断链，加工贸易转型后劲不足。

4.2.3 贸易内产业劳动力紧缺

四川省是一个劳务输出大省，人口流失非常严重，近五年以来，全省户籍人口减少 55.4 万人，仅有成都市与凉山彝族自治州户籍人口数实现增长，虽然许多沿海产业转移到省内，使得常住人口连年攀升，但是户籍人口数与常住人口差额仍然高达 710.6 万人。许多加工贸易企业落户四川后发现，虽然用工成本下降，但是招工难的问题依然存在，特别是在四五线城市，青壮年大部分选择背井离乡，前往沿海发达地区务工，其主要原因便在于薪资水平的高低以及工厂生活的不自由。

4.2.4 加工贸易企业研发投入不足

四川省研发投入在 2020 年占 GDP 比例达到了 2.17%，第一次超越全国研究经费占 GDP 比例，但是四川省的研发投入在最近几年 50% 以上才由企业出资，而全国的研发投入有 75% 左右是由企业投资，说明了四川省现在企业对研发的投入是远远不足的。并且从 2005 年到 2020 年十六年之间，四川省企业对研发投入增长 12.5 倍，全国企业对研发投入增长 14.6 倍，四川省企业对研发投入的增长速度也低于全国平均水平。全国共有科学研究与开发机构 3 109 个，从事科研和开发机构研究与实验发展人员共有 51.94 万人，而四川省 2020 年从事科研和开发机构研究与实验发展人员 31 130 人，仅有 246 个机构从事科学研究与开发。四川省从事科学研究的工作人员是远远不足的、机构数量也较少，科研投入太少，不足以支撑区域的高质量发展，会使得加工贸易转型发展的时候，缺乏内驱动力。

案例使用说明

一、教学目的与用途

1. 教学目的

通过对本案例的学习和研讨，使学生加工贸易相关概念及相关的对外贸易理论依据，了解四川省加工贸易的现状及转型发展中存在的问题，培养学生运用课程专业理论知识分析和解决对外贸易中实际问题的能力。在案例的研讨过程中，通过具体问题的设计引导与研讨环节培养学生的自主学习能力和思维能力。

2. 教学用途

本案例主要适用于国际经济与贸易专业的中国对外贸易概论课程。

二、启发性思考题

1. 什么是加工贸易？其主要类型有哪些？
2. 促进加工贸易不断发展的因素有哪些？
3. 四川省加工贸易的特点是什么？
4. 四川省的加工贸易为什么要实现转型发展？
5. 后疫情时期四川省加工贸易转型发展的方向如何选择？

三、背景信息

加工贸易的产生和发展是国际分工深化的必然结果，标志着国际贸易进入了一个新的阶段。在国际贸易的漫长历史过程中，最终产品贸易一直占据绝对的统治地位。然而，20世纪70年代之后各国由于自身资源禀赋的差异以及发展水平的不同，在世界范围内形成大量的垂直型产业间国际分工。也就是说，发达国家拥有先进的技术和充裕的资本，在技术和资本密集型产业具有比较优势，从而在国际分工中占据高端；发展中国家由于技术水平落后、资本稀缺，在低技术的劳动密集型行业更具有比较优势。因此，中间产品的加工贸易异军突起，在国际贸易中所占的份额迅速增长，并在世界范围内取得巨大发展，甚至成为了许多发展中国家的主要贸易方式，也成为解决国内就业、吸引外资、促进经济增长及增加外汇收入的重要方法和措施。

四、案例分析思路及要点

1. 案例分析思路

根据案例相关主题收集有关加工相关资料，包括加工贸易相关的政策及制度安排；对收集资料进行阅读、整理，并通过自己的理解进行归纳分析；通过四川省加工贸易转型背景的考察，分析其发展的特点，通过比较分析思考转型的现实需要。

2. 需要学生识别的关键问题

加工贸易界定及主要类型划分；加工贸易发展的趋势及转型的方向路径。

3. 案例教学中的关键知识点、能力点

加工贸易发展影响因素分析（结合相关贸易基本理论），四川省加工贸易特征分析，四川省加工贸易发展态势分析。

五、理论依据与分析

（一）相关概念

对加工贸易概念，有两种表述较为常见：一是从企业业务形式的角度对加工贸易加以界定，认为加工贸易是企业从境外保税进口全部或部分原辅材料、零部件、元器件、包装物料，经加工装配后，将制成品复出口的经营活动；二是从贸易统计的角度出发，加工贸易被定义为对外贸易统计中的一个特殊范畴，如果企业进口原材料和零配件是为了将其加工成制成品再出口，那么这个由进口、加工和出口构成的统一过程就是贸易统计中所说的"加工贸易"。

（二）加工贸易相关理论

1. 绝对优势理论

重商主义理论认为，一国财富的唯一形式是以贵金属形态存在的货币，一国增加财富的途径只有两个：一是在国内直接扩大贵金属的生产和供给；二是通过出口获取其他国家的贵金属，增加本国的财富。因而在政策上实行奖出限入的贸易保护主义政策，该理论认为一国在国际贸易中的收益就是另外一国的损失，对外贸易须遵守多卖少买、多收少支的原则，保证贸易中的顺差，保证尽可能多的货币流入，从而增加财富。亚当·斯密在《国富论》中对重商主义进行了全面的批判，提出了绝对优势理论。斯密以家庭的例子推及国家，指出一件商品如果在本国制造比在他国制造所花费的成本高，就应放弃在本国制造，选择从他国进口。这种以绝对优势为基础的国际分工和自由贸易是正的非零和博弈。在市场经济中，微观经济主体可以通过分工和交易而实现自利与互利个体利益与社会利益是互相联系的，故经济主体之间的利益关系并非像重商主义声称的那样一定是非赢即输的结果，而是可以实现"双赢"的局面。只要两个国家各自出口生产成本绝对低的产品，进口生产成本绝对高的产品，贸易就可以使两个国家都受益。所以各国应该鼓励自由贸易，充分发展国际分工。大卫·李嘉图在其《政治经济学及税赋原理》一书中对斯密的理论进行完善，提出国家之间，不论经济发展水平强弱，只要按照其相对的比较优势生产并交换产品，同样能实现正的非零和博弈。

2. 比较优势理论

李嘉图认为国际贸易产生的基础并非各国之间生产成本的绝对差异，而是生产成本的相对差异，其对国际贸易模式的研究一般被认为是比较优势理论的起点。所谓比较优势，就是指不同国家生产同一种产品的机会成本差异，该差异的来源是各国在生产该产品上的劳动生产率差异。该理论假定世界上只有两个国家，产品的要素投入只有劳动，生产同一种产品。由于每个国家在劳动生产率上有所差异，因此在工资率给定的情况下，两个国家生产的产品在相对成本进而相对价格上必然存在差异。无论这种差异是绝对成本差异还是相对成本差异，只要这种相对差异存在，就可以按照一定的国际价格进行交换。每个国家只要出口自己相对成本较低或者说是具有比较优势的产品，而进口相对成本较高或者说具有比较劣势的产品就可以使贸易双方都获利。按照该理论，为了寻求利益的最大化，每个国家将只生产具有比较优势的产品而放弃具有比较劣势的产品，进而实现完全的专业化分工。

3. 要素禀赋理论

该理论将李嘉图的比较优势理论进行了扩展并纳入一般均衡的分析框架中来，重新表述了比较优势原理，认为在决定比较优势的因素中，最重要的是要素禀赋。要素是对生产过程发生作用的各种有形、无形因素，如自然资源、知识资本、物质资本、土地、熟练与非熟练劳动力等，要素禀赋则是指一国实际拥有的要素总量和结构。某种产品或行业的生产活动是否具有比较优势，取决于它们能否比较密集地利用该国相对丰裕的要素，取决于它们生产的成本比例能否与该国结构相一致。越是能密集利用一国丰裕要素的生产项目，越具有比较优势；反之，越是需要密集投入一国相对丰裕要素的生产项目，则越是缺乏比较优势。理论模型指出，在不同国家生产函数相同的情况下，产品投入要素成为比较成本差异的主要来源，一国在生产密集使用本国比较丰裕的生产要素的产品时，成本比较低；而生产密集使用别国比较丰裕的生产要素的产品时，成本就比较高。因此，一国应该出口密集使用本国相对充裕要素的产品，进口密集使用本国相对稀缺要素的产品。

加工贸易的发展是比较优势理论和要素禀赋理论在国际分工层面上的深化。伴随着国际分工的深化，一个国家参与加工贸易的商品在不同的生产环节中会发挥自己的比较优势，达到共同获利。

4. 产业内贸易理论

产业内贸易是指一个国家在一定时期内既出口又进口同一种产品，同时同一种产品的中间产品大量参加贸易的现象。20 世纪 60 年代后，发达工业化国家间的产业内贸易获得了巨大的发展。这种同类产品既进口又出口的现象也出现在我国的对外贸易中。这种国际贸易现象很难在传统贸易理论中找到解释。以克鲁格曼为代表的经济学家提出了产业内贸易理论，该理论认为偏好差异、规模经济等是促进国际贸易的重要因素，一个国家的需求偏好差异是促进两国贸易的重要原因，而需求偏好主要取决于该国的平均收入水平，高收入国家与低收入国家所形成的商品需求偏好不同，因此收入水平不同的国家间由于需求偏好不同而形成互补贸易。规模经济带来的收益递增会降低单位产品成本，通过规模经济效应的作用而取得比较成本优势，导致专业化生产和产品出口。

加工贸易是一种垂直型产业内贸易形式。产业内贸易理论为加工贸易发展明确了方向。如通过加工贸易产业规模的扩张获得规模收益递增是发展加工贸易的重要途径。

5. 国家竞争优势理论

该理论是由美国哈佛大学商学院教授迈克尔·波特提出。其分别从微观、中观和宏观三个层面较为系统地论述了企业竞争、产业竞争、国家竞争问题，从而系统地提出了竞争优势理论，使得国际贸易的解释更具有统一性和说服力。根据该理论，一个国家的竞争优势，就是企业、行业的竞争优势，也就是生产力发展水平的优势。认为，一国能否在国际市场中取得竞争优势在于其产业发展和创新能力高低，而竞争优势形成的关键在于能否使主导产业具有优势，优势产业的建立有赖于提高生产效率，而产业的竞争优势又源于企业是否具有创新机制。一个国家能否取得国家竞争优要取决于四个基本要素：一是生产要素；二是需求状况；三是相关产业和支持性产业；四是企业战略、结构和竞争对手。同时国家竞争优势还受到机遇和政府作用的影响。一国只有建立了国际竞争优势才能获得持久的比较利益。随着当今经济一体化到全球化，国际分工日益深入，国际竞争日益激烈，在这种竞争中，任何一个国家不再可能依靠基于禀赋条件的比较优势赢得有利的国际分工地位，而只有通过竞争优势的创造，才能提高自己的竞争力，增进本国人民的福利。

根据国家竞争优势理论，为了建立和保持一个国家的加工贸易行业的国际竞争优势，不仅仅要发挥先天的劳动力资源优势，还应该采取相关的措施和政策，营造良好的产业环境、市场环境和文化环境，建立创新制度，促进加工贸易持续发展。

6. 新经济地理贸易理论

该理论将运输成本纳入分析框架，因为运输成本的减少会引发聚集经济、正外部性、规模经济等问题，企业在进行区位选择时要考虑市场和地理之间的相互联系，即产业的空间集聚效应。该理论运用"核心—外围"模型分析一个国家内部产业集聚的形成原因。如果一个国家的地理区位可能有某种优势，它对另一地区的特定厂商具有一定的吸引力，并导致这些厂商生产区位的改变，一旦某个区位形成行业的地理集中，则该地区的聚集经济就会迅速发展。

六、教学组织方式

1. 素材导入

教师提前发放教学案例素材，对相关背景进行先行导入介绍，结合课程知识点并提出问题，激发和调动学生自主学习的愿意。

2. 预习定标

在案例主题及问题导向下，学生课下自主学习，达到对相关理论知识的先行学习和了解。

3. 合作达标

在学生自主学习、独立思考的基础上，尚不能自行解决的问题，可通过"生生互动、师生互动、组组互动"的方式促进相互合作、相互交流、共同研讨、共同提高。

4. 互动展示

学生可根据教师的分工，利用各种方式向全班展示小组合作研究的问题，教师可随时进行引导、点拨、强调、提升，以拓宽学生的知识面，帮助学生加深对案例的理解和运用。在此过程中，教师应及时对学生及小组的表现加以点评，增强学生的学习信心。

5. 小结强化

教师用简短的语言案例知识进行概括总结，形成知识框架，强化学习目标。

6. 反馈矫正

教师针对当堂所学内容和目标设置巩固性练习题，由学生独立完成，然后采取小组成员互评、教师抽评等方式，将竞赛机制应用其中，并尽量做到当堂完成，当堂反馈。

七、案例的后续进展

在本案例基础上，可进一步拓展到更加区域范围内加工贸易发展的分析与探讨，结合相关贸易理论开展深入探索，让学生通过对资料的梳理分析，发现有关加工贸易发展与趋势，从而从更高层面思考其转型的途径与措施，并据此进一步结合新形势要求提炼问题解决的新思路与新方向。

八、其他教学支持材料

一是计算机支持。可列出支持这一案例的计算机程序和软件包，它们的可得性，以及如何在教学中使用它们的建议或说明。二是视听辅助手段支持。可收集能与案例一起使用的电影、录像带、幻灯片、剪报、样品和其他材料。三是 Excel 计算表格。在做数据统计等工作时可使用该软件。

四川自贸试验区的经济增长效应案例

攀枝花学院经济与管理学院

李杰 周迎春

摘要： 实施自由贸易区战略是我国应对国际国内新形势的重大战略举措，对于构建开放型经济新体制和促进地区经济增长具有重要的作用。四川自贸试验区作为内陆型自贸试验区的典型代表，肩负着建设西部门户城市开发开放引领区、内陆开放战略支撑带先导区、国际开放通道枢纽区、内陆开放型经济新高地、内陆与沿海沿边沿江协同开放示范区等重要历史使命。本案例概述了四川自贸试验区的基本状况及其制度创新的主要成果，对比分析了四川自贸试验区成立前后四川地区生产总值、进出口贸易、产业结构、固定资产投资的增长变化情况，并利用反事实分析法研究四川自贸试验区的经济增长效应。研究发现，四川自贸试验区的成立对于地区生产总值、进出口贸易和固定资产投资的增长以及产业结构调整都具有明显的促进作用。基于四川自贸试验区发展存在的不足，从政府职能转变、加快内陆自由贸易港建设、优化营商环境、加强与 RCEP 成员国合作以及加强人才培养等方面提出相应的政策建议。

关键词： 自贸试验区；制度创新；反事实分析法；经济增长

加快实施自由贸易区战略是当前政府为应对国内外经济发展新形势，促进我国经济高质量发展的重要战略性举措。自由贸易试验区（简称"自贸试验区"）作为新发展阶段中国改革开放新的试验田，肩负着为全面深化改革和扩大开放探索新途径、积累新经验的历史使命。自贸试验区的系列制度创新有利于破除贸易、投资等领域的各种制约因素，降低交易成本，从而为经济增长提供新的动力。四川自贸试验区作为典型的内陆型自贸试验区，是在"一带一路"倡议、西部大开发和长江经济带发展等战略的支持下应运而生的，背负着推动内陆与沿海沿边沿江协同开放的特殊使命。

1. 四川自贸试验区概况

四川自贸试验区成立于 2017 年 3 月，是党中央、国务院第三批次设立的 7 个自贸试验区之一。第一和第二批次的自贸试验区均位于东部沿海地区，四川自贸试验区是我国内陆型自贸试验区建设的重要试点。四川自贸试验区的定位为：建设西部门户城市开发开放引领区、内陆开放战略支撑带先导区、国际开放通道枢纽区、内陆开放型经济新高地、内陆与沿海沿边沿江协同开放示范区，打造内陆开放型经济高地，在深入推进西部大开发和长江经济带发展中发挥示范作用。四川自贸试验区的实施范围119.99平方千米，涵盖三个片区：成都天府新区片区、成都青白江铁路港片区和川南临港片区。三个片区分别具有临空、临铁、临江的区位优势。

成都天府新区片区90.32平方千米［含成都高新综合保税区区块四（双流园区）4平方千米、成都空港保税物流中心（B型）0.09平方千米］，重点发展现代服务业、高端制造业、高新技术、临空经济、口岸服务等产业，建设国家重要的现代高端产业集聚区、创新驱动发展引领区、开放型金融产业创新高地、商贸物流中心和国际性航空枢纽，打造西部地区门户城市开放高地。成都天府新区片区坐拥我国第四大航空枢纽——成都双流国际机场。近年来成都双流国际机场在自贸试验区的政策支持下取得迅猛发展，仅在四川自贸试验区成立的六年里就累计新开了近30条国际航线。截至2022年底，已开通航线374条，其中国际（地区）131条，国内225条，经停国内转国际18条，2018年成都双流机场的年旅客吞吐量超过5 000万人次，2019年更是突破了5 500万人次，达到5 586万人次，并且年出入境旅客达到了700多万人次，2021年虽受到疫情的挑战，仍达4 011.7万人次，有效激发了四川省航空经济的活力，使四川省开放水平得到进一步的提升。

成都青白江铁路港片区9.68平方千米［含成都铁路保税物流中心（B型）0.18平方千米］，重点发展国际商品集散转运、分拨展示、保税物流仓储、国际货代、整车进口、特色金融等口岸服务业和信息服务、科技服务、会展服务等现代服务业，打造内陆地区联通丝绸之路经济带的西向国际贸易大通道重要支点。青白江片区内的成都国际铁路港是我国西南部最大的铁路交通枢纽，四川自贸试验区成立六年来，中欧班列（成渝）累计开行量超2万列，成都国际班列已联通107个境外城市、30个境内城市。

川南临港片区19.99平方千米［含泸州港保税物流中心（B型）0.21平方千米］，重点发展航运物流、港口贸易、教育医疗等现代服务业，以及装备制造、现代医药、食品饮料等先进制造和特色优势产业，建设成为重要区域性综合交通枢纽和成渝城市群南向开放、辐射滇黔的重要门户。川南临港片区的泸州港是全国28个内河主要港口之一、四川第一大港，经过多年的建设发展，港口基础设施逐渐完善，吊装能力大幅提升，目前泸州港内已建成16座经营性货运码头和47个生产性泊位，拥有6个3 000吨级的直立框架式泊位。2022年，泸州港的货运量累计完成2 097.5万吨，其中，集装箱吞吐量190 311标箱，铁水联运完成42 577标箱，外贸箱量完成60 273标箱。良好的区位条件为四川自贸试验区川南临港片区的发展奠定了扎实的设施基础。

2. 四川自贸试验区的制度创新成果

自由贸易试验区建设的核心任务是通过制度创新推动贸易和投资的便利化，从而促进经济社会高质量发展。自成立以来，四川自贸试验区一方面复制推广其他自贸试验区的成功经验，另一方面结合内陆地区实际积极开展制度创新，积累了一系列能够在其他内陆地区以及全国复制推广的经验。截至2023年4月，四川自贸试验区大胆探索形成800余项制度创新成果，在近4批国家层面复制推广的改革试点成果中，四川贡献12项、占全国1/9，推动国家层面278项和四川6批97项改革经验推广。四川自贸试验区成都区域探索形成570个改革实践案例，其中13项制度创新成果被国家层面采纳面向全国复制推广或学习借鉴，62项制度创新成果推广到全省，连续三年在"中国自由贸易试验区制度创新指数"榜单中位于第三批自贸试验区片区城市榜首。川南临港片区累计形成了448项制度创新成果，其中，7项获全国推广或表扬、27项获全省推广、99项获泸州全市推广。2022年，自贸试验区川南临港片区形成了50项制度创新成果，其中，4项成果获全省推广。四川自贸试验区系列的制度创新显著地改善了地区营商环境，有效降低了企业的各项经营成本，提高了经济运行的效率，为四川经济发展创造了良好的制度环境，有利于四川对外贸易、投资以及整体经济的快速增长。

3. 四川自贸试验区设立前后地区经济发展的对比分析

3.1 经济发展规模

四川省的地区生产总值近十年来呈现上升的趋势（如图3-1所示），2019年为46 363.8亿元，2020年为48 598.76亿元。从四川省地区生产总值的同比增长率可以看出2013年至2016年的增速总体呈下降趋势，2017年的增速从上一年的7.7%上升为8.1%，增速比全国平均水平高1.2个百分点，实现了自2013年以来首次增长加速。2018年增速开始放缓，下降到8%。四川自贸试验区设立（2017年）以来四川省的地区生产总值不断增长，地区生产总值增长率先升后降。2020年四川省的地区生产总值增速下滑十分明显，下降到了3.8%，但增速排在了全国第一位。GDP增速下滑很大程度上要归咎于新型冠状病毒感染的暴发，2020年上半年疫情导致我国经济按下"暂停键"，疫情对四川省的经济造成了较大的冲击，不仅对消费市场产生了较多不利影响，还使得制造业、房地产、基建投资出现低迷，更是对四川的中小微企业和民营企业以及传统服务行业造成了巨大冲击。2021年四川GDP增速反弹至8.2%，不过2022年四川省生产总值增速再次下降至2.9%。

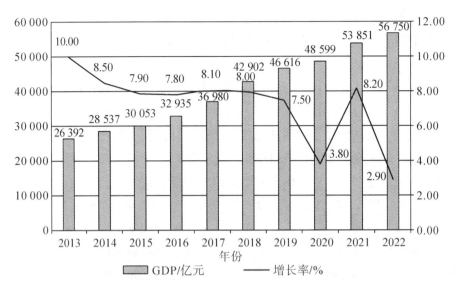

图 3-1　2013—2022 年四川省地区生产总值变化趋势

数据来源：国家统计局，历年四川省国民经济和社会发展统计公报。

3.2　对外贸易规模

区域经济发展离不开对外贸易的发展。与沿海、沿边地区相比，四川省的对外贸易发展水平存在着一定差距，但近年来在一系列重大国家发展战略和地区发展战略、政策的指引下，外贸发展潜能不断得到释放，对外贸易发展迎来新的机遇。从数量上来看（如图 3-2 所示），最近 10 年里，四川省的对外贸易规模呈现出先升后降再升的趋势，在 2013 年至 2014 年呈上涨状态，2015 年开始下降，2016 年跌破 500 亿美元。2017 年对外贸易规模出现大幅上涨，创下了历史最快增速，达到 681.1 亿美元，同比增长 38.01%。2022 年，四川进出口总额超过 1500 亿美元。从增速来看（如图 3-3 所示），2013—2015 年四川省的进出口总额增速处于不断下滑的状态，2016 年才开始出现一点回升，2017 年自贸试验区成立后增速出现大幅回升，2018—2021 年增速虽有所下滑，但仍保持着一个较高的增长水平，2022 年受全球供应链阻滞的影响，增速大幅下降至 2.7%。四川自贸试验区的设立为四川省对外贸易的发展做出了较大贡献。自2017 年四川自贸试验区成立的六年来，四川省的对外贸易规模不断扩大，保持着较高的增长水平。四川自贸试验区以不足全省 1/4 000 的面积，贡献了全省 1/10 的进出口。以 2020 年为例，即使受到疫情的影响，四川省的对外贸易仍取得了惊人的成绩。2020年四川省进出口总额同比增长 19.12%，首次超过 1 000 亿美元，达到了 1 168 亿美元，约合人民币 8 081.9 亿元，与 2016 年相比规模翻了一番，这得益于四川自贸试验区应对疫情提出的 9 个方面针对性的措施。"9 条措施"的出台，有效稳定了四川省的外贸外资基本盘，对四川外贸全年的增长有非常大的贡献。除此之外，截至 2020 年年底，四川省已获批 6 个综合保税区，实现了自贸片区内全覆盖，这将使四川省的开放型经济水平实现进一步提升。2020 年仅成都高新综合保税区的进出口贸易总额就占到了全省总量的一半以上。2022 年四川自贸试验区成都片区新登记企业突破 4.6 万家，新增注册资本超 3 700 亿元，其中外商投资企业 322 家，注册资本超 425 亿元，实际利用外资在全市占比达到 30%，进出口总额接近 1 000 亿元，增长 16.01%，占四川自由贸易试验区 97%。

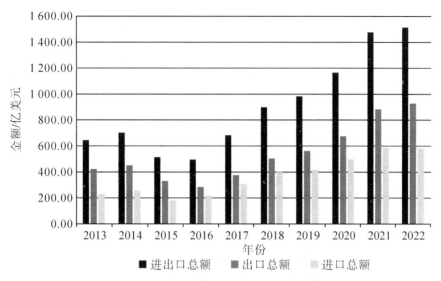

图 3-2　2013—2022 年四川省对外贸易情况

数据来源：中国经济信息网统计数据库。

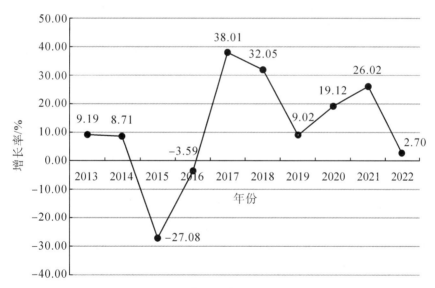

图 3-3　2013—2022 年四川省进出口总额同比增长率

数据来源：中华人民共和国海关总署，历年四川省国民经济和社会发展统计公报。

3.3　产业结构

产业结构的变动与优化升级会对国家或地区的经济发展产生重要的影响。史丹等使用 NAV 分析法研究发现，产业结构的转型升级将从整体上推动中国经济的高质量发展。从产业结构来看，四川省在 2015 年以前呈现出"二三一"型的结构特征，从 2015年开始形成"三二一"的结构。如图 3-4 所示，四川省第一产业占比相对较低，且比重不断下降，2020年有所上升。第二产业占比呈现逐年下降的趋势，但始终保持在35%以上的合适比例。第三产业占比则呈现出逐年上升的趋势，在四川自贸试验区成立后的第一年（2017年），第三产业占比达到了49.73%，2018—2022年均保持在50%以上，四川省的产业结构实现重大转变，形成了"工业与服务业双轮驱动"的发展格局。四川省产业结构转型的实现在很大程度上得益于四川自贸试验区的产业布局，虽然四川自贸试验区三大片区在产业布局上各有不同，但从整体来看都是大力发展现代服务业，四川自贸试验区为推动现代服务业发展的各项举措优化了四川省的产业结构，有利于进一步实现整体经济的高质量发展。

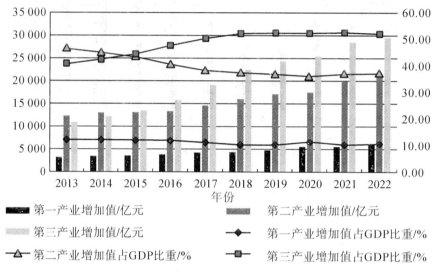

图3-4   2013—2022年四川省三次产业增加值变化趋势

数据来源：中国经济信息网统计数据。

3.4   固定资产投资

投资不仅是拉动经济增长的"三驾马车"之一，也是推动我国经济发展的重要动力之一。固定资产投资对区域经济的发展具有双重的影响，既能带来投资供给，又能产生投资需求。固定资产投资的增加，不仅能够有效促进工业和建筑业的发展，而且有利于扩大消费品市场和生产资料市场，从而提高社会生产力，扩大社会总需求，为地区经济的发展打下牢固的基础。如图3-5所示，近年来四川省的固定资产投资额在不断增加，从增速来看2016年以前呈现出波动下降的趋势，但自2017年四川自贸试验区成立后便开始出现基本稳定的态势。近年来四川省固定资产投资的增加得益于四川省整体营商环境的改善，这也离不开四川自贸试验区在相关方面所做出的努力。自成立以来，四川自贸试验区内入驻世界500强企业已达104家，实际使用外资占全省比重，由挂牌初的4.3%上升到31.2%，新增外商投资企业1 300多家，外商投资实际到位超43亿美元，85%集中在高端服务业领域。

图 3-5　2013—2022 年四川省固定资产投资额变动趋势

数据来源：中国经济信息网统计数据库，历年四川省国民经济和社会发展统计公报。

总之，四川自贸试验区的成立给四川带来了前所未有的发展，自四川自贸试验区成立以来四川省的经济规模不断扩大，对外贸易规模也在不断增加，产业结构进一步优化升级，投资环境不断得到改善，外商投资逐年增加。

4. 四川自贸试验区经济增长效应的实证分析

4.1 实证方法和模型设定

4.1.1 实证方法介绍

目前关于自贸试验区经济效应的实证分析方法主要有双重差分法、合成控制法、GTAP、面板数据回归法、"反事实"分析等研究方法。与其他实证方法相比，"反事实"分析的理论模型建模比较简单，且能够克服历史数据不足、变量缺少、宏观经济政策与经济结果之间的因果关系不明确等缺陷。近年来，"反事实"分析法在我国自贸试验区经济效应的评估方面得到了越来越频繁的应用。有学者分别采用了"反事实"分析法对上海自贸区以及除上海以外的其他自贸试验区进行了经济效应的评估，发现自贸试验区区的设立给地区经济发展带来了正向的影响。因此本案例也将参照谭娜等学者的做法，运用"反事实"分析法对四川自贸试验区的经济增长效应进行分析评价。

"反事实"分析法是指通过在某一既有事件的基础上设定与事实相反的条件，然后根据这种假定采用一定的计量方法来评估事件发生所带来的影响的分析方法。不同截面个体的样本数据之间具有一定的关联性，是构造反事实分析模型的前提条件。即假设在同一时期内不同横截面个体的经济发展情况都受到同一经济系统的某些公共因子的影响，虽然这些公共因子对横截面个体的影响程度不一样，但在同一时期会导致不同横截面个体存在某种相关性。因此，"反事实"分析法可以用政策实施前实验组和控制组之间的相关关系来估计政策实施后实验组的"反事实"值。

4.1.2 模型设定

设 y_{it} 为某个地区的经济发展指标，则根据因子模型，可以生成 y_{it} 的关系式：

$$y_{it} = b_i f_t + a_i + \varepsilon_{it}, \ i = 1, 2, \cdots, N; \ t = 1, \cdots, T$$

其中，b_i 表示 K 维随地区 i 变化的系数因子向量，f_t 表示 K 维随时间变化的共同因子向量，a_i 是地区固定效应，ε_{it} 是随机误差项，会随时间的变化而变化，且满足 $E(\varepsilon_{it}) = 0$。

四川自贸试验区成立前 $y_{it} = y_{1t}^0$，$t = 1, 2, \cdots, T_1$；四川自贸试验区成立后 $y_{it} = y_{1t}^1$，$t = T_1 + 1, \cdots, T$。四川自贸试验区建立后只能观测到 y_{1t}^1 的值，观测不到 y_{1t}^0 的值。为了估计设立自贸区所带来的经济效应 $\Delta_{1t} = y_{1t}^1 - y_{1t}^0$，需要建立回归方程表示 y_{1t}^0，$t = T_1 + 1, \cdots, T$。因为四川省的经济发展状况与其他省市或地区一样都受到共同因子的影响，只是影响程度不同，所以可以选取在样本期内未成立自贸区的其他省市或地区作为控制组，用 $\hat{y}_t^0 = (y_{2t}^0, \cdots, y_{Nt}^0)$ 代替 f_t 来拟合 $t = T_1 + 1$，$T_1 + 2$，$\cdots$，T 时 y_{1t}^0 的"反事实"值 $\hat{y}_{1t}^0$。具体地，先用 $t = 1, 2, \cdots, T_1$ 的时间序列数据 y_{1t}^0 拟合 $\hat{y}_{1t}^0$ 得其拟合值：

$$\hat{y}_{1t}^0 = \hat{a}_1 + \hat{a}_2 \, y_{2t}^0 + \hat{a}_3 \, y_{3t}^0 + \cdots \hat{a}_n \, y_{Nt}^0$$

再利用所得回归方程进行样本外预测，得到"反事实"值 $\hat{y}_{1t}^0$：

$$\hat{y}_{1t}^0 = \hat{a}_1 + \hat{a}_2 \, y_{2t}^0 + \hat{a}_3 \, y_{3t}^0 + \cdots \hat{a}_n \, y_{Nt}^0, \ t = T_1 + 1, \ T_1 + 2, \cdots, T$$

再计算处理效应 Δ_{1t} 的估计值 $\hat{\Delta}_{1t}$：

$$\hat{\Delta}_{1t} = y_{1t}^1 - \hat{y}_{1t}^0, \ t = T_1 + 1, \ T_1 + 2, \cdots, T$$

4.2 指标选取和数据来源

根据"反事实"分析法的定义，需要将其他未受到政策影响的省份或地区作为控制组，用控制组的相关经济数据来预测未施行自贸试验区政策时作为实验组个体的四川省的相关经济数据，估计政策实施后四川省相关经济数据的"反事实"值。鉴于数据的可比性和可得性，本案例的数据样本区间为 2009 年 1 季度至 2019 年 1 季度，包括 10 年零 1 个季度共 41 期的数据。为了符合"反事实"分析法的假设，需要将在 2019 年 1 季度前已经设立了自由贸易试验区的省份或地区排除在外，即只选取除四川省外剩下的其他 19 个省份或地区作为控制组，包括北京、河北、山西、内蒙古、吉林、黑龙江、江苏、安徽、江西、山东、湖南、广西、贵州、云南、西藏、甘肃、青海、宁夏和新疆。

本案例研究数据的样本期于 2009 年 1 季度开始，于 2019 年 1 季度终止。其中，2009 年 1 季度至 2017 年 1 季度为政策实施前的时间段，共 T1 = 33 期；2017 年 2 季度至 2019 年 1 季度为政策实施后的时间段，共 T2 = 8 期。T1（= 33）> T2（= 8），符合"反事实"分析法对样本时间跨度的要求。由于数据完整性的限制，本案例仅对四川自贸试验区的经济增长效应进行实证分析。选取生产总值的季度数据来评估四川自贸试验区建立所带来的经济增长效应。生产总值的季度数据由季度累计数据相减得到。所用数据均来源于国家统计局、中国经济信息网统计数据库、各省份或地区的统计年鉴。另外，为了消除季节变动所带来的影响，将采用季度同比增长率来进行分析测量，季度同比增长率根据整理的数据计算得来。

4.3 实证过程及结果分析

4.3.1 单位根检验

为了保证实验数据的平稳性，避免产生伪回归的后果，需要对所用数据进行单位根（ADF）检验。具体来说，用 Eviews 软件分别对实验组和控制组中的 20 个省份或地区的生产总值季度同比增长率进行单位根（ADF）检验。检验结果（见表 4-1）表明，在对各省份或地区生产总值季度同比增长率数据的 ADF 检验中，安徽、甘肃和青海这三个省份的数据未通过检验，数据不平稳。为了提高实验结果的准确性，在进行回归拟合的时候需要把未通过数据平稳性检验的这几个省份的数据排除在外。

表 4-1　19 个地区生产总值季度同比增长率的 ADF 检验结果

地区	ADF 值	1%临界值	5%临界值	10%临界值	是否平稳
四川	−5.478 0	−4.949	−4.443 6	−4.193 6	平稳
北京	−3.690 29	−3.610 453	−2.938 987	−2.607 932	平稳
河北	−2.639 871	−3.605 593	−2.936 942	−2.606 857	平稳
山西	−2.947 458	−3.610 453	−2.938 987	−2.607 932	平稳
内蒙古	−1.893 834	−2.632 688	−1.950 687	−1.611 059	平稳
吉林	−2.077 461	−2.624 057	−1.949 319	−1.611 711	平稳
黑龙江	−3.728 407	−3.605 593	−2.936 942	−2.606 857	平稳
江苏	−3.723 827	−3.605 593	−2.936 942	−2.606 857	平稳
安徽	−2.162 665	−3.610 453	−2.938 987	−2.607 932	不平稳
江西	−2.842 908	−3.615 588	−2.941 145	−2.609 066	平稳
山东	−2.642 422	−3.605 593	−2.936 942	−2.606 857	平稳
湖南	−2.928 821	−3.605 593	−2.936 942	−2.606 857	平稳
广西	−5.825 812	−3.605 593	−2.936 942	−2.606 857	平稳
贵州	−5.431 513	−3.605 593	−2.936 942	−2.606 857	平稳
云南	−4.263 601	−3.610 453	−2.938 987	−2.607 932	平稳
西藏	−6.904 341	−3.605 593	−2.936 942	−2.606 857	平稳
甘肃	−1.881 588	−3.615 588	−2.941 145	−2.609 066	不平稳
青海	−2.227 056	−3.615 588	−2.941 145	−2.609 066	不平稳
宁夏	−3.908 534	−3.605 593	−2.936 942	−2.606 857	平稳
新疆	−5.454 618	−3.605 593	−2.936 942	−2.606 857	平稳

4.3.2 回归分析结果

在进行回归分析时剔除未通过单位根检验的安徽、甘肃和青海三个省份的数据，用自贸区成立之前 2009 年 1 季度到 2017 年 1 季度期间剩下的其他 16 个省份或地区的生产总值季度同比增长率拟合四川省的生产总值增长率，得到的结果见表 4-2。

表 4-2　自贸区成立前四川省生产总值增长率回归结果

变量	系数	标准差	T 值	P 值
北京	−0.214 689	0.191	−1.124 022	0.277 6
河北	0.128 249	0.125 126	1.024 96	0.320 6
山西	0.016 682	0.076 764	0.217 311	0.830 7
内蒙古	−0.010 705	0.132 084	−0.081 046	0.936 4
吉林	0.556 863	0.237 464	2.345 044	0.032 3
黑龙江	0.081 451	0.086 551	0.941 069	0.360 7
吉林	0.462 885	0.167 592	2.761 971	0.013 9
江西	−0.128 537	0.129 533	−0.992 305	0.335 8
山东	−0.318 408	0.227 916	−1.397 041	0.181 5
湖南	0.280 555	0.138 186	2.030 267	0.059 3
广西	−0.156 44	0.143 925	−1.086 956	0.293 2
贵州	−0.007 414	0.071 672	−0.103 439	0.918 9
云南	0.035 138	0.132 402	0.265 389	0.794 1
西藏	0.119 427	0.114 033	1.047 3	0.310 5
宁夏	0.096 909	0.105 011	0.922 848	0.369 8
新疆	−0.087 337	0.040 796	−2.140 808	0.048
截距项	2.304 747	1.990 592	1.157 82	0.263 9
R²	0.962 701			
F 值	25.810 18			

　　上述回归结果显示，可决系数 R2 约为 0.963，很接近 1，说明方程拟合效果很好，方程的 F 统计量为 25.810 18，大于其在 5% 显著水平下的临界值 2.44，说明方程总体呈线性相关。并且用 Eviews 进行 White 检验发现回归方程不存在异方差性。

　　根据回归方程，将这 16 个省市或地区的生产总值季度同比增长率的数据代入回归方程预测未设立自贸区的情况下四川省的生产总值增长率，得其"反事实"值，然后再用自贸区成立后四川省的生产总值季度同比增长率的实际数据减去"反事实"值得到处理效应 Δ_i，分析四川自贸试验区成立对地区经济增长的影响程度，结果见表 4-3。

表 4-3　四川自贸试验区设立的经济增长效应

时间	实际值/%	"反事实"值/%	处理效应 Δ_i/%
2017Q2	13.43	13.65	−0.22
2017Q3	17.19	5.32	11.87
2017Q4	8.96	8.01	0.95
2018Q1	23.55	2.85	20.7
2018Q2	21.07	−3.66	24.73
2018Q3	−3.07	−17.26	14.19
2018Q4	27.78	−19.20	46.98
2019Q1	9.95	5.82	4.13
平均处理效应	15.42		

根据表 4-3 的结果可知四川自贸试验区设立后的 8 个季度里四川省的生产总值季度同比增长率的平均处理效应为 15.42%，也就是说四川自贸试验区的设立使四川省的生产总值增长率增加了 15.42%，有效促进了四川省的经济增长。另外，我们还能从图形上更直观地观察四川省自贸区设立所带来的经济增长效应。如图 4-1 所示：四川自贸试验区成立前，预测值的走势与实际值的走势大致一样，说明其他省份或地区的数据较好地拟合了四川省的经济增长情况，而四川自贸试验区成立后实际值一直处于预测的上方，而且我们可以看到如果没有成立自贸区四川省在 2018 年 1 季度至 2018 年 4 季度的生产总值将一直处于负增长，但实际上仅有第 3 季度为负增长，这说明四川自贸试验区的成立有效带动了地区经济的增长。

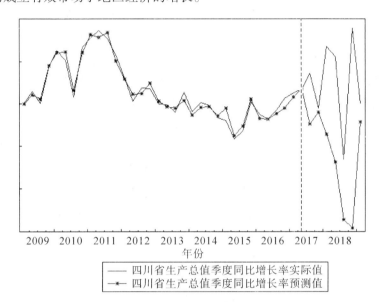

图 4-1　四川自贸试验区成立前后四川省生产总值同比增长率实际值与预测值的对比

5. 结论与建议

自 2013 年上海自贸试验区成立以来，国内已有不少学者分别从理论和实证的角度对我国的自贸试验区展开了相关研究，而自贸试验区对地区经济发展的影响一直是学者们研究的重点。但大多数学者的关注点都在沿海地区的自贸区，很少有学者对内陆地区的自贸试验区展开经济效应的评估。为此，本案例选择内陆型自贸试验区中的典型代表四川自贸试验区进行深入研究，对四川自贸试验区的经济增长效应展开了实证研究，分析了四川自贸试验区对地区经济发展的影响程度，得出以下两点结论：

第一，四川自贸试验区成立后通过采取一系列制度创新举措，使四川省的经济规模不断扩大，对外贸易活力得到有效释放，产业结构不断优化升级，营商环境得到较大改善。

第二，运用"反事实"分析法，选取四川省和其他 19 个在 2009 年 1 季度到 2019 年 1 季度期间未成立自贸区的省市或地区的生产总值的季度同比增长率数据对四川自贸试验区的经济效应进行了实证分析，实证结果表明四川自贸试验区的经济增长效应为15.42%，总体来说给四川省的经济发展带来了正向的经济效应。

虽然四川自贸试验区的成立在一定程度上促进了四川整体经济的发展，但从目前自贸试验区的发展状况来看仍存在着较多不足，比如政府管理权限下放程度不够、法治化营商环境待进一步改善、高端人才储备不足等，因此对四川自贸试验区未来的发展提出如下五点建议：

第一，继续推进政府职能转变，提升政府服务效率。转变政府职能是四川自由贸易区制度创新的核心任务之一，近年来四川自贸试验区积极汲取前两批自贸区建设和改革的经验，不断深化"放管服"改革，积极推动省级管理权限的下放，大大提高了政府的办事和服务效率，有效提升了贸易便利化、投资便利化水平，为企业和个人办事带来了较多便捷，使市场主体和人民群众的获得感、满意度进一步提升。四川自贸试验区在推进政府职能转变方面所做的工作值得肯定。根据中山大学自贸区综合研究院发布的2022—2023年度"中国自由贸易试验区制度创新指数"，四川自贸试验区成都片区的制度创新指数为84.23，高于78.03分的全国平均水平，在全国54个自贸片区中排名第8，在同批次自贸试验区中位列第1，这主要得益于四川自贸试验区成都片区在贸易投资便利化、政府职能转变以及金融改革创新等方面进行探索创新所做的不懈努力。四川自贸试验区泸州片区的制度创新指数为75.41，低于78.03分的全国平均水平，在全国54个自贸片区中排名第33。目前四川自贸试验区在政府职能转变方面的一些堵点问题仍很突出，严重制约了政府服务能力和办事效率的进一步提升，因此四川自贸试验区需要向上海、海南、广东等先进自贸试验区学习，借鉴相关经验，继续推进政府职能转变，提升政府服务效率，为自贸区的进一步发展营造便捷高效的政务环境。

第二，加快内陆自由贸易港建设进程。与自由贸易区相比，自由贸易港具有更高的开放水平。目前我国已有较多省份和地区在积极探索建设自由贸易港，竞争日趋激烈。虽然四川具有独特的地理区位和政策叠加优势，但与东部沿海省份相比缺少了海港这一先天优势。因此四川自贸试验区需要加快脚步，以国际上先进的、高水平自由贸易港为标杆，努力学习、积极借鉴它们成熟的建设经验，争取领先其他地区早日完成内陆自由贸易港的建设，进一步提升我国内陆地区的开放型经济水平和国际综合竞争力。

第三，对标国际国内领先，打造高水平的法治化营商环境。营造法治化的营商环境一直是我国自贸试验区建设的重点。营商环境的法治化，不仅能给企业和创业者带来更多获得感，激发投资者的投资热情，而且能够有效提升人民群众拥有与国际高品质生活水平同步的幸福感和满意度。2022—2023年度"中国自由贸易试验区制度创新指数"的法治化环境指数显示，四川自贸试验区成都片区和泸州片区的法治环境指数分别为77.67和66.36，在全国54个自贸试验区片区中位列第12名和第45位，四川自贸试验区成都片区与同批次成立的自贸试验区（重庆、武汉等）相比也较为落后。因此四川自贸试验区需要以国际国内先进的自由贸易区为标杆，积极借鉴学习相关经验，构建和完善知识产权保护体系，加强司法建设，使中外当事人的合法权益得到公正平等的保护，打造高水平的法治化营商环境，为自贸区发展提供坚强的法治保障。

第四，抓住 RCEP 协定带来的重大发展机遇，加强与各成员国合作。RCEP 协定的签署标志着全球最大的自由贸易区的诞生，这将大大削减各成员国之间的关税和非关税贸易壁垒，有利于全球化和区域经济一体化的稳定推进，为我国的经济发展带来诸多有利影响。四川省拥有得天独厚的地理区位优势，与 RCEP 的多个成员国有贸易往来，并且离柬埔寨、越南、老挝等东南亚国家的距离较近，而东南亚国家的消费市场潜力巨大，为四川的南向拓展提供了市场机遇。因此四川自贸试验区需要抓住机遇，加强与各成员国的经贸合作，将区内的劳动密集型产业有序地向东南亚等国转移，引进各成员国的优质服务业，进一步优化产业结构，提升经济开放水平，努力缩小与东部沿海地区的差距，使地区经济的发展上升到一个新的历史台阶。

第五，在引进外来人才的同时注重本土人才的培养。高端人才不足是我国各地区普遍存在的问题。近年来，四川自贸试验区秉着"不唯地域，不唯所有，只唯所用"的求贤理念，不断从全国各地甚至海外招贤纳士，但目前仍然缺乏自贸区建设所需要的专业技术人才和拥有国际知识结构的专业管理人才。靠到其他地区挖掘人才不是长久之计，因为近年来全国甚至全球范围内的人才抢夺大战已经愈演愈烈，因此四川自贸试验区在招纳国际、国内优秀人才的同时还需注重本土人才的培养。四川省内高校林立，教育资源丰富。仅省会城市成都市内就有 18 所知名公办本科大学，其中四川大学与电子科技大学都入选了世界一流大学 A 类院校，师资力量雄厚。四川自贸试验区应该加强与川内各大高校的合作，有针对性地为自贸试验区的发展培养具有国际知识结构的复合型人才。

案例使用说明

一、教学目的与用途

1. 教学目的

通过对本案例的学习和研讨，使学生了解四川自由贸易试验区的发展历程及其对地区经济增长的影响，掌握自由贸易试验区的相关理论，培养学生具备基本的分析和解决自由贸易试验区领域实际问题的能力。在案例的研讨过程中，通过各个环节逐步培养学生的思维能力和自学能力，并注重培养学生运用所学知识分析、解决实际国际贸易与国际投资问题的能力。

2. 教学用途

本案例主要适用于国际商务、国际经济与贸易等专业的国际贸易课程，也适用于世界经济课程。

二、启发性思考题

1. 四川自贸试验区与沿海自贸试验区的差异主要表现在哪些方面？

2. 四川自贸试验区建设主要通过哪些途径促进四川经济的发展？

3. 四川自贸试验区的制度创新成果主要解决了制约经济发展的哪些问题？

4. 四川自贸试验区建设如何与其他区域发展战略（如成渝地区双城经济圈建设、西部大开发）协同推进？

5. 四川自贸试验区与其他自贸试验区如何实现高效合作？

三、背景信息

（一）中国自贸试验区发展的基本历程

自2013年9月中国设立第一个自贸试验区以来，中国的自贸试验区建设在不断总结复制推广经验的过程中持续、稳步推进。截至2023年年底，国务院先后分5批次批准设立了21个自贸试验区，形成了"1+3+7+1+6+3"的自贸试验区的发展格局，21个自贸试验区共设立70个片区。除西藏、新疆、甘肃、内蒙古、宁夏、青海、吉林、山西、江西、贵州之外的内地其他省份（包括自治区、直辖市）均已相继设立自贸试验区。总体来看，中国自贸试验区的发展呈现从东部沿海开放程度较高的省份逐步向开放程度较低的中部、西南、东北地区省份拓展的特征，西北地区省份自贸试验区的建设处在相对滞后的状态。中国的自贸试验区基本都分布在区位优势明显、经济发展水平较高、对外开放程度较高、交通便利的地区。目前沿海的所有省份（含直辖市、自治区）均已建立了自贸试验区，中部地区和西南地区的省份多数也设立了自贸试验区，西北地区尚未设立自贸试验区。从每个自贸试验区的区位选择来看，较多的自贸试验区片区是以各种保税区为基础建设的，并且各个自贸试验区都基本涵盖了该地区的铁路、水路、航空物流中心。

（二）中国自贸试验区的战略定位

总体来看，中国设立自贸试验区的根本目的是为全面深化改革和扩大开放探索新途径、积累新经验。设立自贸试验区是中国构建开放型经济新体制的重大战略举措。自贸试验区的基本定位可以简要概括为制度创新的试验田、高水平开放的示范区和现代新兴产业的集聚区。通过不断总结、复制、推广自贸试验区的制度创新成果，充分发挥自贸试验区的辐射带动、示范引领作用，在中国的各个区域打造一批覆盖全国的开放型经济高地，为中国构建高水平开放型经济新体制奠定扎实的基础。另外，自贸试验区还肩负着贯彻落实国家战略的任务。

由于各自贸试验区的地理位置、发展水平、产业基础等条件存在显著的差异，因而每个自贸试验区的具体定位不尽完全相同。

上海自贸试验区的定位为建设具有国际水准的投资贸易便利、货币兑换自由、监管高效便捷、法制环境规范的自由贸易试验区以及具有较强国际市场影响力和竞争力的特殊经济功能区，为我国扩大开放和深化改革探索新思路和新途径，更好地为我国深度融入经济全球化服务。

广东自贸试验区的定位为建设粤港澳深度合作示范区、21世纪海上丝绸之路重要枢纽和全国新一轮改革开放先行地。天津自贸试验区的定位为建设京津冀协同发展高水平对外开放平台、全国改革开放先行区和制度创新试验田、面向世界的高水平自由贸易园区。福建自贸试验区的定位为建设深化两岸经济合作的示范区、21世纪海上丝绸之路核心区、面向21世纪海上丝绸之路沿线国家和地区开放合作新高地。

辽宁自贸试验区的定位为建设提升东北老工业基地发展整体竞争力和对外开放水平的新引擎，引领东北地区转变经济发展方式、提高经济发展质量和水平。浙江自贸试验区的定位为建设东部地区重要海上开放门户示范区、国际大宗商品贸易自由化先导区，打造以油气为核心的大宗商品资源配置基地、新型国际贸易中心、国际航运和物流枢纽、数字经济发展示范区和先进制造业集聚区。河南自贸试验区的定位为建设贯通南北、连接东西的现代立体交通体系和现代物流体系、服务于"一带一路"建设的现代综合交通枢纽、全面改革开放试验田和内陆开放型经济示范区。湖北自贸试验区的定位为建设中部有序承接产业转移示范区、战略性新兴产业和高技术产业集聚区、全面改革开放试验田和内陆对外开放新高地，在实施中部崛起战略和推进长江经济带发展中发挥示范作用。四川自贸试验区的定位为建设西部门户城市开发开放引领区、内陆开放战略支撑带先导区、国际开放通道枢纽区、内陆开放型经济新高地、内陆与沿海沿边沿江协同开放示范区，在深入推进西部大开发和长江经济带发展中发挥示范作用。重庆自贸试验区的定位为建设"一带一路"和长江经济带互联互通重要枢纽、西部大开发战略重要支点、服务于"一带一路"建设和长江经济带发展的国际物流枢纽和口岸高地。陕西自贸试验区的定位为建设全面改革开放试验田、内陆型改革开放新高地、"一带一路"经济合作和人文交流重要支点。

海南自贸试验区的定位为建设全面深化改革开放试验区、国家生态文明试验区、国际旅游消费中心和国家重大战略服务保障区，打造面向太平洋和印度洋的重要对外开放门户，建设具有较强国际影响力的高水平自由贸易港。

黑龙江自贸试验区的定位为全面落实中央关于推动东北全面振兴全方位振兴、建设向北开放重要窗口，打造对俄罗斯及东北亚区域合作的中心枢纽。云南自贸试验区的定位为打造"一带一路"和长江经济带互联互通的重要通道，建设连接南亚东南亚大通道的重要节点，形成面向南亚东南亚辐射中心、开放前沿。河北自贸试验区的定位为全面落实中央关于京津冀协同发展战略和高标准高质量建设雄安新区，建设国际商贸物流重要枢纽、新型工业化基地、全球创新高地和开放发展先行区。广西自贸区的定位为建设西南中南西北出海口、面向东盟的国际陆海贸易新通道，形成21世纪海上丝绸之路和丝绸之路经济带有机衔接的重要门户。江苏自贸试验区的定位为建设"一带一路"交汇点，打造开放型经济发展先行区、实体经济创新发展和产业转型升级示范区。山东自贸试验区的定位为推进新旧发展动能接续转换、发展海洋经济，形成对外开放新高地。

北京自贸试验区的定位为建设具有全球影响力的科技创新中心，打造服务业扩大开放先行区、数字经济试验区，构建京津冀协同发展的高水平对外开放平台。安徽自贸试验区的定位为发挥在推进"一带一路"建设和长江经济带发展中的重要节点作用，推动科技创新和实体经济发展深度融合，加快推进科技创新策源地建设、先进制造业和战略性新兴产业集聚发展，形成内陆开放新高地。湖南自贸试验区的定位为打造世界级先进制造业集群、联通长江经济带和粤港澳大湾区的国际投资贸易走廊、中非经贸深度合作先行区和内陆开放新高地。

四、案例分析思路及要点

1. 案例分析思路

通过本案例可以了解四川自贸试验区在地区经济发展中的独特作用及其实现路径。本案例分析的逻辑路径为：首先，介绍四川自贸试验区基本情况以及主要的制度创新成果，其次，从经济总量规模、对外贸易规模、产业结构以及固定资产投资等方面对比分析四川自贸试验区设立前后的发展状况，对四川自贸试验区的经济增长效应进行直观的考察；再次，利用"反事实"方法对四川自贸试验区的经济增长效用进行定量分析，判断自贸试验区的经济增长效应是否显著；最后，基于四川自贸试验区发展的现状与不足，提出加快四川自贸试验区建设、释放我国内陆地区的外向型经济发展潜力的对策建议。

2. 需要学生识别的关键问题

设立四川自贸试验区的战略目的是什么？四川自贸试验区对地区经济发展是否具有不利影响？四川自贸试验区对四川贸易与投资的空间布局可能会产生怎样的影响？如何通过四川自贸试验区制度创新成果的复制推广提高四川全省经济运行的效率？四川自贸试验区如何与其他区域发展战略实现协同、融合发展？

3. 案例教学中的关键知识点

自由贸易试验区、贸易与投资便利化等相关概念；自由贸易理论、古典贸易理论、新古典贸易理论、新贸易理论等；区域非均衡增长理论；自贸试验区促进地区经济增长的主要途径。

4. 案例教学中的关键能力点

利用自由贸易理论以及区域非均衡增长理论分析四川自贸试验区设立的原因、四川自贸试验区的制度创新对贸易成本与投资成本等的影响，进而总结归纳自贸试验区促进地区经济增长的机制与实现路径。

五、理论依据与分析

（一）自由贸易理论

1. 古典贸易理论

古典贸易理论是最早的自由贸易理论，也是自由贸易思想的主流，主要包括亚当·斯密的绝对优势论、大卫·李嘉图的比较优势论。绝对优势论和比较优势论都主张进行国际分工和自由贸易，认为自由贸易可以增加一个国家的资源总量以及提高资源利用率，为实行自由贸易政策提供了坚实的理论基础。

2. 新古典贸易理论

进入 20 世纪后，自由贸易理论继续发展产生了新古典贸易理论，主要包括赫克歇尔和俄林的要素禀赋理论（H-O 理论）和里昂惕夫悖论。要素禀赋理论认为一国应生产并出口那些能密集地利用其较充裕的生产要素的产品，进口那些需要密集地使用其较稀缺的生产要素的商品。此外，该理论还认为自由贸易可以使要素报酬均等化。后来，萨缪尔森对上述观点进行了论证，他发现在满足要素禀赋论的全部假设条件下，国际贸易的结果会使不同国家间的生产要素价格最终相等，并因此提出了要素价格均等化学说，又称 H-O-S 定理。而美国经济学家里昂惕夫在对要素禀赋理论进行检验时却得到了完全相反的结论。美国是一个资本丰裕但劳动力短缺的国家，按照 H-O 理论，美国应该出口资本密集型产品，进口劳动密集型产品。为了证明 H-O 理论的正确性，里昂惕夫用"投入——产出分析法"对美国的贸易结构进行了分析，结果发现美国的进口是以资本密集型产品为主，出口则是以劳动密集型产品为主，这一结论与 H-O 理论的预测相悖，被称为里昂惕夫悖论（也称里昂惕夫之谜）。里昂惕夫悖论引起了西方经济学界对国际贸易各种新现象、新问题的验证和解释，推动了国际贸易理论的发展。

3. 新贸易理论

新贸易理论主要以克鲁格曼的规模经济理论为代表。克鲁格曼在自由贸易的基本思想之上，在贸易理论模型中引入不完全竞争、规模经济、商品异质性等概念，提出了规模经济理论，并建立了规模经济和垄断竞争模型，讨论了自由贸易带来的经济增长效应。该模型认为，在假定企业具有内部规模经济、市场结构为垄断竞争、劳动力是唯一投入的前提下，垄断企业可以通过自由贸易来扩大在世界范围内的产品消费市场，并通过扩大生产等途径获得内部规模经济，从而降低平均生产成本和产品价格，获取更多的优势。与此同时，由于异质性商品的存在，自由贸易可以使各国消费者购买到更多差异化的产品，带来更高的消费效用，最终将促使社会福利水平的提高。此外，新贸易理论下的如外部规模经济模型、产品生命周期理论及需求偏好理论都认为自由贸易能够促进经济增长，带动地区经济发展。

4. 新新贸易理论

新新贸易理论建立在克鲁格曼的垄断竞争贸易理论之上，主要包括 Melitz、Antras 和 Bernard 等学者的理论观点，他们主要从异质性企业角度出发解释了国际贸易和国际投资现象。这些理论着眼于企业层面，证明了自由贸易可以提高行业甚至整个经济体的生产率水平和社会总体福利水平，并促进地区经济发展。

不管是古典贸易理论还是新新贸易理论都表明自由贸易能够给各国带来经济增长利益，促进各国经济的发展。自由贸易促进经济发展的思想为自由贸易区促进经济发展的思想的产生奠定了理论基础。

（二）区域非均衡增长理论

区域非均衡增长理论主要包括赫希曼的不平衡增长理论、缪尔达尔的循环累积因果理论、佩鲁的增长极理论、弗里德曼的中心—外围理论、克鲁格曼的生产要素流动理论等。其中佩鲁的增长极理论在各国得到了广泛的应用，常被用来解决不同的区域发展和规划问题。佩鲁认为应该把有限的资源投入到少数区位条件较好、发展潜力较大的地区和少数规模经济、投资效益显著的产业打造经济增长极，然后带动增长极自身及周边地区经济的发展。此外，增长极能够从创新和示范效应、规模效应、外部经济效应、积聚经济效应四个方面对地区经济发展产生重要的影响。从我国自贸试验区的特征来看，自贸试验区在一定程度上就相当于一个增长极，聚集了各种优势，担负着带动区域内和周边经济发展的重任。

六、教学组织方式

1. 素材导入

教师提前准备案例、创设情境，提前发放教材、案例、文献、视频、政策新闻等教学素材，明确学习目标，并给出启发性思考题，由学生进行自学，通过预习思考问题、拓展思维，强化学生自主学习能力。

2. 课堂汇报

由教师与学生协同进行分组，组内进行分工，通过预习达成目标、完成各自任务。课堂中各小组将合作研究的问题向全班汇报，在此过程中，教师也需不断引导、鼓励，对学生及小组的表现予以肯定，激发学生学习的积极性和主动性，增强学生学习的自信心。

3. 互动讨论

小组汇报完成后，可根据研究内容及面临的难题进行拓展性思考，以问题的形式与其他小组学生进行互动，提出问题进而发起讨论，活跃课堂氛围，调动所有学生的学习热情，引导学生自主思考。

4. 总结反思

互动讨论结束后，可由汇报小组、其他小组及教师进行总结点评，汇报小组可根据表现情况和组织方式进行自我评价，其他小组可根据研讨内容和互动形式总结学习情况，教师可根据汇报情况及课堂互动效果进行概括总结。

5. 强化学习

为强化学习目标，教师可针对教学内容及学生学习情况，丰富学习材料、设置拓展性思考题、布置巩固性练习题，各类题目应由学生独立完成，并由教师进行评价，以强化学生对知识点的理解和记忆。

七、案例的后续进展

伴随经济全球化的不断发展以及我国对外开放政策的演变，中国自贸试验区的区位布局、重点产业以及制度创新实践可能会发生显著的变化。案例可以持续跟踪四川自贸试验区及其他自贸试验区的发展变化，并根据新形势新特点开展专题研究，如自贸试验区扩容专题、自贸试验区制度创新成果复制推广专题、加强自贸试验区间合作专题等等。

八、其他教学支持材料

一是计算机支持。学生需要一台能够连接互联网的计算机，并且具有中国知网、万方等数据库的登录权限。学生需要通过互联网和文献数据库获取相关的资料信息。二是视听辅助手段支持。可得到的，能与案例一起使用的影像视频、幻灯片、剪报、样品和其他材料。三是 Eviews 或其他计量经济分析软件。